deutsch.kombi plus 5

Sprach- und Lesebuch für die 9. Klasse

Herausgegeben von:
Sabine Utheß

Erarbeitet von:
Hans-Werner Huneke
Gerd Schemel
Horst Schierhorn
Sabine Utheß
Burkhard Vollmers

Ernst Klett Verlag
Stuttgart · Leipzig

Unter Verwendung von Materialien von Herta Wölfl

2. Auflage 1 8 7 6 5 4 | 17 16 15 14 13

Alle Drucke dieser Auflage sind unverändert und können im Unterricht nebeneinander verwendet werden. Die letzte Zahl bezeichnet das Jahr des Druckes.

Herausgeberin: Sabine Utheß
Autorinnen und Autoren: Hans-Werner Huneke, Gerd Schemel, Horst Schierhorn, Sabine Utheß, Burkhard Vollmers

Redaktion: Sabine Liskow
Herstellung: Sandra Schneider

Gestaltung: normal design, Schwäbisch Gmünd
Umschlaggestaltung: normal design, Schwäbisch Gmünd
Illustrationen: Inge Voets, Berlin; Katja Wehner, Leipzig
Satz: SOFAROBOTNIK, Augsburg & München
Reproduktion: Meyle+Müller, Pforzheim
Druck: FIRMENGRUPPE APPL, aprinta druck, Wemding

Printed in Germany
ISBN 978-3-12-313175-2

9 783123 131752

Inhalt

Schlaue Seiten

Basis

Sprechen, Zuhören, Spielen; Schreiben;
Lesen und Literatur – Umgang mit Texten und Medien
R, G, S Rechtschreibung, Grammatik, Sprachbetrachtung

Plus

EXTRA zum Weiterarbeiten und Ausbauen
TRAINING zum Wiederholen und Festigen

1 Höflichkeit macht Schule

1 Tauscht euch darüber aus, was ihr unter Höflichkeit versteht.

→ **Seite 86,** Aussagen zur Ausbildungsreife

2 Gute Umgangsformen und Höflichkeit werden als wichtige Merkmale der Ausbildungsreife angesehen. Tauscht euch darüber aus, wie das zu erklären ist.

3 Notiert in Stichworten Beispiele für gutes Benehmen, z. B.:
grüßen – „Sie“ sagen – sich entschuldigen – vor dem Betreten eines Raumes anklopfen – um etwas bitten – Fair Play – Anstand …

Entschuldigen Sie bitte, ...

1 Untersucht euer Verhalten und eure Sprache im Umgang mit Erwachsenen. Stellt euch vor, ihr wollt unbedingt eure Schulleiterin oder euren Schulleiter sprechen. Ihr geht ins Sekretariat. Welche der folgenden Äußerungen passen, welche sind unpassend? Begründet.

→ **Seite 12 f., 15, 220,** Modalverben

→ **Seite 12 f., 55 ff., 219 f.,** Konjunktiv

- Ich will Frau Ewen sprechen! Sofort!
- Lassen Sie mich sofort zu Frau Ewen!
- Könnte ich Frau Ewen sprechen?
- Hätten Sie die Güte und würden Frau Ewen fragen, ob Sie vielleicht Zeit für mich hätte?
- Hat Frau Ewen jetzt Zeit für mich?
- Hätte Frau Ewen jetzt Zeit für mich?
- Ich bitte untertänigst, zu Frau Ewen vorgelassen zu werden.
- Sagen Sie Frau Ewen, dass ich sie sprechen will!
- Ich will zu Frau Ewen ...
- Ich muss dringend Frau Ewen sprechen Sagen Sie ihr, dass ich hier bin.
- Bitte, könnte ich Frau Ewen sprechen?
- Würden Sie mich bitte bei Frau Ewen melden?
- Ist es gestattet, bei Frau Ewen vorzusprechen?
- Ist Frau Ewen da? Ich muss zu ihr!
- Ich möchte zu Frau Ewen. Würden Sie mich bitte anmelden?
- Hallo, mal 'ne Frage: Ist Frau Ewen da?
- Dürfte ich vielleicht mal Frau Ewen sprechen?
- Ich habe einen Termin bei Frau Ewen. Könnten Sie sie bitte fragen, ob es ihr jetzt passt?

2 Wie würdet ihr euer Anliegen zum Ausdruck bringen? Tragt eure Formulierungen zusammen und diskutiert, ob sie passend wären.

3 Oft beginnt man eine Bitte oder eine Aufforderung mit „Entschuldigen Sie bitte, ...". Zu welchen Sätzen aus Aufgabe 1 passt diese höfliche Einleitung nicht, zu welchen passt sie gut?

4 Diskutiert über die folgende Aussage:
Ich habe keine Lust, immerzu „Entschuldigung" zu sagen und so vornehm daherzuquatschen!

Was ist höflich, was ist unhöflich?

1 Sprecht über die folgenden Situationen. Welche der vorgeschlagenen Äußerungen passt jeweils am besten?

1. Du bist jemandem beim Gedränge im Zug auf den Fuß getreten. Was sagst du zu ihm?

a) Haben Sie sich doch nicht so, ich kann doch auch nichts dafür!
b) Entschuldigen Sie!
c) Entschuldigung, das habe ich nicht gewollt.

2. Du bist bei den Eltern deiner Freundin oder deines Freundes zum Essen eingeladen. Eigentlich schmeckt es dir nicht besonders. Was antwortest du der sehr netten Mutter, wenn sie dich fragt, wie es dir schmeckt?

a) Na ja, ich habe schon Besseres gegessen. Aber es geht schon.
b) Danke, sehr gut.
c) So etwas esse ich sonst nie.

3. An der Kasse im Supermarkt ist jemand dabei, sich vorzudrängeln. Was sagst du zu ihm?

a) Hallo, Sie haben's wohl besonders eilig?
b) He, Alter, ich glaub's ja nicht! Aber ganz schnell nach hinten, sonst …!
c) Entschuldigung, das Ende der Schlange ist hier.

4. Auf der Straße geht ein Mann mit einer Dogge. Sie hat gerade ihr Geschäft gemacht. Der Hundebesitzer denkt aber nicht daran, die Hinterlassenschaft des Hundes zu beseitigen. Was sagst du zu dem Mann?

a) Überall die Haufen! Beseitigen müsste man die Köter!
b) Entschuldigen Sie bitte, würde es Ihnen gefallen, da reinzutreten?
c) Hallo, wissen Sie nicht, dass Sie zur Beseitigung dieser Tretmine verpflichtet sind?

5. Du triffst einen Mitschüler. Der erzählt dir mit Tränen in den Augen, dass seine Katze heute gestorben ist. Was sagst du zu ihm?

a) Na, war ja schon ein uraltes Vieh.
b) Das tut mir sehr leid! Aber so ist das nun mal. Am besten, du schaffst dir gleich eine neue kleine Katze an.
c) Heulst du etwa deswegen?

2 Vielleicht würdest du es ganz anders sagen. Schreibe zu den Situationen aus Aufgabe 1 jeweils die Äußerung auf, die du verwenden würdest. Sprecht in der Gruppe über eure Lösungsvorschläge.

3 Spielt folgende Begrüßungsszenen:

1. Ein Schüler grüßt einen Lehrer auf dem Schulhof.
2. Zwei Freundinnen in eurem Alter begrüßen sich.
3. Eine Jungenclique steht herum, einer kommt dazu.

4 Wertet das Rollenspiel aus Aufgabe 3 aus: Hattet ihr dabei das Gefühl, dass es unhöflich zuging?

5 Spielt nun die folgenden Begrüßungsszenen:

1. Eine Gruppe von Lehrern steht auf dem Schulhof, ein Lehrer kommt dazu. Er grüßt so, wie es vorher das Mitglied der Jungenclique getan hat.
2. Ein Schüler grüßt einen Lehrer so, wie sich vorher die beiden Freundinnen begrüßt haben.
3. Eine Jugendliche begrüßt ihre Freundin so, wie der Schüler vorher seinen Lehrer begrüßt hat.

6 Wertet das Rollenspiel aus Aufgabe 5 aus: Wie habt ihr euch in den Begrüßungsszenen gefühlt?

7 Spielt mit einem Partner die folgenden Telefonszenen. Bemüht euch um Höflichkeit. Wechselt nach jedem Gespräch die Rollen.

1. Du rufst bei deinem Freund an. Am Telefon meldet sich eine andere (erwachsene) Person.
2. Du hast bei deinem Vorstellungsgespräch dein Handy im Betrieb liegen gelassen. Du rufst in dem Betrieb an.
3. Ohne deine Schuld verspätest du dich zu einem Vorstellungstermin. Du rufst deshalb per Handy in dem Betrieb an.
4. Dein Internetzugang funktioniert nicht. Du rufst bei der Betreiberfirma an und erbittest Rat und Hilfe.

TIPP!
Bereitet euch gemeinsam auf die Gespräche vor. Notiert euch die jeweiligen Äußerungen in Stichworten.

8 Wertet das Rollenspiel aus: Haben die einzelnen Spieler deutlich gemacht, warum sie angerufen haben? Waren sie höflich?

Manchmal ist es schwierig mit der Höflichkeit

Online-Link zu Sprichwörtern über Höflichkeit 313175-0010

Johann Wolfgang Goethe lässt in seinem Drama „Faust" eine Figur zum Thema „Höflichkeit" sagen: „Im Deutschen lügt man, wenn man höflich ist."

1 Setze dich mit dem Zitat aus dem Drama „Faust" auseinander. Beantworte dazu die Frage: Ist höfliches Verhalten unehrlich und somit unhöfliches Verhalten ehrlich? Begründe deine Meinung.

2 Gib den Inhalt des folgenden Textes kurz wieder. Beurteile das Verhalten Kasimirs.

Online-Link Hörverstehen 313175-0010

Der letzte Keks

Kasimir kommt am Nachmittag zu Konrad. Zusammen essen sie einen großen Teller Kekse. Kasimir schnappt sich den letzten Keks.

Konrad Kasimir, es ist unhöflich, den letzten Keks zu nehmen.

Kasimir Warum? Du wolltest ihn doch nicht.

Konrad Woher weißt du das? Hast du mich gefragt?

Kasimir *(zuckt die Schultern)* Wenn du ihn gewollt hättest, dann hättest du ihn doch genommen.

Konrad *(schüttelt den Kopf)* Pass auf, ich zeig dir mal, wie es richtig ist. *(Konrad geht in die Küche und holt noch einen Keks.)* Jetzt bietest du mir den Keks an.

Kasimir Möchtest du diesen Keks?

Konrad *(betupft sich den Mund mit seiner Serviette)* Oh, nein, vielen Dank. Ich bringe keinen Bissen mehr runter.

Kasimir Gut! *(Mit Schwung wirft er sich den Keks in den Mund.)*

Konrad Das darf nicht wahr sein! Jetzt hast du noch einen letzten Versuch!!! *(Konrad holt den allerletzten Keks aus der Küche.)* Ich werde dir nun den Keks anbieten. Du sagst „nein, danke", auch wenn du den Keks möchtest. Verstanden?

Kasimir *(kopfschüttelnd)* Was geschieht dann mit dem Keks?

Konrad Wir könnten ihn teilen. Oder – wir lassen ihn auf dem Teller liegen, dann wären wir beide höflich.

Kasimir Hm. – Ich bringe den Teller in die Küche zurück.

Konrad Danke, das ist sehr höflich!

Kasimir Ich danke dir. *(Auf dem Weg zur Küche wirft er sich den letzten Keks in den Mund.)*

3 Schreibe auf, warum es Konrad deiner Meinung nach nicht gelingt, Kasimir Höflichkeit beizubringen.

4 Spiele das Gespräch mit einer Partnerin oder einem Partner.

5 Die Auffassungen darüber, wie man sich in bestimmten Situationen verhalten sollte, ändern sich mit der Zeit.
Stelle fest, welche Regeln in dem folgenden Anstandsratgeber von 1895 für das Verhalten beim Tanzen genannt werden.

Verhalten beim Tanzen

[...] Die Aufforderung zum Tanz kann etwa mit folgenden Worten geschehen: „Darf ich mir erlauben, gnädige Frau (Fräulein X oder gnädiges Fräulein) um den Walzer (Polka usw.) zu bitten?" Die Dame nimmt darauf mit einer leichten Neigung an, antwortet vielleicht auch noch: „Mit Vergnügen!" und folgt dem Herrn, der ihr seinen Arm reicht, sofort, oder, wenn der Tanz, zu dem sie engagiert[1] wurde, noch nicht an der Reihe sein sollte, reicht sie ihm ihre Tanzkarte, auf die der Herr seinen Namen schreibt. Nur in Ausnahmefällen darf die Dame eine derartige Aufforderung ablehnen; wenn sie aber dazu dringende Veranlassung hat, so sei sie vorsichtig und hüte sich, den Tanz, den sie einem Herrn versagte, einem anderen, später kommenden zu gewähren. Das wäre eine Beleidigung gegen den Abgewiesenen und gar oft schon ist es auf Bällen usw. aus solchem Grunde zu argen Misshelligkeiten[2] gekommen. Wenn die Musik die Einleitung zu dem Tanze spielt, zu dem der Herr eine Dame früher bereits aufforderte, so hat der Herr sich seiner Dame zu nähern und sich dann vor ihr zu verneigen, worauf die Dame sich erhebt und ihren linken Arm in den rechten ihres Begleiters legt. Man übersehe nicht, dass die Dame stets sich an der rechten Seite des Herrn befindet, sowohl beim Tanzen, wie während der Promenade[3] durch den Saal. Bei Rundtänzen darf der Herr die Dame nicht ganz umfassen; vielmehr hat er seine rechte Hand ungefähr in der Mitte auf den Rücken der Dame zu legen und mit der linken leicht die rechte Hand der Tänzerin an den Fingerspitzen anzufassen. Den Blumenstrauß lässt die Dame auf ihrem Sitz zurück, weil er beim Tanzen hinderlich wäre. Dass niemand auf einem Balle ohne Handschuhe tanzen darf, ist dabei wohl selbstverständlich. Die Dame legt während des Tanzes ihre linke Hand leicht auf die rechte Schulter ihres Tänzers; in dieser Hand hält sie den Fächer, wenn er nicht an einer vom Gürtel niederfallenden Kette befestigt sein sollte. [...]

Online-Link
Hörverstehen
313175-0011

[1] engagiert: hier: aufgefordert, gebeten

[2] Misshelligkeit, die: Unstimmigkeit, Streit

[3] Promenade, die: hier der Weg eines Tanzpaares vom Tisch zur Tanzfläche und zurück

6 Verfasse einen Text für einen modernen Ratgeber. Erkläre darin, wie man sich heute in der Disco zu verhalten hat.

Dürfte ich bitte …?

Benimm ist in

Ivo kann seine Aufregung kaum verbergen. Zum ersten Mal möchte er sich den Eltern seiner Freundin Sarah vorstellen. Vorab warnt sie ihn: „Du musst unbedingt höflich sein. Meine Mutter mag gute Manieren." Natürlich will sich Ivo von seiner besten Seite zeigen. Aber wie? Wie er Sarahs Eltern, die eine Menge Wert auf Stil und Etikette[1] legen, wirklich begegnen soll, weiß er nicht.
„Mir ist klar, gutes Benehmen muss heutzutage sein", sagt Ivo. „Woher soll ich aber die klassischen Benimm-Regeln kennen? So etwas müsste man in der Schule beigebracht kriegen!", grübelt er. Sein Freund Tilo hat einen so genannten Benimm-Kurs mitgemacht und kann ihm helfen.
Tilo erklärt: „Erste Grundregel für deinen Besuch bei Sarahs Eltern sollte die Pünktlichkeit sein. Unpünktlich darf man gerade bei Einladungen auf keinen Fall sein. Das ist ein Fettnäpfchen, in das du nicht treten darfst. Aber auch bei der Begrüßung solltest du einige Dinge beachten", fährt Tilo fort. „Privat begrüßt selbstverständlich der Gastgeber den Gast zuerst. Der Gast, also du, muss dann lediglich freundlich zurück grüßen. Du darfst aber nicht vergessen, dabei den Eltern die Hand zur Begrüßung zu reichen." Für den Anfang eine leichte Übung. Danach bringt Tilo ihm bei, wie er sich bei Tisch verhalten sollte, denn auch dabei könnte Ivo eine Menge Fehler machen.

[1] Etikette, die: Verhaltensregeln

1 Habt ihr auch schon Situationen erlebt, in denen Benimm-Regeln gefragt waren? Tauscht euch darüber aus.

2 Besprecht, wie ihr euch an Ivos Stelle verhalten würdet.

→ **Seite 219,** Indikativ und Konjunktiv

3 Übernimm die folgende Tabelle in dein Heft. Trage alle Modalverben (18) aus dem Text in die richtige Spalte ein. Schreibe auch die jeweilige Textzeile dazu, z. B.:

Modalverb im Indikativ	Modalverb im Konjunktiv
kann (Zeile 1)	möchte (Zeile 2)
…	…

4 Beantworte die folgenden Fragen zum Text auf Seite 12, z. B.:
1. Warum ist Ivo so aufgeregt? → Er möchte sich den Eltern seiner Freundin vorstellen.

1. Warum ist Ivo so aufgeregt?
2. Was rät Sarah ihrem Freund?
3. Worüber grübelt Ivo nach?
4. Was denkt Ivo über die Schule?
5. Welche Rolle spielt sein Freund Tilo?
6. Welche Grundregel vermittelt Tilo seinem Freund als erste?
7. Was sollte Ivo bei der Begrüßung beachten?

5 Vervollständige die folgenden Sätze, z. B.:
1. Ich möchte mich zuerst für Ihre nette Einladung bedanken.

1. Ich möchte mich zuerst ...
2. Könnten Sie mir bitte ...?
3. Entschuldigung, du solltest ...
4. Dürfte ich ...?
5. Ich möchte dich bitten, ...
6. Könntest du mir vielleicht ...?

6 EXTRA In den folgenden Sätzen sind die unterstrichenen Modalverben nicht richtig gewählt. Ersetze sie durch passendere Modalverben. Formuliere höflich, z. B.: 1. Ich möchte gerne noch eine Tasse Tee haben.

1. Ich will gerne noch eine Tasse Tee haben.
2. Was meinst du, Nina, muss ich das grüne oder das rote Top zur Party anziehen?
3. Möchten Sie mir bitte das Salz reichen?
4. Muss ich Ihnen zuerst meine Freunde vorstellen?
5. Es ist schon spät, wir sollen jetzt leider gehen.
6. Eben hat Ihr Mann angerufen, Sie wollen ihn unbedingt zurückrufen.

Merke

Modalverben zeigen an, ob etwas als Möglichkeit *(können)*, als Bestreben *(wollen)*, als Forderung *(sollen)*, als Erlaubnis/Verbot *(dürfen/nicht dürfen)*, Bedürfnis *(mögen)* oder Verpflichtung *(müssen)* verstanden werden soll.
In höflichen Aufforderungen und Empfehlungen werden die Modalverben häufig im **Konjunktiv** verwendet *(könnten Sie ..., dürfte ich ..., du solltest ..., man müsste ...)*.

→ **Seite 220,** Modalverben

→ **Seite 219,** Indikativ und Konjunktiv

Wie sagt man es am besten?

1 Du möchtest, dass dein Mitschüler oder deine Mitschülerin

1. dir den Rotstift borgt.
2. das Fenster öffnet.
3. dir die Aufgabe zeigt.
4. dich am Abend anruft.
5. dir die Internetadresse gibt.
6. nach dem Termin fragt.
7. die Tür aufhält.
8. dir eine Cola mitbringt.
9. dir einen Platz freihält.
10. nicht so laut spricht.

Formuliere die Aufforderungen höflich, z. B.:

1. *Borg mir doch bitte mal den Rotstift.*

2 Welche der vorgeschlagenen Äußerungen passt jeweils am besten? Schreibe sie auf, z. B.:

1. *Ein Mitschüler hat aus Versehen die Tür offen gelassen.*
   Was sagst du zu ihm? → c) Würdest du bitte die Tür schließen?

1. Ein Mitschüler hat aus Versehen die Tür offen gelassen. Was sagst du zu ihm?

a) Schon mal gemerkt, dass es hier zieht?
b) Ob du vielleicht die Güte hättest und die Tür schließen würdest?
c) Würdest du bitte die Tür schließen?

2. Dein Mathelehrer hat dir deiner Meinung nach in der Arbeit zu wenig Punkte angerechnet. Was sagst du zu ihm?

a) Ich verstehe nicht, warum ich bei dieser Aufgabe nur zwei Punkte bekommen habe.
b) Das ist typisch. Den anderen wurden dafür Punkte gegeben!
c) Schweinerei, hier fehlen Punkte!

3. Du möchtest dich bei einer Mitschülerin entschuldigen. Du hattest sie gestern beleidigt. Was sagst du zu ihr?

a) Bist du etwa eingeschnappt wegen unseres Streits gestern? Mensch, bist du empfindlich!
b) Entschuldige, das ist mir gestern so rausgerutscht. Ich wollte dich nicht beleidigen.
c) Entschuldige! Aber du hast mich ja auch schon oft beleidigt.

4. Du hältst ein Kurzreferat. Ein Mitschüler will dich durch Zwischenfragen aus dem Konzept bringen. Was sagst du zu ihm?

a) Ich weiß schon, warum du solche blöden Fragen stellst.
b) Mann, kannst du nicht warten, bis ich fertig bin?
c) Bitte lass mich das Referat erst mal zu Ende bringen. Ich erkläre dir danach, was du noch nicht verstanden hast.

3 Aufforderungen können manchmal unhöflich wirken. Forme die folgenden Aufforderungen in höfliche Fragen mit Konjunktiv um. Du kannst dazu den Konjunktiv von „können" verwenden oder mit „würde" umschreiben, z. B.:

1. *Könntest du mir bitte diese Aufgabe erklären? / Würdest du mir bitte diese Aufgabe erklären?*

→ **Seite 12 f., 55 ff., 219 f.,** Konjunktiv

1. Erklär mir diese Aufgabe!
2. Geh aus dem Weg!
3. Gib mir das Heft!
4. Rück ein Stück!
5. Räum deine Sachen weg!
6. Wiederholen Sie den Satz noch mal!
7. Erklären Sie die Arbeitstechnik!
8. Geben Sie ein Beispiel!
9. Unterschreiben Sie den Brief!
10. Lassen Sie mich durch!

4 Schreibe auf, was du in den folgenden Situationen sagen würdest, z. B.:

1. *Guten Tag! Mein Name ist … Ich habe morgen um 15.00 Uhr einen Termin … Diesen Termin muss ich leider absagen … Könnten Sie mir bitte einen neuen Termin am … geben?*

→ **Seite 12 f., 220,** Modalverben

1. Du rufst bei deinem Zahnarzt an, um den nächsten Behandlungstermin zu verschieben.
2. Du erhältst einen Anruf oder musst dringend bei jemandem anrufen. Du willst dich von der Gruppe entfernen, damit die anderen nicht gestört werden. Wie entschuldigst du dich?
3. Du sitzt im Ruhebereich eines Zuges. Ein Jugendlicher telefoniert sehr lange und sehr laut. Es geht um berufliche Dinge. Du willst lesen und fühlst dich gestört. Was sagst du zu dem „Dauertelefonierer"?
4. Du sitzt im Flugzeug. Dein Nachbar fängt plötzlich an zu telefonieren. Wie sagst du ihm, dass Telefonieren im Flugzeug verboten ist?
5. Du sollst nach einem Referat einer Mitschülerin ein Feedback geben. Das Referat war lange und fleißig vorbereitet worden. Das Thema war interessant. Du hast aber nicht alles verstanden, weil die Referentin vor Aufregung sehr schnell, manchmal undeutlich gesprochen und zu viel abgelesen hat. Du möchtest sie aber nicht kränken. Wie formulierst du dein Feedback?
6. Du triffst einen Mitschüler, der sehr niedergeschlagen ist, weil er gerade in einem wichtigen Wettkampf unglücklich verloren hat. Dein Klassenkamerad ist Leistungssportler und sehr ehrgeizig. Du willst ihn trösten. Was sagst du zu ihm?

→ **Seite 233,** Arbeitstechnik „Ein Feedback geben"

2 ... um Sie persönlich kennen zu lernen

Die Suche nach einem Praktikums- oder Ausbildungsplatz, Bewerbungen, Vorstellungsgespräche und Eignungstests spielen in diesem Schuljahr für alle Schülerinnen und Schüler eine wichtige Rolle.

1 Tauscht euch in der Klasse darüber aus, was ihr bereits über dieses Thema wisst.

2 Lies den folgenden Brief und stelle fest, welche Informationen er enthält.

Bauunternehmung Bossemeyer
XYZ-Straße 37-41
76199 Karlsruhe-Rüppurr
Telefon: ...

Karlsruhe, 11.10.20 ...

Herrn
Lukas Stöckle
ABC-Straße 17
76139 Karlsruhe-Waldstadt

Sehr geehrter Herr Stöckle,

vielen Dank für Ihre Bewerbung.
In unserem Unternehmen sind zahlreiche Bewerbungen um einen Ausbildungsplatz zum Stuckateur eingegangen. Um einen genaueren Überblick über die Fähigkeiten und Fertigkeiten der Bewerberinnen und Bewerber zu erhalten, laden wir Sie zu einem Eignungstest ein.

Termin: Montag, 24.10.20 ... um 15.00 Uhr
Bitte melden Sie sich zum o.g. Zeitpunkt bei unserer Mitarbeiterin, Frau Voigt, im Eingangsbereich des Bürogebäudes. Bringen Sie bitte Ihren Personalausweis und dieses Schreiben mit.
Der Einstellungstest wird etwa zwei Stunden dauern und setzt sich aus einem schriftlichen Teil und einem Gespräch mit unserem Personalleiter, Herrn Gerdes, zusammen.

Bitte teilen Sie uns telefonisch mit, wenn Sie den Termin nicht wahrnehmen können.

Mit freundlichen Grüßen
...

3 Lies den Brief noch einmal genau. Notiere in Stichworten, was von dem Bewerber erwartet wird.

Keine Angst vor dem Test

Es gibt unterschiedliche Personalauswahlverfahren. Meist werden Bewerberinnen und Bewerber zu einem Vorstellungsgespräch eingeladen. Manche Firmen führen in diesem Zusammenhang Eignungstests durch.

Online-Link
zu Eignungstests
313175-0017

1 Probiere aus, ob du die folgenden Aufgaben lösen kannst. Schreibe deine Lösung auf.

→ **Seite 25, 30 f.,** weitere Tests

1. Welche Schreibweise ist richtig?

a) infolge dessen
b) in Folge dessen
c) in Folgedessen
d) infolgedessen

a) Toristikunternehmen
b) Touristikunternemen
c) Toristikunternemen
d) Touristikunternehmen

2. Suche für jede Wortreihe den passenden Oberbegriff.

1. Beton – Dachziegel – Hohlblockstein – Kies
2. Zeppelin – Freiballon – Düsenklipper – Hubschrauber – Segelflugzeug
3. Papierkorb – Keksdose – Silo – Aktentasche – Abfalleimer
4. Staubsauger – Waschmaschine – Fleischwolf – Toaster
5. Habicht – Bussard – Eule – Sperber – Steinadler
6. Stadtpark – Freibad – Eisplatz – Jugendzentrum

3. Bei dieser Aufgabe geht es nicht um richtig oder falsch.
Stell dir die folgende Situation vor:
Es ist drei Uhr morgens. Das Telefon klingelt. Der Anrufer hat einen wildfremden Menschen aus dem Bett geklingelt und stellt fest: „Entschuldigen Sie bitte, die Auskunft hat mir die falsche Telefonnummer gegeben."

Welche der folgenden Antwortmöglichkeiten hältst du für angemessen?

1. Das ist eine Unverschämtheit, mich um diese Zeit zu wecken!
2. Ist nicht so schlimm, ich habe noch nicht so fest geschlafen.
3. Das ist wirklich Pech, aber so was kann schon mal passieren.

2 Tauscht euch darüber aus, was man mithilfe solcher Tests vermutlich über die Bewerberinnen und Bewerber herausfinden will.

> **TIPP!**
> Ihr könnt eure Ideen in einem Cluster sammeln.

3 Häufig ist die vorgegebene Zeit für den Gesamttest sehr kurz, sodass viele Bewerber unter Zeitdruck geraten. Besprecht, was die Tester damit herausfinden wollen.

4 Menschen reagieren in Testsituationen sehr unterschiedlich. Überlegt gemeinsam, wie ihr euch auf solche Testsituationen gut vorbereiten könnt. Sammelt eure Ideen an der Tafel.

Der erste Eindruck ist oft entscheidend

1 Von der Bundesagentur für Arbeit wird Folgendes empfohlen:

> „Sie sollten sich auch Gedanken darüber machen, was Sie zu einem Vorstellungsgespräch anziehen. Wichtig ist gepflegte, gebügelte Kleidung, in der Sie sich auch wohlfühlen."

Besprecht, warum es wichtig ist, bei einem Vorstellungsgespräch in angemessener Kleidung zu erscheinen.

2 Diskutiert darüber, was mit der Aussage „Der erste Eindruck ist oft entscheidend" gemeint ist.

Online-Link
zu Empfehlungen für angemessene Kleidung
313175-0018

3 John ist 15 Jahre alt und hat sich für einen Ausbildungsplatz als Stuckateur beworben. Pia ist 16 Jahre alt und bewirbt sich um eine Ausbildungsstelle als Zahnarzthelferin.
Diskutiert darüber, welche Kleidung angemessen sein könnte.

4 Dass man zu einem Vorstellungsgespräch pünktlich erscheinen muss, das ist sicher allen klar. Diskutiert darüber, was man tun kann, damit man sich auf keinen Fall verspätet, z. B.:
- *vorher erkunden, welches Verkehrsmittel man nutzen kann,*
- *vorher herausfinden, welcher Weg am günstigsten ist,*
- *rechtzeitig aufstehen, ...*

Sammelt eure Vorschläge an der Tafel.

Neue Situationen meistern

John hat eine Einladung zu einem Vorstellungsgespräch erhalten. Wie sollte er sich in den folgenden Situationen verhalten und wie könnte er die Fragen des Personalleiters am besten beantworten?

Online-Link zu Empfehlungen für Vorstellungsgespräche 313175-0019

Online-Link Arbeitsblatt Checkliste: „Vorbereitung auf das Vorstellungsgespräch" 313175-0019

1 Beurteile die folgenden Vorschläge.

Nach dem Anklopfen und der Aufforderung einzutreten, betritt er das Zimmer. Sollte er

1. warten, bis der Personalleiter, Herr Gerdes, auf ihn zukommt?
2. Herrn Gerdes entgegengehen und ihn direkt anschauen?
3. auf den Boden schauen und warten?

Herr Gerdes: Guten Morgen, Sie sind sicherlich John Becker. Nehmen Sie bitte Platz.

1. Hallo.
2. Guten Morgen, der bin ich, und wer sind Sie?
3. Guten Morgen, das ist richtig, und Sie sind sicherlich Herr Gerdes.

Herr Gerdes: Schildern Sie mir doch kurz, was Sie bisher gemacht haben.

1. Okay, obwohl das doch alles im Lebenslauf steht.
2. Im Moment besuche ich noch die 9. Klasse. In den letzten Ferien habe ich ein Praktikum in einem Stuckateurbetrieb gemacht.
3. Tja, ich gehe noch zur Schule, deshalb kann ich eigentlich nicht viel erzählen.

→ **Seite 74,** Typische Fragen bei einem Vorstellungsgespräch

Herr Gerdes: Weshalb haben Sie sich ausgerechnet für den Stuckateurberuf entschieden?

1. Ich möchte Stuckateur werden, weil ich Interesse an künstlerischer Arbeit habe.
2. Ein Freund unserer Familie ist Stuckateur, der hat mir viel über den Beruf erzählt, außerdem habe ich mich beim Arbeitsamt erkundigt.
3. Diesen Beruf fand ich schon immer super, deswegen werde ich mich sicher auch darin wohlfühlen.

Online-Link Arbeitsblatt „Fragen und Antworten" 313175-0019

2 Tauscht euch darüber aus, welches Verhalten und welche Antworten ihr für angemessen haltet.

→ **Seite 6 ff.,** Höflichkeit

Das interessiert mich! Das kann ich gut!

In Vorstellungsgesprächen wird oft danach gefragt, was man in seiner Freizeit gern tut und wofür man sich besonders interessiert.

Ich löse gern Rätsel und knifflige Aufgaben. Stundenlang kann ich am PC sitzen und neue Spiele ausprobieren. Mir macht es Spaß, im Internet zu surfen. Ich habe es am liebsten etwas ruhiger um mich herum. Trubel und Lärm kann ich nicht ausstehen. Ich lese auch gern, am liebsten fantastische Literatur.

Mir macht eigentlich vieles Spaß. Ich gehe gern mit Freunden schwimmen und spiele Fußball. Ach ja, mit dem Skateboard bin ich auch gern unterwegs. Zu Hause koche ich oft, am liebsten Spaghetti mit Tomatensoße. Ich habe aber auch schon die verrücktesten Gerichte ausprobiert und unseren Gästen serviert. Außerdem tolle ich auch gern mit unserem Hund draußen herum.

Online-Link
zu Ausbildungsberufen
313175-0020

1 Stellt fest, was Eros und Martha über ihre Interessen und Fähigkeiten gesagt haben. Diskutiert darüber, welche Berufe zu ihnen passen könnten.

2 Bildet Gruppen. Stellt euch selbst vor, ähnlich wie Eros und Martha es getan haben. Zählt dabei vor allem die Interessen und Fähigkeiten auf, die euch für die Berufswahl wichtig erscheinen, z. B.:

kochen – backen und servieren – beim Hausbau mitarbeiten – mit kleinen Kindern umgehen – zeichnen – im Geschäft der Eltern helfen – reiten und Pferde pflegen – sich mit älteren Menschen unterhalten – an kniffligen Aufgaben tüfteln – im Internet surfen – fotografieren – Sachbücher über Erste Hilfe lesen – Klima und Wetter beobachten – Geschichten schreiben – in Heimatmuseen gehen – im Garten arbeiten – sich über Mode austauschen – handwerkliche Arbeiten ausführen – Bücher über Tiere lesen – technische Geräte reparieren – am Fahrrad herumbasteln

3 In einem Vorstellungsgespräch spielen bestimmte persönliche Eigenschaften eine Rolle.
Schreibe auf, welche der folgenden Eigenschaften in dem Beruf, den du erlernen möchtest, besonders wichtig sind. Begründe deine Meinung.

Zuverlässigkeit – Einsatzbereitschaft – Belastbarkeit – Gewissenhaftigkeit – Konzentrationsfähigkeit – Zielstrebigkeit – Fleiß – Fähigkeit zur Kritik / Selbstkritik – Höflichkeit / Freundlichkeit – Teamfähigkeit – Pünktlichkeit – Durchsetzungsfähigkeit – Einfühlsamkeit – Selbstdisziplin

4 Stelle fest, welche Eigenschaften du hast. Schätze dazu ein, inwieweit die folgenden Aussagen auf dich zutreffen. Verwende drei Abstufungen: *trifft zu – trifft teilweise zu – trifft nicht zu.*

1. Wenn ich ein Ziel habe, z. B. im Sport, kann ich mich dafür auch sehr anstrengen.
2. Ab und an verpasse ich auch mal etwas – z. B. eine Verabredung.
3. Ich brauche unbedingt meinen geregelten Tagesablauf, auch genügend Schlaf. Sonst gelingt nichts.
4. Bei mir herrscht das Chaos – Dinge zu planen, liegt mir überhaupt nicht.
5. Die Kritik anderer geht mir an die Nieren, oft leide ich noch tagelang.
6. Ich bin ein ruhiger Typ und gern für mich allein.
7. Es ist für mich kein Problem, Aufgaben gemeinsam mit anderen zu lösen.
8. Bei Leistungsdruck bleibe ich ganz cool, oft spornt er mich sogar an.
9. Ich kann gut zuhören und mich in andere hineinversetzen.
10. Streit gehe ich am liebsten aus dem Weg.
11. Wenn mich jemand um Hilfe bittet, kann ich nicht nein sagen, auch wenn ich dadurch selbst in Schwierigkeiten gerate.
12. Ich verschiebe unangenehme Aufgaben gern nach hinten, sodass ich mitunter gewaltige Zeitprobleme bekomme.

TIPP!
Du kannst dir den Text aus Aufgabe 4 als Arbeitsblatt herunterladen und ausdrucken. Nutze dazu den Online-Link.

Online-Link
Arbeitsblatt „Checkliste: Meine Eigenschaften"
313175-0021

5 Überlege, welche Eigenschaften aus Aufgabe 3 auf dich zutreffen und welche zu deinem Berufswunsch passen. Notiere sie.

TIPP!
Du kannst dich auch mit einem Partner beraten.

6 In einem Vorstellungsgespräch wirst du gefragt:

1. Was sind Ihre Stärken und Schwächen?
2. Warum meinen Sie, dass Sie für diesen Beruf geeignet sind?

Schreibe in Stichworten auf, was du darauf antworten willst.

7 Übe nun mit einem Partner, auf die Fragen aus Aufgabe 6 zu antworten. Wechselt dabei die Rollen, einer fragt, der andere antwortet.

Fragen, mit denen man rechnen sollte

Um Bewerber genauer kennen lernen zu können, werden ihnen in Vorstellungsgesprächen viele Fragen gestellt. Wenn man solche Fragen kennt, kann man sich schon vorher passende Antworten überlegen.

→ **Seite 74,**
Typische Fragen bei einem Vorstellungsgespräch

Online-Link
Arbeitsblatt „Fragen und Antworten" 313175-0019

1 Lies die folgenden Fragen durch und überlege, was man über den Bewerber herausfinden will. Ordne zu, z. B.: 1. f.

Oft gestellte Fragen

1. Welchen anderen Beruf hatten Sie noch im Blick?
2. Warum bewerben Sie sich gerade bei uns?
3. Welche Vorteile hat der Beruf in Ihren Augen? Was ist eher ein Nachteil?
4. Welche Schulfächer bereiten Ihnen Probleme? Warum?
5. Was haben Sie nach Ihrer Ausbildung beruflich vor?
6. Was machen Sie in Ihrer Freizeit am liebsten? Sind Sie in einem Verein oder in einer Gruppe?
7. Welche Fragen haben Sie an uns?

Was der Betrieb herausfinden will

a) ob man seine Stärken und Schwächen einschätzen kann
b) ob man sich für etwas engagiert und wofür man sich interessiert
c) ob man sich Gedanken über seine berufliche Zukunft macht
d) ob man sich auf das Gespräch vorbereitet hat
e) ob man sich über die Anforderungen in seinem Wunschberuf informiert hat
f) ob man sich Gedanken gemacht hat, welche Berufe zu einem passen und warum
g) ob man sich über den Betrieb informiert hat

Online-Link
zum Thema „Körpersprache" 313175-0022

2 Körperhaltung, Mimik und Gestik sagen ebenfalls viel über einen Menschen aus. Diskutiert darüber, welche „Körpersignale" die abgebildeten Personen aussenden und wie diese wirken.

3 Rollenspiele Bildet Gruppen und bereitet ein Vorstellungsgespräch im Rollenspiel vor. Geht so vor:

1. Fertigt zunächst Beobachtungsbögen an, z. B.:

Beobachtungsbogen Vorstellungsgespräch

Name

	gelungen	teils, teils	nicht so gelungen
Vor dem Gespräch – anmelden – anklopfen – …	…	…	…
Gesprächsverlauf – begrüßen – sich vorstellen – …	…	…	…
Körpersprache – Körperhaltung – Mimik – …	…	…	…
Stimme – ruhig – …	…	…	…

2. Legt in der Gruppe fest,
   - wer die Beobachter sein sollen,
   - welche Personen beteiligt sein sollen (z. B. Bewerberin/Bewerber, Personalleiterin/Personalleiter, Sekretärin/Sekretär),
   - wer die verschiedenen Rollen spielen soll,
   - um welche Stelle in welcher Firma es gehen soll,
   - welche Fragen gestellt werden sollen und wie das Vorstellungsgespräch verlaufen soll.
3. Probt das Vorstellungsgespräch so lange, bis ihr zufrieden seid.
4. Spielt das Vorstellungsgespräch in der Klasse vor.
5. Die Beobachter machen sich auf den Beobachtungsbögen Notizen zum Verhalten der einzelnen „Bewerber".

4 Gebt den „Bewerbern" ein Feedback. Nutzt dazu eure Notizen aus den Beobachtungsbögen. Besprecht, was schon gut gelungen ist und was noch verbessert werden könnte.

TIPP!
Ihr könnt den Beobachtungsbogen auch als Arbeitsblatt herunterladen und ausdrucken. Nutzt dazu den Online-Link.

Online-Link
Arbeitsblatt „Beobachtungsbogen: Rollenspiel"
313175-0023

→ **Seite 74,** Typische Fragen bei einem Vorstellungsgespräch

→ **Seite 233,** Arbeitstechnik „Ein Feedback geben"

Einladung zum Assessment-Center

Manche Unternehmen laden Bewerberinnen und Bewerber zu einem Personalauswahlverfahren ein, das Assessment-Center genannt wird.

1 Stelle fest, welche Erfahrungen Arzu bei einem solchen Assessment-Center gemacht hat. Notiere in Stichworten.

Der Bewerbertag

Ich habe mich bei der Volksbank Raiffeisenbank in ... um einen Ausbildungsplatz als Bankkauffrau beworben und wurde daraufhin zu einem Bewerbertag eingeladen. Die Veranstaltung begann um 9.00 Uhr. Insgesamt waren zwölf Bewerber anwesend; wir wurden in einen Konferenzraum gebeten. Die Ausbildungsleiterin der Bank begrüßte uns und stellte uns die anderen Mitarbeiter der Bank vor. Nach einer Einführung, in der der Ablauf des Bewerbertages erklärt wurde, bekamen wir unsere erste Aufgabe. Jeder Bewerber sollte sich in einer 3-minütigen Präsentation kurz vorstellen. An einer Tafel waren dabei die wichtigsten Punkte vorgegeben, auf die wir eingehen mussten: persönliche Interessen und Hobbys, Beruf der Eltern, Gründe, weshalb man diese Berufsausbildung machen möchte. Es wurden 10 Minuten Vorbereitungszeit gegeben. Danach kam jeder Bewerber nach vorn und präsentierte sich selbst in einem Kurzvortrag. Ich war dabei sehr aufgeregt und habe einige Punkte vergessen, die ich vorher noch vorbereitet hatte. Das hätte ich nicht gedacht.
Die nächste Aufgabe war dann so eine Art Planspiel. Jeder bekam die Aufgabe, einen Betriebsausflug für die Bankmitarbeiter zu organisieren. Dabei waren bestimmte Fakten vorgegeben, an die wir uns halten mussten. Fand ich ganz schön anspruchsvoll, besonders weil das Ganze noch als Aufsatz ausgearbeitet werden musste. Alles in allem fand ich den Bewerbertag ziemlich stressig. Leider hat es mit dem Ausbildungsplatz auch nicht geklappt, aber dafür weiß ich zumindest, worauf ich beim nächsten Mal stärker achten muss.

Arzu Yilmaz, *Schülerin, Mülheim*

→ **Seite 19 ff.,** Vorstellungsgespräch

2 Vergleiche das Assessment-Center mit einem Vorstellungsgespräch, z. B.:

Assessment-Center	**Vorstellungsgespräch**
mehrere Bewerber werden gleichzeitig eingeladen ...	Bewerber werden zu Einzelgesprächen eingeladen ...

3 Stelle Tipps für die Vorbereitung auf ein Assessment-Center zusammen.

4 Bereite dich schriftlich auf eine 3-minütige Selbstpräsentation[1] vor. Berücksichtige dabei deine Stärken und Schwächen. Halte den Vortrag vor der Klasse.

[1] Selbstpräsentation, die: Vorstellung der eigenen Person im Kurzvortrag

5 Im Assessment-Center werden oft auch Wissenstests durchgeführt. Neben Fragen zur Allgemeinbildung gibt es häufig Tests zu den Deutschkenntnissen der Bewerber. Prüfe, wie du mit solchen Tests zurechtkommst. Stoppe die Zeit, die du für die Tests brauchst. Vergleiche mit anderen.

→ **Seite 17 und 30 f.,** weitere Tests

Test 1 Beantworte folgende Fragen. Schreibe die Antworten auf.

1. Wie viele Bundesländer hat die Bundesrepublik Deutschland?
2. In welchem Jahr begann der Zweite Weltkrieg?
3. Welcher spanische Maler wird als Maler des 20. Jahrhunderts bezeichnet?
4. Wie heißt die Hauptstadt von Portugal?

Test 2 Was bedeuten diese Fremdwörter? Schreibe jeweils die richtige Bedeutung auf.

1. Assistent: Gehilfe – Beamter – Stationsarzt – Berufsanfänger
2. Mobilität: Krankheit – Fischart – Beweglichkeit – Form von Mobbing
3. Agentur: Arbeitsmaßnahme – Werbung – Vermittlungsbüro – Verlag
4. Karriere: Laufbahn – Hindernis – Viereck – alter Wagen

Test 3 Welches Wort ist jeweils korrekt geschrieben? Schreibe es auf.

→ **Seite 225 ff.,** Rechtschreibstrategien

1. schlißlich – schlieslich – schliesslich – schließlich
2. nähmlich – nehmlich – nämlich – nähmlig
3. ungefehr – ungefähr – ungefär – ungefair
4. zimlich – zihmlich – ziemlich – ziehmlich

Merke

Assessment-Center
Beim Assessment-Center (AC) handelt es sich um ein Personalauswahlverfahren. Dazu werden mehrere Bewerber gleichzeitig eingeladen. Ihnen werden verschiedene Aufgaben gestellt, die unter Beobachtung und hohem Zeitdruck gelöst werden müssen. Getestet werden vor allem Kommunikationsfähigkeit, Selbstsicherheit, Konfliktfähigkeit und soziales Verhalten. Zu den oft gestellten Aufgaben gehört die Präsentation. Darunter versteht man einen Kurzvortrag, der vor der Gruppe gehalten wird. Häufig wird das Vorstellen der eigenen Person (Selbstpräsentation) verlangt.

Online-Link zum Begriff „Assessment-Center“ 313175-0025

→ **Seite 215 f.,**
Übersicht über die Wortarten

Wörter und Wortarten

1 Wortarten Tausche dich mit deinen Mitschülern darüber aus, wie der folgende Wortarten-Bestimmungsschlüssel funktioniert.

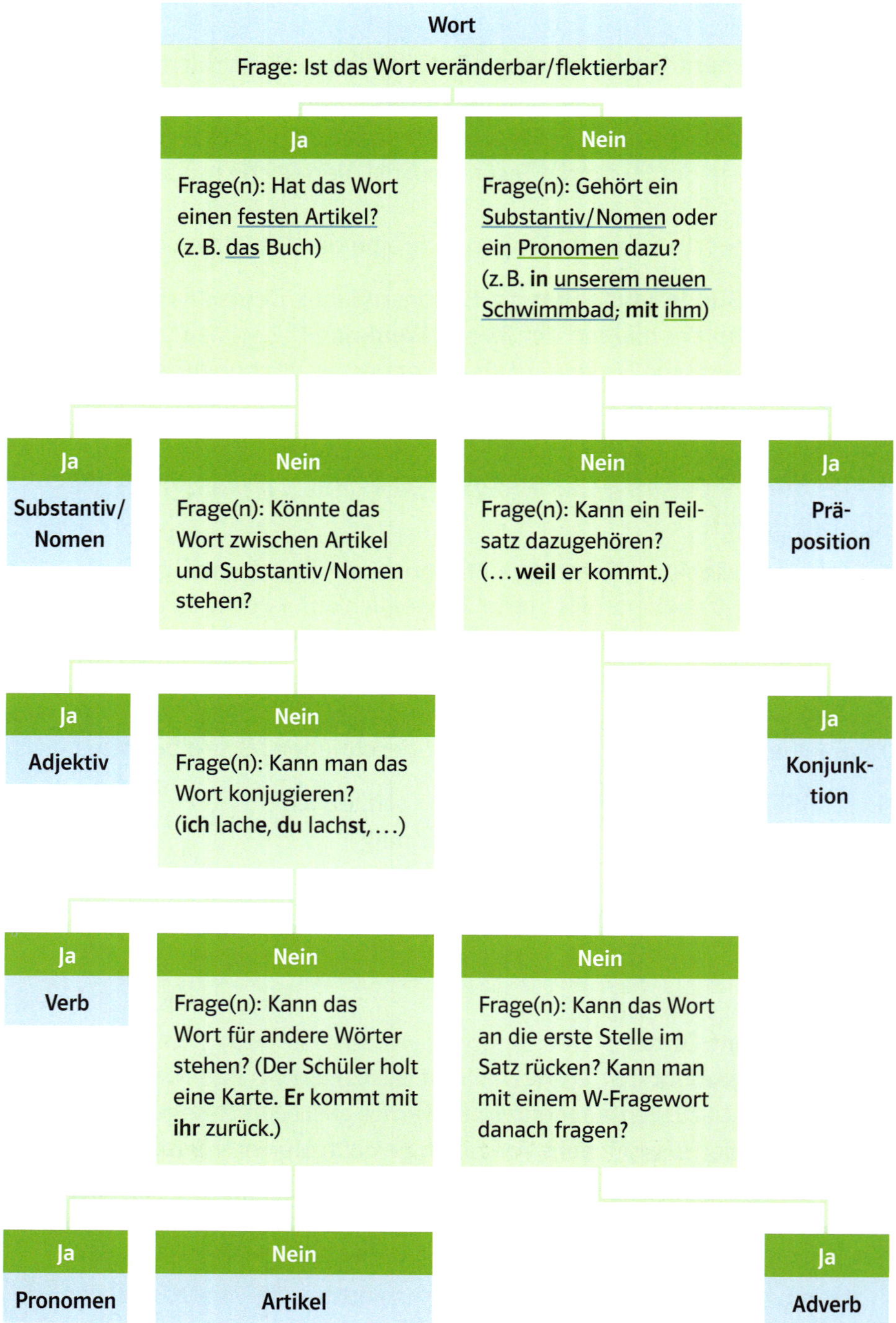

2 Suche Wörter, bei denen du sicher bist, zu welcher Wortart sie gehören. Probiere den Bestimmungsschlüssel mit diesen Wörtern aus. So kannst du vorgehen:

Ausgewähltes Wort: **Hand**
Ist das Wort veränderbar? → **Hand – Hände** → Ja
Hat das Wort einen festen Artikel? → **die** Hand → Ja
→ Ergebnis: **Hand** ist ein Substantiv/Nomen.

Zu bestimmendes Wort: **auf**
Ist das Wort veränderbar? → Nein
Gehört ein Substantiv/Nomen oder ein Pronomen dazu? →
auf dem neuen Sportplatz → Ja
→ Ergebnis: **auf** ist eine Präposition.

3 Erprobe den Bestimmungsschlüssel auch mit diesen Wörtern:

Stärke – weiß (wissen) – weiß (Farbe) – dort – schnell – heute – in – bewerben – nachdem – die – ich – und – werde – wegen – dass – gut

→ **Seite 215 f.,** Übersicht über die Wortarten

4 **Wortbildung** Finde fünf zusammengesetzte Substantive/Nomen mit dem Grundwort *-beruf* und fünf Zusammensetzungen mit dem Bestimmungswort *Beruf-*. Schreibe sie auf, z. B.: Lehrerberuf, …, Berufswahl, …

TIPP!
Achte auf das Fugenelement, z. B. bei *Berufswahl*.

Merke

Die beiden wichtigsten Verfahren der **Wortbildung** sind die **Zusammensetzung** und die **Ableitung**.
Bei der **Zusammensetzung** werden zwei oder mehrere Wörter zu einer Einheit verbunden. Das letzte Wort ist das **Grundwort**. Es wird durch das **Bestimmungswort** näher bestimmt (*Haustür* → *Haus-* = Bestimmungswort; *-tür* = Grundwort). Das Grundwort bestimmt das grammatische Geschlecht der Substantive/Nomen (*die Tür* → *die Haustür* = feminin/weiblich).
Bildet ein Substantiv/Nomen den ersten Teil einer Zusammensetzung, wird ihm oft eine besondere Endung angefügt (*Berufswahl, Sonnenschein, rabenschwarz*). Diese Endung nennt man **Fugenelement.**
Bei der **Ableitung** wird ein Wortstamm mit Vorbausteinen und/oder Endbausteinen verbunden (*unverständlich* → Vorbausteine *un-*, *ver-*; Endbaustein *-lich*). Der letzte Endbaustein bestimmt die Wortart (*-lich* = Endbaustein bei Adjektiven → *unverständlich* =Adjektiv).

→ **Seite 214,** Wortbildung

Wortfamilien und Wortfelder

1 Wortfamilien Hier sind Wörter aus zwei Wortfamilien durcheinandergeraten.

verstehen – sprechen – stehen – versprechen – Stand – besprechen – Sprache – Verstand – sprachlich – verständig – Besprechung – verständlich – bestehen – Gespräch – Bestand – Standesamt – fremdsprachlich – Verständnis – ständig – unverständlich – erstehen – Entsprechung – gestehen – geständig – entstehen – Entstehung – gesprächig – vorstehen – sprachlos – Vorstand – entsprechen – Sprecher – Versprechen

Arbeitet zu zweit. Jeder bearbeitet eine Wortfamilie. Ordnet die Wörter in einer Tabelle, z. B.:

Verben	Substantive/Nomen	Adjektive
verstehen	Verstand	verständlich
...	...	...

2 Wortfelder Stelle fest, welches Wort nicht in die Reihe passt. Schreibe es auf, z. B.: 1. feuern.

1. sagen – meinen – entgegnen – sprechen – feuern – erwidern – einwenden
2. klasse – super – riesig – stark – spitze – fantastisch – toll – träge – cool
3. abscheulich – miserabel – traumhaft – fürchterlich – mies – scheußlich
4. versterben – verrecken – abkratzen – aufwachen – verscheiden – abnippeln
5. Knete – Zaster – Kohle – Mäuse – Geld – Lohn – Schotter – Kies – Penunze
6. salzig – lecker – appetitlich – wohlschmeckend – köstlich – schmackhaft

TIPP!
Ihr könnt dazu ein Wörternetz/Cluster nutzen.

3 Arbeitet in Gruppen. Tragt Wörter aus dem Wortfeld *essen* zusammen, z. B.: essen → futtern, knabbern, ...

→ **Seite 214 f.,** Wortfamilien, Wortfelder

Merke

Zu einer **Wortfamilie** gehören alle Wörter mit gleichem Wortstamm. Sie können durch Zusammensetzung oder Ableitung entstanden sein (*lehr* → *lehren, Lehrer, Lehre, Lehrling, Lehrbuch, Lehrgeld, ...*).
Zu einem **Wortfeld** gehören bedeutungsähnliche und bedeutungsgleiche Wörter (*gehen, laufen, rennen, ...*).

Synonyme und Antonyme

1 Synonyme Nenne zu den folgenden Wörtern je ein Synonym und schreibe es auf, z. B.: 1. Selbstlaut – Vokal; 2. …

1. ~~Selbstlaut~~ 2. Innenstadt 3. Adjektiv 4. Restaurant 5. Radio

2 Manche Synonyme stammen aus früherer Zeit und sind heute nicht mehr sehr gebräuchlich. Suche aus dem folgenden Text die Synonyme für folgende Wörter heraus, z. B.: 1. Onkel – Oheim; 2. …

1. ~~Onkel~~ 2. Grippe 3. Supermarkt 4. ehrenhaft
5. Witwe 6. Cousin 7. Cousine

Josefine war ihrem Mann nach der Hochzeit in seine Heimatstadt gefolgt und lebte nun weit entfernt von ihren Verwandten. Endlich aber hatte sie ihrer Tante, einer honetten Dame, versprochen, sie am Pfingstsonntag zu besuchen. Deren Mann, Josefines Oheim, war vor einem Jahr an Influenza gestorben. Seit seinem Begräbnis hatte Josefine ihre Tante, ihre Basen und Vettern nicht gesehen. Für das Wiedersehensfest buk die Witfrau deshalb einen guten Kuchen und kaufte Kaffee in der Kolonialwarenhandlung ein.

3 Antonyme Schreibe zu jedem Wort ein Antonym und bilde damit eine Wortgruppe, z. B.: schnell → langsam, ein langsames Auto

1. ~~schnell~~
2. neu
3. alt
4. gut
5. offen
6. reich
7. nehmen
8. sprechen
9. ruhen
10. lachen
11. öffnen
12. angreifen
13. Liebe
14. Lüge
15. Faulheit
16. Hektik
17. Chaos
18. Höhe

Merke

Synonyme sind Wörter mit gleicher und ähnlicher Bedeutung (*Apfelsine – Orange; essen – speisen*).
Antonyme sind Wörter mit entgegengesetzter Bedeutung (*Liebe – Hass; hoch – niedrig*).

Teste dein Sprachwissen!

Hier findest du Tests, mit denen du deinen Wortschatz, dein Allgemeinwissen und dein Sprachwissen überprüfen und erweitern kannst. Für jede richtige Antwort erhältst du einen Punkt. Hast du in einem Test alle sechs Antworten richtig gegeben, erhältst du einen Zusatzpunkt. Insgesamt kannst du 63 Punkte erreichen.

Test 1 Notiere, welches Wort nicht in die Reihe passt.

1. Galle – Leber – Magen – Darm – Bart – Niere – Milz
2. Apfel – Birne – Banane – Ananas – Kiwi – Obst
3. Kreis – Kugel – Rad – Quadrat – Würfel – Rechteck
4. Zeit – Minute – Woche – Sekunde – Stunde – Nacht
5. Leopard – Löwe – Ameise – Panther – Bär – Wolf
6. Auto – Fuß – Fahrrad – U-Bahn – Bus – Straßenbahn

Test 2 Ordne jedem Wort der linken Spalte ein Wort der rechten Spalte so zu, dass ein Gegensatzpaar entsteht. Notiere die Wortpaare, z.B.: *1, d*.

1. real	a) verspätet
2. theoretisch	b) geizig
3. nervös	c) ungefährlich
4. großzügig	d) unwirklich
5. vorzeitig	e) praktisch
6. riskant	f) ruhig

→ **Seite 17 und 25,** weitere Tests

→ **Seite 26 f., 215 f.,** Übersicht über die Wortarten

Test 3 Welches Wort passt anstelle des Fragezeichens? Notiere, z.B.: *lang : kurz = dick : dünn*.

1. lang : kurz = dick : ?
2. Wasser : Fisch = Luft : ?
3. Junge : Mädchen = Mann : ?
4. Auto : Flugzeug = fahren : ?
5. scharf : schneiden = spitz : ?
6. Wort : Satz = Buchstabe : ?

TIPP!
Denke jeweils an die Wortart, zu der die Wörter gehören.

Test 4 Notiere, welches Wort nicht in die Reihe passt.

1. klein – gut – neu – dein – fein – lieb – mild – wild
2. heute – dort – gestern – morgen – sorgen – unten
3. tadeln – loben – oben – schmeicheln – schimpfen
4. vor – hinter – unter – munter – zwischen – wegen
5. und – weil – oder – dass – muss – obwohl – denn
6. wann – wenn – wo – wer – wie – was – welcher

Test 5 In welcher Reihenfolge stehen diese Wörter im Wörterbuch? Notiere.

eure | Euphorie | Europa | Eurasien | Euphrat | Europol

Test 6 Bilde die jeweiligen Wortformen und notiere sie, z.B.: *nehmen - wir nahmen (1. Pers. Plural Präteritum)*.

→ **Seite 217 f.**, Zeitformen des Verbs

1. **nehmen** – 1. Person Plural Präteritum: …
2. **lesen** – 2. Person Singular Präsens: …
3. **Nachbar** – Genitiv Singular: …
4. **Lexikon** – Nominativ Plural: …
5. **hoch** – Superlativ/zweite Vergleichsform (am …): …
6. **gern** – Superlativ/zweite Vergleichsform (am …): …

Test 7 Die Wörter enthalten Fehler. Schreibe sie richtig auf.

1. Wiederspieglung
2. Voratskammer
3. Orginalfassung
4. Außentemparatur
5. Grosstadtlärm
6. Carakterrolle

Test 8 Ordne jedem Fremdwort der linken Spalte die Bedeutung in der rechten Spalte zu. Schreibe jeweils die Ziffer mit dem passenden Buchstaben auf, z.B.: *1, c*.

1. defekt	a) vollendet, vollkommen
2. effektiv	b) angriffslustig, streitsüchtig
3. perfekt	c) fehlerhaft, schadhaft, kaputt
4. aggressiv	d) traurig, mutlos
5. depressiv	e) wirkungsvoll, lohnend
6. expressiv	f) ausdrucksstark, ausdrucksvoll

Test 9 Jeweils zwei Wörter sind in den Werbeanzeigen fehlerhaft. Schreibe die Texte richtig auf.

Abnehmen?
Auch sie schaffen es!
Ich brate Sie gern.

Rosa Rinderfahrrad,
16er, für 50 Euro ab zugeben

Expresso mit aufgeschämter Milch **3,00 €**

3 Hilfe, ein Referat!

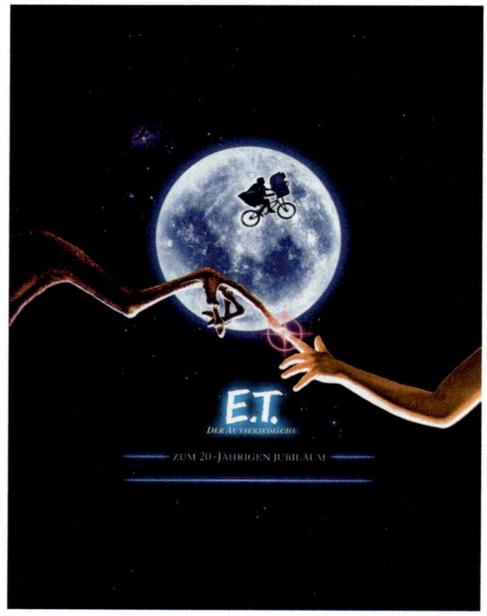

1 Welche Filme hast du in der letzten Zeit gesehen? Berichte.

2 Schauspieler, die in Filmen mitspielen, sind oft sehr vielen Leuten bekannt. Die Regisseure, die für die gesamte Gestaltung eines Films verantwortlich sind, sind meist weniger bekannt. Welche Regisseure kennt ihr? Tauscht euch in der Klasse darüber aus.

Ein Referat planen

In diesem Kapitel geht es um interessante Filme und um die Personen, die bei diesen Filmen Regie geführt haben. An einem Beispiel wird gezeigt, wie du ein Referat zu einem Regisseur vorbereiten kannst.

Wolfgang Becker

Steven Spielberg

Charles Chaplin

Marco Kreuzpaintner

TIPP!
Du kannst z. B. ein Referat zu dem Thema „Der Regisseur Charles Chaplin" vorbereiten. Material und Aufgaben findest du auf den folgenden Seiten.

Online-Link
zu den Biografien der Regisseure
313175-0033

1 Überlege zunächst, welchen Regisseur du vorstellen willst.

2 Stelle nun einen Zeit- und Arbeitsplan auf. Du kannst dafür das folgende Muster nutzen.

Zeit- und Arbeitsplan	Erledigen bis ....
1. Vorüberlegungen	erledigt am:
a) Termin und Dauer des Referats absprechen	....
b) Liste mit Informationsmaterial zusammenstellen	....
2. Material beschaffen und auswerten	erledigt am:
a) Material lesen, interessante Informationen entnehmen	....
b) Lebensdaten des Regisseurs zusammenstellen	....
c) Übersicht über die Filme des Regisseurs verfassen	....
3. Informationen auswählen und ordnen	erledigt am:
a) erfragen und notieren: Was wissen die Zuhörer bereits über den Regisseur? Wofür interessieren sie sich besonders?	....
b) entsprechende Informationen auswählen	....
c) Informationen ordnen (in eine sinnvolle Reihenfolge bringen)	....
4. Präsentationsmedien vorbereiten	erledigt am:
a) feststellen, welche technischen Geräte im Vortragsraum zur Verfügung stehen	....
b) entscheiden, welche Medien genutzt werden sollen (Tafel, Overheadprojektor, Beamer, Whiteboard, Computer)	....
c) entsprechende Materialien beschaffen oder herstellen (Folien, Handouts, Plakate, Filmausschnitte, DVD, Bücher)	....
5. Referat und Präsentation üben und vorstellen	erledigt am:
a) Referat vorbereiten	....
b) ...	....

TIPP!
Du kannst das Muster herunterladen und bearbeiten. Nutze dazu den Online-Link.

Online-Link
Arbeitsblatt „Checkliste: Zeit- und Arbeitsplan"
313175-0033

Material beschaffen und auswerten

Online-Link
Hörverstehen
313175-0034

→ **Seite 239,** Arbeitstechnik „Einen Sachtext lesen und verstehen"

1 Lies die folgenden Texte über den Regisseur Charles Chaplin und notiere Informationen, die du für dein Referat brauchen kannst.

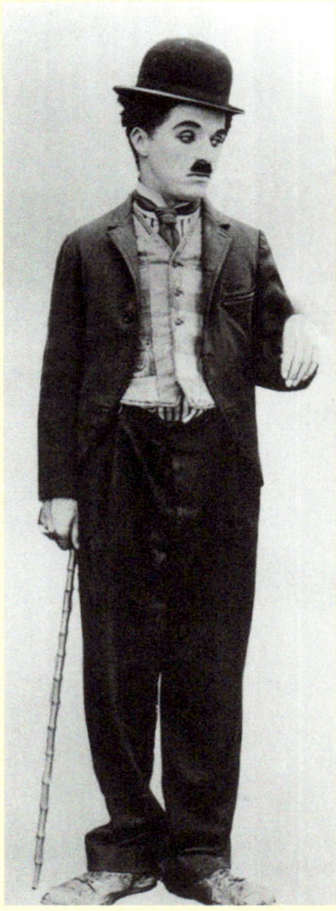

Chaplin, Charles Spencer wurde am 16. April 1889 in London geboren. Seine Eltern waren Komödianten, sie tanzten und sangen in Music-Halls. Mit fünf Jahren stand er selbst zum ersten Mal auf der Bühne. Der Vater, ein Alkoholiker, verließ die Familie früh und die Mutter konnte Charles und seinen Bruder Sidney nicht allein durchbringen. So mussten die beiden in einem Armenhaus aufwachsen. Im Jahr 1906 wurde Chaplin Schauspieler bei einem Tourneetheater. Mit dieser Theatertruppe, die auf beiden Seiten des Atlantiks spielte, kam er in die USA. Dort begann er kurze Stummfilme zu drehen. Er erfand die Figur des kleinen Tramps[1], die ihn schnell berühmt machte.

Im Jahr 1917 war Chaplin bereits der bestbezahlte Filmschauspieler der Welt. 1919 gründete er mit einigen Kollegen eine eigene Produktionsfirma, die United Artists. In Filmen wie *The Kid* (1921), *The Gold Rush* (1925), *The Circus* (1928), *City Lights* (1931) und *Modern Times* (1936) entwickelte er die Figur des Tramps weiter und ließ sie mit Tapferkeit, Humor und Menschlichkeit gegen eine oft rücksichtslose Gesellschaft ankämpfen. Diese Filme sind zunehmend sozialkritisch und oft ist es nur der pure Zufall, der für ein Happy End sorgen kann.

Mit *The Great Dictator* (1940; eine Satire auf Hitler und den Nationalsozialismus in Deutschland) bezog er als erster großer amerikanischer Filmemacher konsequent Stellung gegen den Faschismus in Europa. Später warf man ihm in den USA unter dem Einfluss des reaktionären Senators McCarthy zu Unrecht vor, Kommunist zu sein. Als er 1952 auf einer Europareise war, verbot man ihm die Wiedereinreise. Deshalb siedelte sich Chaplin in der Schweiz an, wo er fortan lebte und arbeitete. 1975 wurde er von Queen Elizabeth in den Adelsstand erhoben. In der Nacht zum 25. Dezember 1977 starb Chaplin.

[1] Tramp, der: „to tramp" bedeutet im Englischen so viel wie „wandern". In Amerika wurden mit „Tramp" zunächst Wanderarbeiter oder Tagelöhner bezeichnet; der Tramp suchte aber meist keine feste Anstellung, sondern nur Gelegenheitsjobs.

Charlie, der kleine Tramp

Melone, ein angeklebtes Schnauzbärtchen, ein zu enges Jackett, eine zu weite Hose und zwei viel zu große Schuhe, deren Spitzen beim Gehen weit auseinander zeigen – so sieht das Kostüm der bekanntesten Figur aus, die Chaplin geschaffen hat. Seit 1915 spielt er in vielen Filmen immer wieder Charlie, den kleinen Tramp.

Chaplin hat diese Figur erst nach und nach entwickelt. In den ersten Filmen diente sie noch fast ausschließlich komischen Slapstick-Effekten[1] und war oft auch ein unsympathischer Geselle. So ist er in *In the Park* (1915) ein wenig charmanter Taschendieb und schadet anderen Personen. Den offenen Mund eines seiner Opfer benutzt er sogar als Aschenbecher. Erst später wird Charlie immer mehr zu dem armen, aber warmherzigen und schlagfertigen Zeitgenossen, der unverschuldet immer wieder in die größten Schwierigkeiten und in Konflikte mit den unterschiedlichsten Autoritäten[2] gerät. Er besteht sie mit Mut, Geschick und Glück.

In *The Kid* (1921) nimmt Charlie sich eines Findelkindes an, das die Mutter aus Not ausgesetzt hatte. Die beiden freunden sich an und Charlie erzieht den Jungen auf höchst unkonventionelle[3] Weise. Als es der Mutter besser geht und sie den Jungen zurückholt, müssen sie traurig Abschied nehmen.

In *The Gold Rush* (1925) ist Charlie ein Goldsucher, der dem Ruf des Goldes in die eisige Gebirgswelt Alaskas folgt. Nachdem er die unwahrscheinlichsten Abenteuer bestanden hat, kehrt er als reicher Mann mit seinem Partner und mit Georgia, deren Liebe er gewinnen konnte, aus Alaska zurück.

In *Modern Times* (1936) gerät der kleine Tramp als Arbeiter in eine Fabrik und muss mit einem Schraubenschlüssel riesige, absurde Maschinen bedienen. Die Kritik an den menschenverachtenden Zügen der Industrialisierung[4] wird überdeutlich. In der Schlussszene gehen Charlie und seine Freundin Gamine im Morgenlicht einer ungewissen Zukunft entgegen.

Mit dem Stummfilm *Modern Times* verabschiedet sich die Figur des kleinen Tramps. Er ist auf die Wirkung seiner Pantomime angewiesen. In die neue Welt des Tonfilms passt sie nicht, davon ist Chaplin überzeugt.

2 EXTRA Trage weitere Materialien zu Charles Chaplin zusammen und werte sie aus. Ergänze deine Notizen aus Aufgabe 1.

Online-Link
Hörverstehen
313175-0035

→ **Seite 239,** Arbeitstechnik „Einen Sachtext lesen und verstehen"

[1] Slapstick-Effekt, der: z. B. unbeholfene Bewegungen, Tortenschlachten, Verfolgungsjagden

[2] Autorität, die: Ansehen, Macht einer Person; hier: Personen, die Macht haben, die etwas zu sagen haben

[3] unkonventionell: ungewohnt, ungewöhnlich

[4] Industrialisierung, die: Übergang von der landwirtschaftlichen zur industriellen Produktionsweise

Online-Link
zu Charles Chaplin
313175-0035

→ **Seite 50 f.,** weitere Informationen über Charles Chaplin

Informationen auswählen und ordnen

1 Sicher hast du viele Informationen zu deinem Thema gesammelt. Wähle aus, welche du in deinem Referat verwenden willst. Überlege dazu: Was ist wichtig? Was interessiert die Zuhörer vermutlich besonders?

2 Bringe nun die Informationen in eine sinnvolle Reihenfolge (Gliederung des Referats, siehe auch Seite 37, Aufgabe 1).

→ **Seite 250 f.,** Kleines Computerlexikon

3 Überlege, wie du dein Referat wirkungsvoll gestalten könntest. Wenn du deinen Vortrag durch Präsentationsfolien unterstützen willst, überlege zunächst, was die einzelnen Folien enthalten sollen, z. B.:

- Die erste Folie entspricht einem Deckblatt. Sie enthält das Thema des Referats und deinen Namen.
- Die zweite Folie kann die Gliederung des Referats enthalten.
- Danach kommen die Themenfolien. Jede Themenfolie trägt eine Überschrift und nennt in Stichworten die wichtigsten Informationen.
- Auf der letzten Folie kannst du die wichtigsten Ergebnisse zusammenfassen.

TIPP!
Du kannst in deine Präsentation Tabellen, Grafiken, Diagramme, Audio- und Videoclips einbinden. Es gibt verschiedene Präsentationsprogramme zur Gestaltung von Folien. Probiere aus, welches am besten zu deinem Thema passt.

Arbeitstechnik

Präsentationsfolien ansprechend und wirkungsvoll gestalten

1. Wähle für alle Folien ein einheitliches Layout[1] (für Farben, Schriftgrößen und -typen von Überschriften und Texten sowie für die Anordnung von Textelementen).
2. Achte auf gute Lesbarkeit (möglichst große Schrift, mindestens 20 Punkt; sehr helle Schrift auf sehr dunklem Hintergrund oder sehr dunkle Schrift auf sehr hellem Hintergrund).
3. Verwende nicht mehr als zwei oder drei Schrifttypen.
4. Schreibe nicht mehr als sechs bis acht Informationen auf eine Folie.
5. Nimm passende Bilder, Schaubilder und Medienclips in deine Präsentation auf, denn Anschaulichkeit unterstützt das Verständnis und das Behalten von Informationen.
6. Den Wechsel von einer Folie zur nächsten und das Erscheinen von einzelnen Elementen auf den Folien kann man durch sparsame Animation wirkungsvoll gestalten.

[1] Layout, das: das Ausgelegte; die Gestaltung der Seiten

4 Stelle nun entsprechende Folien her.

Der Erfolg hängt auch vom Vortrag ab

1 Fertige einen Stichwortzettel für dein Referat an. Halte darauf Formulierungen fest, die dir Sicherheit beim Vortrag geben. Das könnten Stichworte für die Einleitung, für den Beginn neuer Gliederungspunkte und für den Schluss sein, z. B.:

- Einleiten und Thema nennen:
  Ich möchte euch über den Regisseur … informieren und euch empfehlen, …
- Überblick geben:
  Ich habe mein Referat in drei Abschnitte gegliedert. Zuerst möchte ich …
- Informationen in logischer Folge:
  Ihr wisst jetzt, welche Filme die wichtigsten Arbeiten von … sind.
  Ich möchte euch nun seinen neuesten Film vorstellen …
- Zusammenfassung, Ergebnis:
  Jetzt fasse ich noch einmal zusammen, was bei diesem Regisseur besonders bemerkenswert ist …

2 Übe den Vortrag und halte ihn vor der Klasse. Beachte dabei die Hinweise in der Arbeitstechnik.

Arbeitstechnik

Ein Referat halten
- Sprich möglichst frei, klar und deutlich, nicht zu schnell.
- Halte Blickkontakt zu deinen Zuhörern. Schau nicht auf die Projektionsfläche, während du sprichst.
- Informiere zu Beginn darüber, ob die Zuhörer Zwischenfragen stellen dürfen oder ob sie ihre Fragen zum Schluss stellen sollen.
- Informiere die Zuhörer zu Beginn über die Gliederung deines Referats und fasse zum Schluss noch einmal deine Ergebnisse kurz zusammen.

→ **Seite 233,** Arbeitstechnik „Ein Referat vorbereiten und halten“

3 Nach einem Referat kann noch ein Gespräch stattfinden, auf das du dich vorbereiten kannst. Überlege:

- Welche Fragen werden die Zuhörer vermutlich stellen?
- Welche Fragen sind aus deiner Sicht besonders interessant, welche könntest du für eine Diskussion vorschlagen?

4 Fordere deine Zuhörer auf, dir ein Feedback zu geben. So erfährst du, was dir schon sehr gut gelungen ist und woran du noch arbeiten musst.

→ **Seite 233,** Arbeitstechnik „Ein Feedback geben“

Der Film „Goldrausch“

Online-Link
Hörverstehen
313175-0038

1 Lies den Text und notiere die Informationen, die du in einem Referat verwenden würdest.

Tramp im Hungerdelirium

Charlie Chaplins „Goldrausch“[1] hatte vor 85 Jahren in New York Uraufführung.

NACH NICOLE MAISCH · *Heute vor 80 Jahren hatte Charlie Chaplins Film „Goldrausch“ in New York Premiere. Wie der kleine Tramp mit höchstem Genuss seinen Schuh verspeist, gehört wohl zu den berühmtesten Filmmomenten aller Zeiten. Bei der Berliner Premiere allerdings kam eine andere Szene noch besser an: der Brötchentanz. Das Publikum war vor Begeisterung nicht mehr zu bremsen. Was den geistesgegenwärtigen Geschäftsführer des Kinos dazu brachte, in den Vorführraum zu eilen. Dort ließ er die Projektion unterbrechen und die Filmrolle zurückspulen. Das Orchester fand seinen Einsatz und die Szene wurde noch einmal gezeigt!*

„Goldrausch“ ist ein Stummfilm – in Schwarzweiß gedreht und zum besseren Verständnis mit gedruckten Zwischentiteln versehen. Er passt in keiner Weise zu den bunten Welten der Fernsehsender und modernen Computeranimationen. Aber Charlie Chaplins Klassiker gleicht einem alten Freund, den man inmitten dieser Bilderfluten längst nicht mehr vermutet hätte. Und wenn er dann auftaucht, der alte Film, bringt er sein Publikum immer noch zum Lachen.

Eine stereoskopische Fotografie[2] aus der Zeit des großen Goldrauschs lieferte dem Filmemacher Chaplin die Idee für diesen Film. Abgebildet war eine endlose Schlange von Goldgräbern, die sich mühevoll einen tief verschneiten Pass hinaufwindet. Die Eröffnungsszene, mit 600 Komparsen 1924 als Massenszene in der Gebirgsregion der Sierra Nevada gedreht, hatte der Regisseur dieser Fotografie exakt nachempfunden. Der Film aber, den Chaplin fast 20 Jahre nach der Uraufführung mit einem von ihm selbst gesprochenen Off-Text[3] versah, erzählt die Geschichte eines einzelnen unerschrockenen Goldgräbers.

[1] der englischsprachige Titel lautet „The Gold Rush“

→ **Seite 239,** Arbeitstechnik „Einen Sachtext lesen und verstehen“

[2] stereoskopische Fotografie: Fotos, die räumlich (dreidimensional) erscheinen

[3] Off-Text, der: kommentierender Text, der beim Kino- oder Fernsehfilm von einem unsichtbar bleibenden Sprecher gesprochen wird („aus dem Off“)

„Far into the icy north, deep into the silent nowhere came an undaunted lone prospector.“
Bevor der ‚little fellow‘, wie Chaplin den Tramp, den er selbst verkörperte, stets nannte, Gold und auch die Liebe findet, muss er einige Abenteuer bestehen. Not und Elend bestimmen die Verhältnisse, die Darstellung ist aber von unnachahmlicher Komik.
Chaplin lässt den hungernden Tramp eine Schuhsohle formvollendet als Steak verspeisen, er lässt ihn einen Tanz mit zwei auf Gabeln gespießten Brötchen vorführen und seinem Partner Big Jim erscheint er in einer Hungervision als leckeres Hühnchen. Big Jim läuft schon das Wasser im Munde zusammen …
„What‘s the matter with you, said the little fellow. Come, my pretty bird, said Big Jim, don‘t be childish.“
In einzigartiger Könnerschaft entwickelt Chaplin in diesen Szenen das Komische aus dem Geist der Tragödie: Lachen, um nicht verrückt zu werden, nicht aus Einsamkeit und nicht aus Hunger. Hinter dem mit tänzerischer Leichtigkeit hervorgerufenen Lachen steht harte Arbeit. Die Dreharbeiten zu „Goldrausch“ dauerten 15 Monate, doch wirklich gefilmt wurde höchstens in einem Drittel der Zeit. Die Szenen entstanden wie üblich ohne Drehbuch, allein durch Improvisation[4] am Set[5]. Kam es zu keinem befriedigenden Ergebnis, machte das Team eine Zwangspause und Chaplin zog sich zurück, um allein eine Lösung zu erarbeiten – für jede Figur. Hauptdarstellerin Georgia Hale erinnert sich, wie er seinen Schauspielerkollegen die verschiedenen Rollen detailliert vorspielte und so das Beste aus ihnen herausholte:
„He acted the scene out for you. And instilled it into you, so that you just had to give a terrific performance.“
Nach einer Vorpremiere in Los Angeles trat „Goldrausch“ am 16. August 1925 mit einer Mitternachtsaufführung in New York seinen weltweiten Siegeszug an.

[4] Improvisation, die: ohne Vorbereitung, aus dem Stegreif spielen

[5] Filmset, der: kurz Set genannt; vorbereiteter Szenenaufbau zum Filmen

2 Übersetze in dem Text oben die englischsprachigen Textstellen.

act out: ausgestalten
childish: kindisch
deep: tief
far into the icy north: weit in den eisigen Norden
instill: beibringen
fellow: Kerl; Gefährte; Freund; Verehrer; Partner; Kollege
little fellow: Bürschchen
lone: allein; einsam; unbesiedelt
nowhere: nirgendwo; nirgends
pretty bird: schöner Vogel
prospector: jmd., der nach Bodenschätzen sucht
scene: Schauplatz; Szene
silent: ruhig; schweigsam; still
terrific performance: tolle Leistung/Vorführung/Vorstellung
undaunted: unerschrocken

TIPP!
Du kannst dazu die angegebenen Vokabeln oder ein Wörterbuch nutzen.

Charles Chaplin – Komiker und Philosoph

Online-Link
zu Kurt Tucholsky
313175-0040

Online-Link
Hörverstehen
313175-0040

1 Gib mit eigenen Worten wieder, worum es in dem folgenden Text geht.

Kurt Tucholsky, 1922

Der berühmteste Mann der Welt

Der berühmteste Mann der Welt, das ist, so meinte Tucholsky, kein Politiker, kein Erfinder und kein Abenteurer[1], sondern jemand ganz anderes:

Die Gegend betritt ein kleiner Mann mit einem kleinen schwarzen Hütchen, einem Stöckchen, einem Schnurrbärtchen. Er geht, wie noch nie ein Mensch auf dieser Welt gegangen ist: er watschelt rasch und eilfertig auf zwei Füßen, deren Spitzen ganz nach auswärts gedreht sind. Er hat schwarze, fast traurige Augen, und er sieht bekümmert in die Welt, weil es nun doch gleich einen Kummer geben wird. Richtig, da ist er. Der Kummer ist ein dicker Mann, ein roher Bursche von ungeheurem Format, mit dem Herr Chaplin sofort aneinandergerät. […]

Als er einmal von Europa zurück nach Los Angeles fuhr, begrüßten ihn auf einer kleinen amerikanischen Station zweihundert kleine Jungen, alle als Mister Chaplin verkleidet: mit dem kleinen Hütchen, mit dem kleinen Bärtchen und mit dem kleinen Stöckchen. So watschelten sie auf ihn zu … Und weil er sehr kinderlieb ist, hat er ihnen allen guten Tag gesagt. Er ist, wie alle großen Komiker, ein Philosoph[2]. Versäumen Sie nicht, ihn sich anzusehen. Sie lachen sich kaputt und werden ihm für dieses Lachen dankbar sein, solange Sie leben.

Da geht er hin und ruckt nach all dem Kummer an einem kleinen Hut und watschelt ab und sagt mit den Beinen: „Auf Wiedersehn!"

[1] Abenteurer, der: eine Person, die Abenteuer sucht (z. B. Reisen in ferne, unbekannte Länder)

[2] Philosoph, der: Denker; Mensch, der danach strebt, Antworten auf Fragen über die Welt und die menschliche Existenz zu finden

→ Seite 217, Zeitformen des Verbs

2 Untersuche, welche Zeitformen des Verbs in dem Text gebraucht werden. Schreibe sie in eine Tabelle. Ergänze jeweils die fehlenden Formen, z. B.:

Infinitiv (Grundform)	Präsens	Perfekt	Präteritum	Futur
sein	ist	…	…	…
meinen	…		meinte	…

3 Schreibe diese Sätze über das Leben Charlie Chaplins um. Verwende das Präteritum zum Ausdruck des vergangenen Geschehens, z. B.:
1. 1889 wurde Charles Spencer Chaplin in London geboren.

→ **Seite 218,** Zeitstufen (Gegenwart, Vergangenheit, Zukunft)

1. 1889 wird Charles Spencer Chaplin in London geboren.
2. Da sein Vater früh stirbt und seine Mutter häufig in psychiatrischen Kliniken liegt, wächst er vor allem in Waisenhäusern auf.
3. 1899 beginnt der Junge eine Friseurlehre.
4. Schon als Kind tritt Chaplin in Varietés auf.
5. Bei den „London Comedians" unterhält Chaplin das Publikum durch originelle Pantomime.
6. 1913 wird Chaplin für Filme einer amerikanischen Filmproduktionsfirma engagiert.
7. 1914 laufen die ersten Filme mit Chaplin an; durch diese steigt er zu einem gefeierten Leinwandkomiker auf.

4 Bilde Sätze im Perfekt, z. B.:
1. 1915 <u>ist</u> Chaplin nach Hollywood <u>gezogen</u>.

1. 1915 zieht Chaplin nach Hollywood.
2. Von nun an schreibt er selbst die Drehbücher für alle Filme, in denen er mitspielt.
3. Allein im Jahre 1915 entstehen zwölf Chaplin-Filme.
4. 1915 entsteht auch der berühmte Stummfilmklassiker „The Tramp".
5. Bereits 1916 gehört Chaplin zu den bekanntesten Schauspielern der Welt.

5 Forme jedes Satzpaar in ein Satzgefüge um, in dem sowohl das Präteritum als auch das Plusquamperfekt verwendet werden, z. B.:
1. 1917 begann in den USA eine politische Kampagne gegen Chaplin, weil er sich nicht freiwillig als Soldat gemeldet hatte.

→ **Seite 223,** Zusammengesetzte Sätze (Satzreihen und Satzgefüge)

1. 1917 beginnt in den USA eine politische Kampagne gegen Chaplin. – (weil) Er meldet sich nicht freiwillig als Soldat.
2. (Nachdem) Chaplin arbeitet fast ein Jahr an seinem ersten Spielfilm „The Kid" – 1921 findet dessen Premiere statt.
3. (Obwohl) Chaplins erster Tonfilm „The Great Dictator" ist ein Anti-Hitler-Film. – Die amerikanische Zensurbehörde genehmigt ihn zuerst nicht.

→ **Seite 217,** Zeitformen des Verbs

Merke

Das **Plusquamperfekt** wird verwendet, wenn man über etwas informiert, das noch vor dem geschehen ist, was man im **Präteritum** ausdrückt. *(Er <u>hatte</u> lange an dem Film <u>gearbeitet</u>. Der Film <u>war</u> sehr erfolgreich.)*

Jedes Jahr im Februar

→ **Seite 217,** Zeitformen des Verbs

→ **Seite 239,** Arbeitstechnik „Einen Sachtext lesen und verstehen“

1 Worum geht es in der Pressemitteilung? Untersuche in dem Text die Zeitformen. Einmal wird eine Perfektform und zweimal eine Plusquamperfektform verwendet. Finde diese Verbformen und schreibe sie auf.

Goldener Bär für „Bal“

Die Bären sind wieder einmal vergeben worden: 1.600 geladene Gäste im Berlinale Palast und Millionen vor den Fernsehbildschirmen waren dabei, als die Hauptpreise des Festivals überreicht wurden. Auch viele der prominenten Gäste, die die Berlinale in den letzten zehn Tagen begleitet hatten, ließen es sich nicht nehmen, den feierlichen Abschluss persönlich mitzuerleben. Höhepunkt des Abends war die Verleihung des Goldenen Bären für den Gewinnerfilm „Bal“ von Semih Kaplanoglu. Zuvor waren in einem spannenden Countdown die Silbernen Bären und der Preis für den besten Erstlingsfilm vergeben worden. Als Abschlussfilm wurde anschließend „Otouto“ von Yoji Yamada gezeigt.

Begründe, warum es richtig ist, dass in dem Text das Plusquamperfekt verwendet wurde.

2 Schreibe die folgenden Sätze auf. Achte auf die richtige Zeitform der Verben, z. B.: *1. Die Berlinale ist ein großes internationales Filmfestival.*

1. Die Berlinale (sein) ein großes internationales Filmfestival.
2. Sie (stattfinden) jährlich in Berlin.
3. Jedes Jahr im Februar (sich treffen) die Filmwelt zur Berlinale.
4. Die erste Berlinale (finden) im Jahre 1951 statt.
5. Zunächst (stattfinden) sie immer im Sommer, seit 1978 (durchgeführt werden) sie im Februar.
6. Die Berlinale (sich entwickeln) in den letzten Jahren zu dem herausragendsten Kultur- und Medienereignis der Metropole.
7. Jedes Jahr (gezeigt werden) etwa 400 Filme in verschiedenen Sektionen.
8. Eine internationale Jury (auszeichnen) die erfolgreichsten Filme.
9. Als Preise (vergeben) die Jury Goldene und Silberne Bären.
10. An dem Festival (teilnehmen) rund 20.000 Fachbesucher aus 120 Ländern.
11. Mit mehr als 230.000 verkauften Eintrittskarten (darstellen) die Berlinale das größte Publikumsfestival der Welt.

→ **Seite 217,** Zeitformen des Verbs

3 Sage, was zuvor geschehen ist. Verwende anstelle der unterstrichenen Präteritumform das Plusquamperfekt, z. B.:

1. Elf Tage hatte die Berlinale ihren Besuchern filmische Entdeckungen beschert.

1. Mit der Preisverleihung feierte das diesjährige Jubiläumsfestival einen weiteren glanzvollen Höhepunkt.
   Elf Tage bescherte die Berlinale ihren Besuchern filmische Entdeckungen.
2. Zur internationalen Jury gehörten wieder einflussreiche Persönlichkeiten des Filmbetriebs.
   Die meisten von ihnen erhielten selbst zahlreiche Auszeichnungen großer Filmfestivals.
3. Die Jubiläumsberlinale endete mit einem Zuschauerrekord. Mehr als 300.000 Zuschauer erschienen in den Kinos.
4. Groß war die Freude bei Agostino Imondi und Dietmar Ratsch. Ihr Film „Neukölln Unlimited" gewann den Gläsernen Bären für den besten Film im Jugendprogramm.

4 Stelle Fragen, verwende dabei Perfektformen, z. B.:

1. Wann bist du im Kino gewesen?

1. Wann (sein) im Kino?
2. Welchen Film (sehen)?
3. Mit wem (gehen)?
4. Wo (sitzen)?
5. Warum diesen Film (aussuchen)?
6. Wie (gefallen) der Film?

5 Vollende die Sätze, z. B.:

1. Sie wollten sich den Film unbedingt ansehen; zuvor hatten sie viel darüber gelesen.

1. Sie wollten sich den Film unbedingt ansehen; zuvor ...
2. Sie diskutierten sehr viel über die Filme; zuvor ...
3. Sie trafen sich vor dem Kino; zuvor ...
4. Sie kauften Kinokarten; zuvor ...
5. Sie erzählten den Freunden von ihrem Plan; zuvor ...
6. Sie luden die Freunde ins Kino ein; zuvor ...
7. Sie gingen zu Fuß zum Kino; zuvor ...
8. Sie schrieben einen Leserbrief; zuvor ...

4 Zusammenleben

Online-Link
Hörverstehen
313175-0044

Online-Link
zu dem Song „Einfach nur zusammen leben“
313175-0044

→ Seite 239, Arbeitstechnik „Einen literarischen Text genau lesen und verstehen“

1 Lies die Erzählung „Spaghetti für zwei“ oder höre sie dir an.

Federica de Cesco

Spaghetti für zwei

Heinz war bald vierzehn und fühlte sich sehr cool. In der Klasse und auf dem Fußballfeld hatte er das Sagen. Aber richtig schön würde das Leben erst werden, wenn er im nächsten Jahr seinen Töff (schweizerischer Ausdruck für Moped) bekam und den Mädchen zeigen konnte, was für ein Kerl er war. Er mochte Monika, die Blonde mit den langen Haaren aus der Parallelklasse, und ärgerte sich über seine entzündeten Pickel, die er mit schmutzigen Nägeln ausdrückte. Im Unterricht machte er gerne auf Verweigerung. Die Lehrer sollten bloß nicht auf den Gedanken kommen, dass er sich anstrengte.
Mittags konnte er nicht nach Hause, weil der eine Bus zu früh, der andere zu spät abfuhr. So aß er im Selbstbedienungsrestaurant, gleich gegenüber der Schule. Aber an manchen Tagen sparte er lieber das Geld und verschlang einen Hamburger an der Stehbar. Samstags leistete er sich dann eine neue Kassette[1], was die Mutter natürlich nicht wissen durfte. Doch manchmal – so wie heute – hing ihm der Big Mac zum Hals heraus. Er hatte Lust auf ein richtiges Essen. Einen Kaugummi im Mund, stapfte er mit seinen Cowboy-Stiefeln die Treppe zum Restaurant hinauf.

[1] Kassette, die: hier: Tonbandkassette (Audiokassette)

Die Reißverschlüsse seiner Lederjacke klimperten bei jedem Schritt. Im Restaurant trafen sich Arbeiter aus der nahen Möbelfabrik, Schüler und Hausfrauen mit Einkaufstaschen und kleinen Kindern, die Unmengen Cola tranken, Pommes frites verzehrten und fettige Fingerabdrücke auf den Tischen hinterließen. Viel Geld wollte Heinz nicht ausgeben; er sparte es lieber für die nächste Kassette. „Italienische Gemüsesuppe" stand im Menü. „Warum nicht?" Immer noch seinen Kaugummi mahlend, nahm Heinz ein Tablett und stellte sich an. Ein schwitzendes Fräulein schöpfte die Suppe aus einem dampfenden Topf. Heinz nickte zufrieden. Der Teller war ganz ordentlich voll. Eine Schnitte Brot dazu, und er würde bestimmt satt.

Er setzte sich an einen freien Tisch, nahm den Kaugummi aus dem Mund und klebte ihn unter den Stuhl. Da merkte er, dass er den Löffel vergessen hatte. Heinz stand auf und holte sich einen.

Als er zu seinem Tisch zurückstapfte, traute er seinen Augen nicht: Ein Schwarzer saß an seinem Platz und aß seelenruhig seine Gemüsesuppe! Heinz stand mit seinem Löffel fassungslos da, bis ihn die Wut packte. „Zum Teufel mit diesen Asylbewerbern! Der kam irgendwo aus Uagadugu, wollte sich in der Schweiz breitmachen, und jetzt fiel ihm nichts Besseres ein, als ausgerechnet seine Gemüsesuppe zu verzehren! Schon möglich, dass so was den afrikanischen Sitten entsprach, aber hierzulande war das eine bodenlose Unverschämtheit!" Heinz öffnete den Mund, um dem Menschen lautstark seine Meinung zu sagen, als ihm auffiel, dass die Leute ihn komisch ansahen. Heinz wurde rot. Er wollte nicht als Rassist gelten.

Aber was nun? Plötzlich fasste er einen Entschluss. Er räusperte sich vernehmlich, zog einen Stuhl zurück und setzte sich dem Schwarzen gegenüber. Dieser hob den Kopf, blickte ihn kurz an und schlürfte ungestört die Suppe weiter. Heinz presste die Zähne zusammen, dass seine Kinnbacken schmerzten. Dann packte er energisch den Löffel, beugte sich über den Tisch und tauchte ihn in die Suppe. Der Schwarze hob abermals den Kopf. Sekundenlang starrten sie sich an. Heinz bemühte sich, die Augen nicht zu senken. Er führte mit leicht zitternder Hand den Löffel zum Mund und tauchte ihn zum zweiten Mal in die Suppe. Seinen vollen Löffel in der Hand, fuhr der Schwarze fort, ihn stumm zu betrachten. Dann senkte er die Augen auf seinen Teller und aß weiter. Eine Weile verging. Beide teilten sich die Suppe, ohne dass ein Wort fiel. Heinz versuchte nachzudenken. „Vielleicht hat der Mensch kein Geld, muss schon tagelang hungern. Dann sah er die Suppe da stehen und bediente sich einfach. Schon möglich, wer weiß? Vielleicht würde ich mit leerem Magen ähnlich reagieren? Und Deutsch kann er anscheinend auch nicht, sonst würde er da nicht sitzen wie ein Klotz. Ist doch peinlich. Ich an seiner Stelle würde mich schämen. Ob Schwarze wohl rot werden können?"

Das leichte Klirren des Löffels, den der Afrikaner in den leeren Teller legte, ließ Heinz die Augen heben. Der Schwarze hatte sich zurückgelehnt und sah ihn an. Heinz konnte seinen Blick nicht deuten. In seiner Verwirrung lehnte er sich ebenfalls zurück. Schweißtropfen perlten auf seiner Oberlippe, sein Pulli juckte und die Lederjacke war verdammt heiß! Er versuchte, den Schwarzen abzuschätzen. „Junger Kerl. Etwas älter als ich. Vielleicht sechzehn oder sogar schon achtzehn. Normal angezogen: Jeans, Pulli, Windjacke. Sieht eigentlich nicht wie ein Obdachloser aus. Immerhin, der hat meine halbe Suppe aufgegessen und sagt nicht einmal danke! Verdammt, ich habe noch Hunger!"
Der Schwarze stand auf. Heinz blieb der Mund offen. „Haut der tatsächlich ab? Jetzt ist aber das Maß voll! So eine Frechheit! Der soll mir wenigstens die halbe Gemüsesuppe bezahlen!" Er wollte aufspringen und Krach schlagen. Da sah er, wie sich der Schwarze mit einem Tablett in der Hand wieder anstellte. Heinz fiel unsanft auf seinen Stuhl zurück und saß da wie ein Ölgötze. „Also doch: Der Mensch hat Geld! Aber bildet der sich vielleicht ein, dass ich ihm den zweiten Gang bezahle?"
Heinz griff hastig nach seiner Schulmappe. „Bloß weg von hier, bevor er mich zur Kasse bittet: Aber nein, sicherlich nicht. Oder doch?" Heinz ließ die Mappe los und kratzte nervös an einem Pickel. Irgendwie wollte er wissen, wie es weiterging. Der Schwarze hatte einen Tagesteller bestellt. Jetzt stand er vor der Kasse und – wahrhaftig – er bezahlte! Heinz schniefte: „Verrückt!", dachte er. „Total gesponnen!" Da kam der Schwarze zurück. Er trug das Tablett, auf dem ein großer Teller Spaghetti stand, mit Tomatensauce, vier Fleischbällchen und zwei Gabeln. Immer noch stumm, setzte er sich Heinz gegenüber, schob den Teller in die Mitte des Tisches, nahm eine Gabel und begann zu essen, wobei er Heinz ausdruckslos in die Augen schaute. Heinz' Wimpern flatterten. „Heiliger Strohsack!" Dieser Typ forderte ihn tatsächlich auf, die Spaghetti mit ihm zu teilen! Heinz brach der Schweiß aus. Was nun? Sollte er essen? Nicht essen? Seine Gedanken überstürzten sich. Wenn der Mensch doch wenigstens reden würde! „Na gut. Er aß die Hälfte meiner Suppe, jetzt esse ich die Hälfte seiner Spaghetti, dann sind wir quitt!" Wütend und beschämt griff Heinz nach der Gabel, rollte die Spaghetti auf und steckte sie in den Mund. Schweigen.

Beide verschlangen die Spaghetti. „Eigentlich nett von ihm, dass er mir eine Gabel brachte“, dachte Heinz. „Da komme ich noch zu einem guten Spaghettiessen, das ich mir heute nicht geleistet hätte. Aber was soll ich jetzt sagen? Danke? Saublöd! Einen Vorwurf machen kann ich ihm auch nicht mehr. Vielleicht hat er gar nicht gemerkt, dass er meine Suppe aß. Oder vielleicht ist es üblich in Afrika, sich das Essen zu teilen? Schmecken gut, die Spaghetti. Das Fleisch auch. Wenn ich nur nicht so schwitzen würde!“

Die Portion war sehr reichlich. Bald hatte Heinz keinen Hunger mehr. Dem Schwarzen ging es ebenso. Er legte die Gabel aufs Tablett und putzte sich mit der Papierserviette den Mund ab. Heinz räusperte sich und scharrte mit den Füßen. Der Schwarze lehnte sich zurück, schob die Daumen in die Jeanstaschen und sah ihn an. Undurchdringlich. Heinz kratzte sich unter dem Rollkragen, bis ihm die Haut schmerzte. „Heiliger Bimbam! Wenn ich nur wüsste, was er denkt!“ Verwirrt, schwitzend und erbost ließ er seine Blicke umherwandern. Plötzlich spürte er ein Kribbeln im Nacken. Ein Schauer jagte ihm über die Wirbelsäule von den Ohren bis ans Gesäß. Auf dem Nebentisch, an den sich bisher niemand gesetzt hatte, stand – einsam auf dem Tablett – ein Teller kalter Gemüsesuppe. Heinz erlebte den peinlichsten Augenblick seines Lebens. Am liebsten hätte er sich in ein Mauseloch verkrochen. Es vergingen zehn volle Sekunden, bis er es endlich wagte, dem Schwarzen ins Gesicht zu sehen. Der saß da, völlig entspannt und cooler, als Heinz es je sein würde, und wippte leicht mit dem Stuhl hin und her.

„Äh …“, stammelte Heinz, feuerrot im Gesicht. „Entschuldigen Sie bitte. Ich …“

Er sah die Pupillen des Schwarzen aufblitzen, sah den Schalk in seinen Augen schimmern. Auf einmal warf er den Kopf zurück, brach in dröhnendes Gelächter aus. Zuerst brachte Heinz nur ein verschämtes Glucksen zustande, bis endlich der Bann gebrochen war und er aus vollem Hals in das Gelächter des Afrikaners einstimmte. Eine Weile saßen sie da, von Lachen geschüttelt. Dann stand der Schwarze auf, schlug Heinz auf die Schulter. „Ich heiße Marcel“, sagte er in bestem Deutsch. „Ich esse jeden Tag hier. Sehe ich dich morgen wieder? Um die gleiche Zeit?“ Heinz' Augen tränten, sein Zwerchfell glühte und er schnappte nach Luft. „In Ordnung!“, keuchte er. „Aber dann spendiere ich die Spaghetti!“

2 Sprecht in der Klasse darüber, worum es in dem Text geht.

3 Lies den Text noch einmal. Notiere die Handlungsschritte in Stichworten. Mithilfe deiner Notizen kannst du den Inhalt zusammenhängend mit eigenen Worten wiedergeben.

→ **Seite 49, 234**
Arbeitstechnik „Eine Inhaltsangabe schreiben“

Schritt für Schritt zur Inhaltsangabe

1 Wenn man den Inhalt eines Textes erfassen will, kann man auf unterschiedliche Weise vorgehen. **Wähle A oder B:**

A: Den Text lesen (oder hören) und Stichworte zum Text notieren.
B: Den Text lesen (oder hören) und W-Fragen dazu beantworten.

A: Stichworte notieren
Kontrolliere und überarbeite deinen Stichwortzettel aus Aufgabe 3, Seite 47. Gehe so vor:

1. Lies in der Arbeitstechnik auf Seite 49 nach, wie man eine Inhaltsangabe schreibt.
2. Prüfe dann, welche Stichworte für die Inhaltsangabe hilfreich sind.
3. Streiche oder ergänze, z. B.:

> – Heinz – fast vierzehn Jahre alt, ~~entzündete Pickel~~, ~~Busverbindung~~, Mittagessen, Selbstbedienungsrestaurant, ~~Kaugummi~~, Afrikaner
> ...

4. Fasse mithilfe deiner Stichworte den Inhalt der Erzählung zusammen.

B: W-Fragen beantworten
1. Stelle an den Text Fragen zu Ort, Zeit, Personen und Handlungsschritten. Beantworte diese möglichst kurz, z. B.:

Wer?	Was?	Wo?	Wann?	Warum?
Heinz	...	Selbstbedienungs-restaurant	...	...
...	...	...	...	...

TIPP!
Manchmal sind mehrere Antworten möglich. Wenn du unsicher bist, lies noch einmal im Text nach.

2. Fasse mithilfe deiner Antworten den Inhalt der Erzählung zusammen.

2 Vergleiche und bewerte diese vier Vorschläge für einen Einleitungssatz:

1. In der Erzählung „Spaghetti für zwei“ schildert die Autorin Federica de Cesco, wie ...
2. In der Erzählung „Spaghetti für zwei“ geht Heinz ...
3. Hier beschreibt Federica de Cesco den Irrtum ...
4. Hier geht es um Gemüsesuppe und ...

3 Formuliere selbst einen Einleitungssatz und schreibe ihn auf.

> **TIPP!**
> Denke beim Schreiben des Einleitungssatzes an Textart, Titel, Autor und daran, worum es in der Geschichte geht.

4 Lies die Erzählung noch einmal bis Zeile 31. Entscheide danach, welchen der folgenden Sätze du in deiner Inhaltsangabe verwenden würdest.

1. Heinz, der cool sein und den Mädchen imponieren möchte, kümmert sich mittags nach der Schule selbst um sein Mittagessen, manchmal isst er nur einen Hamburger, manchmal isst er richtig.
2. Heinz, so heißt der Junge, isst mittags oft in einem Selbstbedienungs-restaurant, heute holt er sich eine Italienische Gemüsesuppe.
3. Zu Beginn der Erzählung geht Heinz in ein Selbstbedienungsrestaurant und holt sich eine Gemüsesuppe.

5 Man kann in der Inhaltsangabe gleich am Anfang mitteilen, was Heinz passiert ist, oder aber man erklärt die Zusammenhänge erst am Ende. Entscheide, an welcher Stelle du über Heinz' Irrtum schreiben willst.

6 Verfasse nun eine vollständige Inhaltsangabe.

7 Vergleicht eure Einleitungssätze. Stellt fest, an welcher Stelle ihr jeweils über den Irrtum von Heinz geschrieben habt.

Arbeitstechnik

Eine Inhaltsangabe schreiben

1. Lies den Text aufmerksam, kläre den Inhalt schwieriger Text-stellen sowie unbekannte Wörter.
2. Formuliere den Einleitungssatz. Er soll Aussagen zu Titel, Textart, Autor und dazu enthalten, worum es in dem Text geht.
3. Beantworte W-Fragen (*Wer? Was? Wo? Wann? Warum?*) oder notiere Stichworte zum Textinhalt.
4. Schreibe das Wichtigste in verständlichen Sätzen auf. Verbinde diese zu einem Text. Nutze dabei Wörter wie *zunächst, dann, anschließend, danach, zuerst, später, schließlich.*
5. Schreibe im Präsens. Vermeide die direkte/wörtliche Rede.
6. Im Schlussteil kannst du kurz deine persönliche Einschätzung des Textes zum Ausdruck bringen.
7. Überprüfe zuletzt deinen Einleitungssatz. Vielleicht musst du ihn jetzt noch einmal ändern.

Einen Text erschließen

1 Auch in der folgenden Kurzgeschichte geht es um ein Problem des Zusammenlebens. Lies den Text und notiere dabei Stichworte zum Inhalt.

Online-Link
Hörverstehen
313175-0050

→ **Seite 239,** Arbeitstechnik „Einen literarischen Text genau lesen und verstehen"

Max Bolliger

Sonntag

„Was möchtest du?", fragte der Vater.
Daniela studierte die Karte und entschied sich für Riz colonial. „Gern!", sagte der Kellner. Er behandelte Daniela wie eine Dame.
Das Restaurant war bis auf den letzten Platz besetzt. Am Nebentisch saß ein Ehepaar mit zwei Kindern. Die beiden stritten sich wegen einer kleinen Puppe aus Plastik. Die Mutter versuchte, den Streit zu schlichten.
Daniela sah, wie der Junge seine Schwester unter dem Tisch dauernd mit den Füßen stieß. Das Dessert machte dem Gezänk ein Ende.
Daniela erinnerte sich, wie sehnlich sie sich einmal ein Schwesterchen gewünscht hatte.
„Wie geht es in der Schule?", fragte der Vater.
„Wie immer", antwortete Daniela.
„Wird es fürs Gymnasium reichen?"
„Ja, ich hoffe es."
Daniela wusste genau, dass ihre Noten weder in Mathematik noch in Französisch genügten. Dann eben eine kaufmännische Lehre … oder Arztgehilfin … Sie wollte jetzt nicht daran denken.
„Für mich waren Prüfungen nie ein Problem", sagte der Vater.
Daniela war froh, als der Kellner das Essen brachte.
Der Reis mit Fleisch und Früchten schmeckte ihr.
„Deine Mutter konnte nie richtig kochen", sagte der Vater.
Daniela gab darauf keine Antwort.
„Ich brauche einen neuen Wintermantel", sagte sie.
„Schon wieder?"
„Ich bin seit dem letzten Jahr zehn Zentimeter gewachsen."
„Wofür bezahl' ich eigentlich Alimente?"
„Mutter sagt, das Geld reiche nur für das Nötigste."
„Gut! Aber ich will die Rechnung sehen."
„Wünschen die Herrschaften ein Dessert?" Der Kellner versuchte, mit Daniela zu flirten.
„Nein, danke!", sagte sie, obwohl sie sich heute früh in der Kirche ausgedacht hatte, Vanilleeis mit heißer Schokoladensoße zu essen.
Nach dem Essen fuhren sie am See entlang. Der Vater hatte ein neues Auto.
Er sprach über Autos wie die Jungen in der Schule.

Daniela verstand nicht, warum man sich über ein Auto freuen konnte, nur weil es einen starken Motor hatte. Aus dem Radio erklang Volksmusik. Sie fiel Daniela auf die Nerven. Aber sie stellte sie trotzdem lauter.

„Hast du viel Arbeit?“, fragte sie.

„Wir bauen eine neue Fabrik.“

Der Vater war Ingenieur. Daniela betrachtete ihn von der Seite, neugierig, wie einen Gegenstand. Sein Gesicht war braungebrannt, sportlich. Der Schnurrbart stand ihm gut. Hatte er ihre Gedanken erraten?

„In zwei Wochen werde ich vierzig! Aber alle schätzen mich jünger.“

Daniela lachte. Ihr schien er älter.

„Wie alt bist du eigentlich?“

„Hundert!“, sagte Daniela.

„Nein, ehrlich … !“

„Das solltest du doch wissen. Du fragst mich jedes Mal … Im Februar dreizehn.“

„Dreizehn! Hast du einen Freund?“

„Nein!“, sagte Daniela.

„Das wundert mich. Du siehst hübsch aus!“

„Findest du?“

„So … erwachsen!“

Auf einer Terrasse am See tranken sie Kaffee. Daniela beobachtete die Segelschiffe. Der schöne Herbstsonntag hatte unzählige Boote aufs Wasser hinausgelockt. Der Vater war verstummt und schaute alle fünf Minuten auf seine Uhr.

„Ich habe um vier Uhr eine Verabredung.“

„Also, gehen wir doch“, sagte Daniela und erhob sich.

Der Vater schien erleichtert.

„Ich bringe dich nach Hause“, sagte er.

„Ach, du bist schon wieder da?“, sagte die Mutter.

Sie war noch immer im Morgenrock. Während der Woche arbeitete sie halbtags in einer Modeboutique.

„Sonntags lasse ich mich gehen“, sagte sie zu ihren Freunden, „sonntags bin ich nicht zu sprechen.“

„Er hatte eine Verabredung“, erzählte Daniela.

Die Mutter lachte.

„Ich möchte wissen, warum er eigentlich darauf besteht, dich zu sehen. Im Grunde liegt ihm doch nichts daran. Nur weil es das Gericht so entschieden hat und um mich zu ärgern."
Daniela wurde wütend.
„Es geht ihm ausgezeichnet", sagte sie. „Er hat sich ein neues Auto gekauft und sieht prima aus."
Die Mutter zuckte bei ihren Worten zusammen.
„Und den Wintermantel?", fragte sie.
„Bewilligt!"
Die Mutter griff sich mit der Hand an die Stirne.
„Diese Kopfschmerzen!", stöhnte sie. „Hol mir eine Tablette aus dem Badezimmer!"
Daniela gehorchte.
„Ich gehe jetzt", sagte sie nachher.
„Hast du keine Aufgaben?"
„Nein!"
„Aber komm nicht zu spät zurück!"
„Ich esse bei Brigitte."
„Gut, bis neun Uhr. Ich lege mich wieder hin."

Als Daniela die Tür des Lokals öffnete, schlug ihr eine Welle von Rauch- und Kaffeegeruch entgegen. An den niederen Tischen saßen junge Leute, die meisten in Gespräche vertieft. Die Wände waren mit Postern tapeziert. Danielas Augen gewöhnten sich allmählich an das Halbdunkel. Suchend schaute sie sich um. Der Diskjockey nickte Daniela zu.
„Well, I left my happy home to see what I could find out", sang Cat Stevens.
Ja, er hatte Recht. Um herauszufinden, wie die Welt wirklich war, musste man sein Zuhause verlassen.

Heinz hatte Daniela den Text übersetzt. Heinz war schon sechzehn Jahre alt. Sie war stolz darauf. Er saß in einer Ecke und winkte.
Aufatmend setzte sich Daniela neben ihn. Er legte einen Arm um ihre Schultern.
„Hast du den Sonntag überstanden?", fragte er.
„Ja, Gott sei Dank!"
„War es schlimm?"
„Es geht … wie immer."
„Mach dir nichts draus."
Daniela kuschelte sich an ihn.
„Was meinst du, werden wir es besser machen?", fragte sie. „Wenn wir einmal erwachsen sind?"
In ihrer Stimme klangen Zweifel.
„Natürlich", sagte Heinz, „natürlich werden wir es besser machen."

Eine Inhaltsangabe schreiben

1 Beantworte mithilfe deiner Notizen (Seite 50, Aufgabe 1) die W-Fragen (Wer? Wann? Wo? Was? Warum?) zum Inhalt der Kurzgeschichte, z. B.:
Wer ist Daniela? → Daniela ist fast 13 Jahre alt. Sie …
Was tut Daniela? → Sie trifft sich mit …

2 Schreibe auf, was du in der Kurzgeschichte über die Personen erfährst, z. B. über ihr Alter, über die Schule, den Beruf und über ihre Probleme:

1. Daniela, 2. Vater, 3. Mutter, 4. Heinz.

3 Notiere Textstellen, die etwas über die Gefühle, die diese Personen füreinander haben, aussagen, z. B.:
1. Zeile 11 ff. – Daniela ist nicht ehrlich zu ihrem Vater, weil …

1. Wie stehen Tochter und Vater zueinander?
2. Wie stehen Tochter und Mutter zueinander?
3. Wie stehen Mutter und Vater zueinander?
4. Wie beurteilt Heinz Danielas Eltern?
5. Wie stehen Daniela und Heinz zueinander?

Schreibe auf, was man über das Gefühlsleben der einzelnen Personen erfährt.

4 Daniela ist trotz ihrer 12 Jahre kein Kind mehr. Suche Textstellen heraus, in denen das zum Ausdruck kommt. Begründe jeweils deine Meinung.

5 Daniela bleibt nicht immer bei der Wahrheit. Suche die entsprechenden Textstellen heraus und versuche, Danielas Verhalten zu erklären.

6 Daniela bezweifelt, dass sie und Heinz es als Erwachsene besser als ihre Eltern machen werden (Zeile 116 ff.).
Schreibe auf, wie du diesen Zweifel verstehst.

7 Schreibe nun eine Inhaltsangabe. Denke an:

Einleitung: Titel, Textart, Autor, Kernaussage (worum es geht)
Hauptteil: das Wesentliche sachlich knapp in der richtigen Reihenfolge
Schluss: persönliche Einschätzung des Textes, z. B.:
Die Kurzgeschichte hat mich sehr nachdenklich gemacht, denn …

→ **Seite 49, 234**
Arbeitstechnik „Eine Inhaltsangabe schreiben“

8 Stelle deine Inhaltsangabe in der Klasse vor.

Er habe viel erlebt

Nach Wladimir Kaminer

Die Kirche

Im Sommer letzten Jahres lernten wir Sergej kennen. Sergej war ein Computerspezialist aus Moskau. Er hatte ein verlockendes Angebot von einer Stuttgarter Firma mit Sitz in Berlin bekommen. Schon nach zwei Wochen fing Sergej an zu meckern. Ständig verglich er seine Berliner Existenz mit seinem früheren Leben in Moskau. Nichts gefiel ihm: Die Wurst schmecke nicht, die Wirte seien unfreundlich. Die Frauen hätten oft schlechte Laune. Die Häuser sähen langweilig aus. Selbst die Badewanne in seiner Wohnung sei ihm zu klein – er könne sich kaum darin bewegen. Auch das Autofahren in Berlin klappe nicht, kaum setze er sich ans Steuer und gebe Gas, schon halte ihn die Polizei an.

Dann kam der Winter – für uns immer die Urlaubszeit. Diesmal wollten wir nach Teneriffa fliegen. Wir fragten Sergej, ob er nicht mitkommen wolle. Nein, er müsse unbedingt nach Moskau. Er könne es nicht erwarten, seine alten Freunde wiederzusehen, meinte er.

Zwei Wochen später trafen wir uns alle in Berlin wieder. Wir hatten uns gut erholt, aber Sergej sah krank aus. Er lief gebückt. Was war in Moskau geschehen?

Sergej hatte seine Freunde getroffen – vieles hatte sich in deren Leben verändert. Sergej hatte sich ihre Geschichten angehört und das Gefühl bekommen, im westlichen Ausland zu versauern. Er hatte kaum etwas Aufregendes über sein Leben erzählen können – es stagnierte[1], während es bei seinen Freunden volle Pulle weiterging. Die Ex-Freundin von Sergej hatte sich inzwischen in einen Tattookünstler verliebt, der ein Tätowierungsstudio in Moskau betrieb. Dort bot er schöne Tätowierungen mit religiösen Motiven an. Am letzten Abend schlug der Meister Sergej vor, sich kostenlos eine Tätowierung verpassen zu lassen, zur Erinnerung an ihre wunderbare Begegnung.

Warum eigentlich nicht, dachte Sergej, ein nettes kleines Tattoo könne nicht schaden. Der Künstler bot Sergej das beste Piece aus seiner Sammlung an. Es war eine riesengroße Kirche mit drei Kuppeln. Um ein solches Gemälde auf seinen Rücken zu transplantieren[2], bräuchten sie bestimmt drei Tage, wandte Sergej ein. „Das ist eine Sache von fünf Minuten", beruhigte ihn der Meister. „Ich arbeite nämlich nicht mit der Maschine, sondern nach einem von mir persönlich entwickelten Verfahren, der ‚Schocktätowierung'. Dabei wird ein von Hand gefertigtes Muster auf die Haut gepresst und – fertig!" Sergej war begeistert. Stolz zeigte der Tattoomeister sein Brett, aus dem hunderte von Stahlnägeln herausragten. Er imprägnierte die Nägel mit Farbe. Dann presste er es mit voller Kraft

[1] stagnieren: stillstehen

[2] transplantieren; hier: übertragen

auf Sergejs Rücken. Der Schmerz war so stark, dass Sergej für einige Minuten das Bewusstsein verlor. Als er wieder zu sich kam, stellte er fest, dass er sich nicht mehr richtig bewegen konnte. In der Badewanne fiel Sergej beinahe ein zweites Mal in Ohnmacht – als er im Spiegel seinen Rücken sah. Dem Meister war ein fataler Fehler unterlaufen: Er hatte das Brett falsch aufgesetzt und die Kirche verkehrt herum auf den Rücken gedruckt, mit den Kuppeln nach unten. Nun sah sie wie eine riesige dreibeinige Krake aus. Am nächsten Tag verließ Sergej seine Heimat und flog zurück nach Berlin. „Verfluchtes Moskau! Mein Rücken ist nun hoffnungslos verdorben", meinte er. „Wäre ich nur mit euch nach Teneriffa gefahren, dann wäre das alles nicht passiert", seufzte er bedrückt.

1 Gib kurz mit eigenen Worten wieder, worum es in der Geschichte geht (Wer? Wo? Wann? Was? Warum?).

2 Schreibe einen Einleitungssatz für eine Inhaltsangabe zu dem Text „Die Kirche". So könnte er beginnen: *In dem Text „Die Kirche" von Wladimir Kaminer berichtet der Ich-Erzähler, dass er …*

→ **Seite 56 ff., 220**, indirekte Rede

3 In einigen Textabschnitten werden Konjunktivformen verwendet. Übernimm die folgende Tabelle in dein Heft und trage die Konjunktivformen aus dem Text ein.

Zeile	Konjunktiv I	Zeile	Konjunktiv II
5	schmecke	6	hätten
…	…	…	…

4 Ordne den folgenden Grundformen/Infinitiven die Verbformen im Konjunktiv II zu. Schreibe so: *nehmen → nähmen*

→ **Seite 58 f.**, weitere Aufgaben zum Konjunktiv

→ **Seite 164, 166, 188** Texte mit Konjunktivformen und indirekter Rede

~~nehmen~~ – brauchen – geschehen – schweigen – müssen – kommen – können – fahren – lesen – bitten – singen – treffen – finden – schreiben

kämen, schwiegen, bräuchten, geschähen, ~~nähmen~~, schrieben, träfen, führen, läsen, bäten, fänden, sängen, könnten, müssten

Die indirekte Rede verwenden

Wenn man etwas wiedergeben will, was andere gesagt oder geschrieben haben, verwendet man die indirekte Rede, z. B. auch in Inhaltsangaben.

→ **Seite 220 f.,** direkte und indirekte Rede

1 Forme die indirekte Rede in direkte/wörtliche Rede um, z. B.:

1. Sergej sagte: „Mir gefällt es nicht in Berlin."

1. Sergej sagte, dass es ihm in Berlin nicht gefalle.
2. Er sagte, dass das Leben in Moskau viel besser sei.
3. Er sagte, dass die Häuser in Moskau besser aussähen.
4. Er sagte, dass die Wirte in Berlin unfreundlich seien.
5. Er sagte, dass auch das Autofahren in Berlin nicht klappe.
6. Er sagte, dass die Polizei in Berlin die Autos ohne Grund anhielte.

→ **Seite 223,** Konjunktionalsätze

→ **Seite 219,** Konjunktiv I und II

2 Forme die direkte/wörtliche Rede in indirekte Rede um. Verwende die Konjunktivformen, z. B.:

1. Sie sagten, dass sie lieber nach Teneriffa flögen.

1. Sie sagten: „Wir fliegen lieber nach Teneriffa."
2. Er sagte: „Ich kann das Treffen mit meinen Freunden kaum erwarten."
3. Er sagte: „Meine Freunde werden mir viel Neues erzählen."
4. Er sagte: „Wir haben uns gleich getroffen."
5. Er sagte: „Die Zeit ist schnell vergangen."
6. Er sagte: „Mein Rücken tut mir sehr weh."

3 Ersetze das Verb *sagen* in den Begleitsätzen der Aufgaben 1 und 2 durch andere Verben, z. B.:

1. Sie erzählten, dass sie lieber nach Teneriffa flögen.

meinen, erzählen, jammern, seufzen, schimpfen, bemängeln, sich beschweren, klagen, meckern, berichten, antworten, bedauern

→ **Seite 220 f.,** direkte und indirekte Rede

Merke

Die **indirekte Rede** ist eine umgewandelte direkte/wörtliche Rede. Wie bei der direkten Rede gibt es einen Einleitungssatz (*Sergej sagte, …*). Bei der Umwandlung der direkten/wörtlichen in eine indirekte Rede werden

- Pronomen sowie die Zeit- und Ortsangaben der Perspektive des Sprechers angepasst (*Sergej sagte mir gestern: „Ich komme morgen zu dir."* → *Sergej sagte mir gestern, dass er heute zu mir komme.*)
- die gebeugten/flektierten Verbformen oft im Konjunktiv wiedergegeben (*Sergej sagte mir gestern, dass er heute zu mir komme.*).

4 Forme die indirekte Rede in direkte/wörtliche Rede um, z. B.:
1. Wir fragten: „Willst du mitkommen?"

1. Wir fragten, ob er mitkommen wolle.
2. Wir wollten wissen, ob es ihm in Berlin gefalle.
3. Uns interessierte, ob er sich mit seinen Freunden getroffen habe.
4. Wir fragten, warum er sich so schlecht fühle.
5. Wir erkundigten uns, wann er zurückgekommen sei.
6. Uns interessierte, was er jetzt machen wolle.

→ **Seite 220 f.,** direkte und indirekte Rede

5 Forme die direkte/wörtliche Rede in indirekte Rede um. Verwende Konjunktivformen, z. B.:
1. Wir fragten Sergej, wie es ihm gehe.

1. Wir fragten Sergej: „Wie geht es dir?"
2. Uns interessierte: „Was ist in Moskau geschehen?"
3. Wir wollten wissen: „Was haben deine Freunde zu dem Tattoo gesagt?"
4. Wir fragten: „Fährst du im nächsten Urlaub wieder nach Moskau?"
5. Wir erkundigten uns: „Bist du schon beim Arzt gewesen?"
6. Er fragte: „Habt ihr euch gut erholt?"

6 EXTRA Forme die direkte/wörtliche Rede in indirekte Rede um. Verwende Konjunktivformen, z. B.:
1. Wir baten Sergej, er solle uns alles erzählen.

1. Wir baten Sergej: „Erzähl uns alles!"
2. Wir empfahlen ihm: „Geh schnellstens zum Arzt!"
3. Wir sagten: „Mecker doch nicht über alles!"
4. Wir rieten Sergej: „Verbringe deinen nächsten Urlaub mit uns!"
5. Wir sagten: „Lass dir dein verunglücktes Tattoo entfernen!"
6. Er bat: „Helft mir, einen guten Arzt zu finden."

Merke

Wenn man einen **Fragesatz** in die indirekte Rede umformt, leitet man den Satz entweder mit dem Fragewort (*„Was ist passiert?" → Er fragte mich, was passiert sei.*) oder bei Entscheidungsfragen mit dem Wort **ob** ein (*„Willst du mitkommen?" → Wir fragten, ob er mitkommen wolle.*).

Bei einem **Aufforderungssatz** kann man in der indirekten Rede das Modalverb **sollen** verwenden (*Wir baten ihn: „Erzähl uns alles!" → Wir baten ihn, dass er uns alles erzählen solle. Wir baten ihn, er solle uns alles erzählen.*).

→ **Seite 111, 220, 224,** Indirekte Fragesätze

→ **Seite 220,** Modalverben

→ **Seite 220,** Aufforderungssatz

Sie wisse, gäbe, hätte, ...

→ **Seite 219,** Konjunktiv I und II

1 Übernimm die Tabelle in dein Heft und trage die Konjunktivformen aus den folgenden Sätzen ein. Ergänze die fehlenden Formen, z. B.:

Konjunktiv I	Konjunktiv II	Umschreibung mit *würde*
wisse	wüsste	würde wissen
...	...	...

Online-Link
Verben im Konjunktiv (Übersicht)
313175-0058

1. Er erklärte, er wisse nichts.
2. Sie schworen, sie hätten nichts gesehen.
3. Er sagte, sie würden bald verreisen.
4. Sie betonte, der Ärger solle nun aufhören.
5. Er erzählte, dass viel passiert sei.
6. Sie befürchteten, dass sie sich verspäten würden.
7. Sie bestätigten, dass sie nichts machen könnten.

2 Die folgenden Verben stehen im Konjunktiv II.

1. sie gäben
2. sie sähen
3. sie flögen
4. wir bräuchten
5. wir schrieben
6. wir läsen
7. er spräche
8. er sänge
9. er brächte

Trage sie in eine Tabelle ein und ergänze die fehlenden Formen, z. B.:

Grundform/Infinitiv	Indikativ/Präteritum	Konjunktiv II
geben	sie gaben	sie gäben
...	...	...

→ **Seite 220 f.,** direkte und indirekte Rede

3 Forme die indirekte Rede in die direkte/wörtliche Rede um, z. B.:

1. Sie erklärten, dass sie die Aufgaben nicht lösen könnten. →
   Sie erklärten: „Wir können die Aufgaben nicht lösen."

1. Sie erklärten, dass sie die Aufgaben nicht lösen könnten.
2. Sie erzählten, dass sie sich im Zentrum getroffen hätten.
3. Sie sagten, dass sie morgen zu mir kämen.
4. Sie betonten, dass sie ihren Eltern oft helfen würden.
5. Sie bestritten, dass sie dort gewesen seien.
6. Sie bestätigten, dass sie das aufgeschrieben hätten.
7. Sie versprachen, dass sie sich sehr anstrengen würden.

4 Forme die direkte/wörtliche Rede in die indirekte Rede um. Verwende Konjunktivformen oder die Umschreibung mit *würde*, z. B.:
1. Er betonte: „Sie darf nichts davon erfahren!" → Er betonte, sie dürfe nichts davon erfahren.

→ **Seite 56 f., 220 f.,** direkte und indirekte Rede

1. Er betonte: „Sie darf nichts davon erfahren!"
2. Sie erklärte: „Mir reicht es jetzt!"
3. Er bestätigte: „Das gefällt mir sehr gut."
4. Du hast immer gesagt: „Das kann ich nicht."
5. Sie hatten erklärt: „Wir werden nicht mitkommen."
6. Ich habe immer betont: „Das geht nicht gut!"
7. Sie betonte nochmals: „Das will ich nicht!"
8. Sie wiederholten: „Früher ist alles besser gewesen."
9. Paul meinte: „Ich habe keinen Fehler in meinen Unterlagen gemacht."

5 Gib die Fragen als indirekte Rede wieder. Verwende Konjunktivformen oder die Umschreibung mit *würde*, z. B.:
1. Er fragte Anna: „Willst du mitkommen?" → Er fragte Anna, ob sie mitkommen wolle.

1. Er fragte Anna: „Willst du mitkommen?"
2. Er fragte uns: „Hattet ihr angerufen?"
3. Sie fragte Ali: „Kannst du mir die Aufgabe zeigen?"
4. Du hast Ida gefragt: „Hast du heute Training?"
5. Sie fragte den Zugbegleiter: „Wie viel Verspätung hat unser Zug?"
6. Sie fragte mich: „Welche Aufgaben musst du noch lösen?"
7. Wir haben den Arzt gefragt: „Was können wir jetzt tun?"
8. Der Ausbildungsleiter fragte: „Erfüllt sie die Anforderungen, die an eine Auszubildende gestellt werden?"

6 Gib die Aufforderungssätze als indirekte Rede wieder.
Verwende Konjunktivformen, z. B.:
1. Er sagte zu Corinna: „Tu das nicht!" → Er sagte zu Corinna, sie solle das nicht tun.

1. Er sagte zu Corinna: „Tu das nicht!"
2. Sie erinnerte David: „Erkundige dich danach!"
3. Sie rieten uns: „Verratet das niemandem!"
4. Du hast ihnen immer gesagt: „Lasst den Unfug!"
5. Sie sagte zu ihrem Chef: „Erzählen Sie bitte die Wahrheit!"
6. Wir haben ihn gewarnt: „Hör endlich damit auf!"
7. Der Arzt empfahl der Patientin: „Treiben Sie mehr Sport!"
8. Der Berufsberater riet Igor: „Informieren Sie sich vor dem Vorstellungsgespräch gut über die Firma!"

5 Starke Gefühle

Edvard Munch (1863–1944), Angst, Gemälde, 1894

1 Angst wird von Mensch zu Mensch unterschiedlich empfunden. Was bedeutet für euch persönlich Angst? Notiert gemeinsam auf einem großen Blatt Papier oder an der Tafel, was euch spontan dazu einfällt, z. B.:

Herzklopfen – Schweiß – zittern – Angst vor der Zukunft – Angst, dass mein Opa stirbt – Angst, mich zu blamieren – Angsthase – Angst vor dem Zahnarzt – Angstträume – Angst, dass es Krieg gibt …

2 Angst ist eine menschliche Empfindung, die jeder kennt. Tauscht euch darüber aus: Wovor haben Jugendliche eurer Meinung nach Angst?

Ich habe immer Angst, wenn es Zeugnisse gibt.

Vor Gewalt habe ich Angst.

Ich habe Angst davor, keine Lehrstelle zu bekommen.

3 Bildet Sätze. Ihr könnt die folgenden Formulierungen nutzen:

- Ich fühle mich wie gelähmt, wenn …
- Ich bekomme Gänsehaut, wenn …
- Ich bin ängstlich, aber kein Angsthase, weil …
- Ich fürchte mich …
- Mir macht Neues Angst, weil …

4 Hier geht es um passende Wörter und Ausdrücke zum Thema „Angst".

TIPP!
Ihr könnt dazu ein Wörternetz/Cluster nutzen.

1. Bildet Wortfamilien, z. B.:
   - Furcht – fürchten, furchtbar, furchtlos, fürchterlich …
   - Schrei – schreien, Aufschrei …

2. Sammelt Wörter, die das Gefühl „Angst" bezeichnen, z. B.:
   Bammel – Lampenfieber – Furcht …
   Sortiert die Wörter nach Wortarten, z. B.:

Substantiv / Nomen	Adjektiv	Verb
der Schreck	schrecklich	erschrecken
die Angst	ängstlich	–
die Furcht	…	…

→ **Seite 215 f.,** Übersicht über die Wortarten

3. Sucht Redensarten zum Thema „Angst", z. B.:
   Gänsehaut bekommen, das Blut gefriert in den Adern, vor jemandem Manschetten haben, in ein schwarzes Loch fallen, …

5 Tauscht euch darüber aus, wie ihr versucht, mit Angst umzugehen, z. B.:
– Ich versuche dann immer, mich abzulenken …
– Mir helfen Entspannungsübungen …

Über Angst und andere Gefühle schreiben

1 Schreibe einen Text zum Thema „Angst". **Wähle A oder B:**
A: Schreibe in einer Gruppe einen Text zum Thema „Angst".
B: Schreibe allein einen Text zum Thema „Angst".

A: In einer Gruppe schreiben. Geht so vor:

1. Schreibt den folgenden Erzählanfang ab.

> *Es war stockdunkel. Angst schnürte ihm die Kehle zu, als er spürte, dass er nicht mehr in seinem Bett war – nicht einmal in seinem Zimmer. Aber, wo war er? So sehr er sich auch bemühte, er konnte in dieser Finsternis nicht das Geringste erkennen …*

2. Nun überlegt jeder für sich allein, wie der Text weitergehen könnte, und hängt genau vier Sätze an.
3. Vergleicht anschließend eure Ergebnisse. Achtet auf Thema, Ort, Zeit, Personen und Sprache in den einzelnen Texten.

B: Allein schreiben. Gehe so vor:

1. Entscheide dich zuerst für ein Thema, z. B.:
   – *Zukunftsangst, … das habe ich erlebt …*
   – *Prüfungsangst, … ich bekomme Angst, wenn …*
2. Entscheide dich nun für eine Textart (Erzählung, Brief, Tagebucheintragung, Dialog, Gedicht), z. B.:
   Oh, du Angst!
   Wie fürchte ich dich,
   wenn du mich erreichst.
   Oh, du Angst!
   Wie zittere ich vor dir …

> *Liebe Seraphina,*
> *ich bekomme immer noch feuchte Hände, wenn ich an gestern Abend denke …*

→ **Seite 233,** Arbeitstechnik „Ein Feedback geben"

2 Stellt eure Texte in der Klasse vor. Welche haltet ihr für besonders gelungen? Begründet.

3 Betrachte das Gemälde von Edvard Munch auf Seite 60 noch einmal genau. Beschreibe dann in einem Text, welche Gefühle das Bild in dir auslöst, welche Gedanken dir beim Betrachten durch den Kopf gehen und woran du dich eventuell erinnerst.

4 Sieh dir das Foto ganz in Ruhe an und lass es auf dich wirken. Notiere dann Gedanken, die dir durch den Kopf gehen (Wer? Wann? Wo? Was? Warum?).

Die Person fühlt sich bestimmt …

Vielleicht ist sie abgelehnt worden …

Vielleicht hat sie aber auch etwas Neues vor …

5 Überlege, was die Person auf dem Bild gerade tut, was vorher gewesen sein könnte und was ihr möglicherweise bevorsteht.
Überlege auch, welche Gedanken und Gefühle die Person vermutlich hat. Vielleicht sind sie positiv oder auch negativ.
Beschreibe sie.

Gegenwart	positiv *oder* negativ	Gedanken und Gefühle
Vergangenheit	positiv *oder* negativ	
Zukunft	positiv *oder* negativ	

6 Verfasse jetzt einen Text zu dem Bild. Du kannst darin auch beschreiben, woran du dich beim Betrachten des Bildes erinnerst und welche Gefühle es bei dir auslöst.

Freud und Leid

In Prüfungen wird oft verlangt, dass man seine Gedanken und Gefühle zu einem Bild schriftlich wiedergibt.

1 Sieh dir die Bilder auf dieser Doppelseite in Ruhe an und versetze dich in die dargestellten Situationen.

Wähle A, B oder C:

A

B

C

2 Schreibe „Gedankenblitze" auf, die dir beim Betrachten des Bildes durch den Kopf „schießen", z. B.:

… Sicher nach einem großen Boxkampf …

… Sie ist so allein, vielleicht lebt ihr Mann nicht mehr? …

… Wie ist der Mann nur in diese Lage gekommen? …

3 Suche dir zwei oder drei von deinen „Gedankenblitzen" aus. Schreibe zu jedem einige Sätze.

4 Überlege, wie es zu der dargestellten Situation gekommen sein könnte und was noch passieren wird. Notiere deine Gedanken.

5 Schreibe auf, was die Personen auf den Bildern denken und fühlen (innerer Monolog[1]), z. B.: Ich habe doch so hart trainiert, …

6 Formuliere nun einen Text zu dem Bild. Nutze dazu deine Vorarbeiten aus den Aufgaben 2 bis 5.

TIPP!
Du kannst deine Ideen auch in einem Wörternetz/Cluster sammeln.

[1] innerer Monolog: Form des Erzählens; wird oft zur Vermittlung von Gedankenvorgängen gebraucht

Texte verbessern

Die Schülerinnen und Schüler einer 9. Klasse hatten die Aufgabe, zu diesem Foto einen fantasievollen Text zu schreiben.

1 Leonie hat den folgenden Text verfasst. Trage ihn laut vor. Achtung, er enthält einige Rechtschreib- und Zeichensetzungsfehler! Konzentriere dich und versuche, den Text trotzdem so vorzulesen, dass ihn deine Zuhörer gut verstehen können.

Immer wieder blöder Streit

Beim Abendessen gab es mal wider Ärger. Die Eltern meinten, das er zu wenig lernen würde. Dabei gab er sich solche Mühe! Aber er brauchte auch mal Freizeit! Er hatte die Nase voll. Er griff sich sein Skateboard nahm seinen Hund Alf an die Leine und rannte wütend aus dem Haus. Er lief einfach so davon. Immer die Strasse lang. Sollten sie sich doch Sorgen machen! Die Lichter der Autos spigelten sich auf der Straße und ab und zu kamen ihm ein Paar Autos endgegen. Gunnar war froh, von Keinem angesprochen zu werden. So hatte er Zeit, über den Zoff mit seinen Eltern nachzudenken. Es kam in letzter Zeit immer öfter vor, dass sie Meinungsverschiedenheiten hatten, manchmal nur wegen Kleinigkeiten. Und als Gunnar daran dachte, dass von seinem besten Kumpel die Eltern bei einem Autounfall ums Leben gekommen waren fand er den Streit von heute Abend nicht mehr so krass. Also drehte Gunnar wieder um und fuhr nach Hause.

2 Vielleicht habt ihr beim ersten Lesen des Textes nicht gleich alles verstanden. Besprecht, warum es wichtig ist, Texte zu kontrollieren und zu überarbeiten.

3 Lies den Text noch einmal. Besprich mit einer Partnerin oder einem Partner, was an dem Text gut gelungen ist.

→ **Seite 233,** Arbeitstechnik „Ein Feedback geben"

4 Stell dir vor, du könntest dem Verfasser ein Feedback zu seinem Text geben. Schreibe zunächst auf, was schon gut gelungen ist. Notiere dann auch, was er noch überarbeiten sollte.

5 Der Text enthält einige Rechtschreib-, Grammatik- und Zeichensetzungsfehler. Stelle fest, welche das sind.

→ **Seite 226,** Arbeitstechnik „Korrektur lesen"

6 Wähle einige Fehler aus dem Text aus. Beschreibe, mithilfe welcher Rechtschreibstrategie/Rechtschreibregel man die richtige Schreibweise herausfinden kann.

→ **Seite 225 ff.,** Rechtschreibstrategien und Rechtschreibregeln

7 Arbeitet nun zu zweit:
1. Schreibt den Text zunächst mit dem Computer ab.
2. Korrigiert den Text dann gemeinsam.
3. Prüft anschließend, ob ihr alle Fehler gefunden und korrigiert habt.
4. Stellt zuletzt eure korrigierte Fassung in der Klasse vor.

8 EXTRA Einige Formulierungen im Text gehören zur Umgangssprache. Lege eine Tabelle an und schreibe diese Formulierungen hinein. Schreibe daneben deinen Vorschlag zur Überarbeitung, z. B.:

Originaltext	Verbesserungsvorschlag
Er hatte die Nase voll.	Er hatte es so satt.
über den Zoff	über den Streit
nicht mehr so krass	...
...	...

9 EXTRA Vergleicht eure Ergebnisse aus Aufgabe 8 in der Klasse. Besprecht, welche Vorschläge für die weitere Überarbeitung des Textes geeignet sind.

Eigene Texte kontrollieren und korrigieren

→ **Seite 226,** Arbeitstechnik „Korrektur lesen“

→ **Seite 225 ff.,** Rechtschreibstrategien und Rechtschreibregeln

1 Besprecht, wie ihr vorgeht, wenn ihr Zweifel bei der Schreibung von Wörtern habt.

2 Im folgenden Text wurden fehlerhaft geschriebene Wörter unterstrichen. Berichtige sie.

Selbstkontrolle und Berichtigung

Selbst die Manuskrite von berümten deutschen Schriftstelern zeigen: Niemand schreipt beim ersten Textentwurf gleich fehlerfrei. Texte müssen wärend und nach dem schreiben überarbeitet werden, auch die Rechschreibung muss geprüft werden. Oft wird das als unangenehm emfunden, denn man mus ja kritisch nach Eigenen Fehlern suchen. Kaum jemant tut das gern, und manchmal ist die versuchung groß, auf die mühevolle Selbstkorektur zu verzichten. doch wer sich nach diesem Prinziep verhelt, der verpast ein paar Lernchangsen. Richtiger ist es, sich den Eigenen Fehlern mutig zu stellen. Dann kann man sich auch allmälich einen Überblick über die persöhnlichen Fehlerschwerpunkte verschaffen und weiß, in welchen Bereichen sich das üben besonders lont. Grunt zur Selbskritik hat also nur der, der zu bequem ist, seine Fehler zu korigieren.

3 Begründe, wie du die richtige Schreibweise der Wörter aus Aufgabe 2 gefunden hast, z. B.:

→ **Seite 225 ff.,** Rechtschreibstrategien und Rechtschreibregeln

- Ma-nu-skrip-te → durch deutliches Mitsprechen
- berühmt → mit h → durch Merken oder durch Nachschlagen
- schreibt → schreiben → also mit b → durch Ableiten / Verlängern
- nach dem Schreiben → durch Tests zur Großschreibung

Schreibe deine Begründungen auf.

4 Eine neunte Klasse hat eine Checkliste für das Beurteilen und Verbessern kreativer Texte erarbeitet. Allerdings enthält die Liste einige Rechtschreibfehler.
Schreibe die Liste ab und korrigiere dabei die Fehler.

Checkliste

1. Lies deinen Text laut. Vergleiche ihn mit der Bildvorlage.
2. Bringt er deine Gedanken und Gefühle zum ausdruck?
3. Ergänze, verendere, wenn es dir sinnvoll erscheint.
4. Prüfe deinen Text auf Fehler in Sprache, Rechschreibung und Zeichensetzung.
5. Past die Überschrift, weckt sie Intresse?
6. Ist dein Text „geschlossen“ und „abgerundet“?
7. Sind deine Gedanken sinnvoll und klar geordnet?
8. Hat dein Text einen bezug zum Bild?
9. Ist dein Text reich an Iden und erreichst du dadurch einen angemessenen Textumfang?
10. Hast du eine ausschmückende, kreative Sprache verwendet?
11. Dein Text darf keine Bildbeschreibung sein!
12. Hast du Gedanken und Emfindungen verarbeitet?
13. Enthält dein Text einen Ich-Bezug oder eine Botschaft (Was willst du dem Leser sagen?)?
14. Du solltest keine reine Erlebnisserzählung schreiben. Erlebnisse dürfen allerdings in den kreativen Text eingearbeitet werden, wenn sie zum Bild passen!
15. Gib deinem Text auch äußerlich eine Form: Setze Absetze vor neuen Gedankeneinheiten.

5 Hast du alle zehn Rechtschreibfehler gefunden?
Schreibe die zehn Wörter noch einmal in richtiger Schreibweise auf.
Ergänze bei den Substantiven / Nomen jeweils den Artikel, z. B.:
der Ausdruck, …

6 Was ist ein Portfolio?

Ein Thema erarbeiten

In einem Portfolio kann man Arbeiten zu einem Thema sammeln.

1 Die abgebildeten Mappen stammen von Schülerinnen und Schülern einer neunten Klasse. Besprecht, mit welchen Themen sie sich beschäftigt haben.

Merke

Portfolio, das, -s: Sammelmappe. Der Verfasser sammelt darin Arbeiten zu einem bestimmten Thema. Er legt fest, welche Arbeiten aufgenommen werden und in welcher Reihenfolge sie erscheinen sollen. Er begründet und erläutert seine Auswahl. Der Verfasser kann vorschlagen, was bei der Beurteilung seines Portfolios besonders berücksichtigt werden soll.

2 Vergleicht die folgenden Inhaltsverzeichnisse miteinander:
Was ist darin gleich oder ähnlich, wodurch unterscheiden sie sich?

Berufswahl – Ausbildung – Bewerbung

Das Leben der Anne Frank

Das Rätsel der Sprache

Felsklettern

Erkundungen zu einer naturnahen Sportart

3 Die Portfolios enthalten unterschiedliche Arten von Texten. Sammelt an der Tafel, welche Textarten ihr schon einmal verfasst habt und welche noch nicht.

→ **Seite 245,** Textartenverzeichnis

Wege zum Portfolio

1 Besprecht in der Klasse, wie man ein Portfolio anlegt und gestaltet. Nutzt dazu die folgenden Arbeitsschritte und die Beispiele auf den Seiten 73 bis 77.

→ **Seite 232,** Arbeitstechnik „Ein Interview vorbereiten"

→ **Seite 232,** Arbeitstechnik „Eine Umfrage vorbereiten"

So kannst du ein Portfolio anlegen und gestalten

1. Lege fest, mit welchem Thema du dich beschäftigen willst.
2. Kläre, was du schon über das Thema weißt. Nutze dazu ein Wörternetz (Cluster) oder eine Mind-Map.
3. Notiere Fragen, die du in deinem Portfolio beantworten willst.
4. Überlege, wie du vorgehen willst. Erstelle einen Arbeitsplan. Halte darin Arbeitsschritte und Termine fest.
5. Überlege, wo du Informationen zu deinem Thema finden kannst. Recherchiere z. B. in Schulbüchern, Nachschlagewerken und auch im Internet, was du dort zu dem gewählten Thema finden kannst. Fasse die Informationen schriftlich zusammen.
6. Stelle genauere Informationen und interessante Details zusammen, z. B. Originaltexte, Abbildungen, Zitate, Fotos, Skizzen, Wertungen. Führe evtl. Umfragen oder Interviews durch und halte die Ergebnisse schriftlich fest.
7. Beantworte nun die Fragen, die du anfangs zum Thema gestellt hattest. Ordne jeder Frage die Einzelinformationen und Materialien zu, die du zusammengetragen hast. Begründe deine Zuordnung (*z. B.: Dieser Text zeigt… Dazu habe ich die Informationen aus…*)
8. Stelle dein Portfolio zusammen:
   - Schreibe eine Einleitung, in der du die Auswahl des Themas und der einzelnen Fragen begründest.
   - Stelle die Informationen in Reinschrift dar. Vergiss nicht, die Quellen zu nennen, die du benutzt hast.
   - Verfasse ein übersichtliches Inhaltsverzeichnis und gestalte ein ansprechendes Titelblatt.
9. Halte fest, worauf bei der Beurteilung deines Portfolios besonders geachtet werden sollte (*z. B. logische und übersichtliche Anordnung der Informationen, interessante Textauswahl, ideenreicher Zugang zum Thema, ansprechende Seitengestaltung*).

TIPP!
Du kannst auch das Beispiel auf Seite 73 nutzen.

2 Entscheide dich nun für ein Thema und lege selbst ein Portfolio an. Du kannst ein Thema von Seite 70 wählen oder ein eigenes Thema bearbeiten.

Das Leben der Anne Frank

Dieses Thema haben Schülerinnen und Schüler für ihr Portfolio ausgewählt. Wenn du dich auch für dieses Thema entschieden hast, dann könnten dir die folgenden Arbeitsschritte helfen.

1 Was weiß ich schon über das Thema?

Erstelle ein Wörternetz/Cluster oder eine Mind-Map, z. B.:

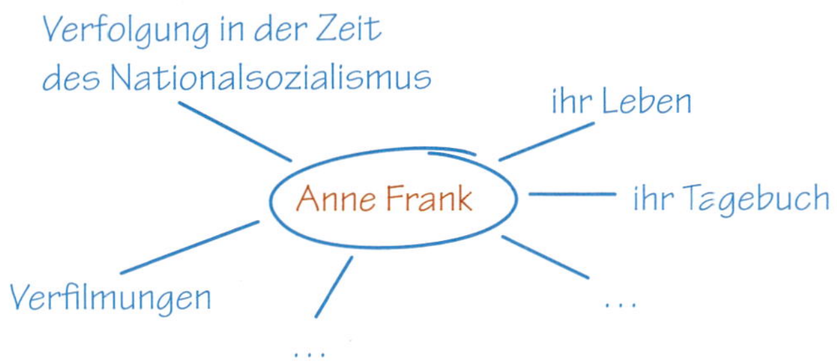

2 Was will ich über das Leben der Anne Frank erfahren?

Lege einen Stichwortzettel an, auf dem du Fragen notierst, z. B.:

- Wann lebte sie und wie ...?
- Welchen Beruf wollte sie ...?
- Worüber hat sie in ihrem Tagebuch ...?

- Wie kam es, dass das Tagebuch nach ihrem Tod veröffentlicht werden konnte ...?
- Wie kann man sich heute ...?
- Welche Filme ...?

3 Grundinformationen – Recherche

Schlage z. B. in Schulbüchern nach. Fasse die Informationen, die du zu Anne Frank gefunden hast, schriftlich zusammen.

Online-Link
zum Lebenslauf
der Anne Frank
313175-0073

4 Genauere Informationen zusammenstellen

1. Schreibe den Lebenslauf der Anne Frank auf. Suche dazu genauere Informationen über sie. Du findest sie z. B. in Lexika, in Biografien oder auch im Internet.
2. Lies das Tagebuch der Anne Frank. Du kannst es in einer Bibliothek ausleihen. Wähle ein Kapitel aus und schreibe dazu eine Inhaltsangabe.
3. Informiere dich auch in anderen Büchern über Anne Frank. Schreibe eine Zusammenfassung.
4. Stelle fest, wer von deinen Bekannten und Freunden die Lebensgeschichte der Anne Frank kennt. Führe dazu eine Umfrage durch. Halte die Ergebnisse schriftlich fest.

TIPP!
Die Kinder- und Jugendbuchautorin Mirjam Pressler hat ein Buch veröffentlicht: „Ich sehne mich so. Die Lebensgeschichte der Anne Frank“.

→ **Seite 232,** Arbeitstechnik „Eine Umfrage vorbereiten“

Berufswahl, Ausbildung, Bewerbung

Dieses Thema haben Schülerinnen und Schüler einer neunten Klasse für ihr Portfolio ausgewählt.

1 Stellt fest, welche Seiten hier erarbeitet wurden. Diskutiert darüber, ob und wofür solche Materialien nützlich sind.

Fragen für ein Interview im BIZ

1. Welche Ausbildungsberufe sind in unserer Region am gefragtesten?
2. In welchen Branchen werden noch Auszubildende gesucht?
3. Was muss beachtet werden, wenn man sich in einer anderen Region um einen Ausbildungsplatz bewirbt?
4. Welche neuen Ausbildungsberufe werden in unserer Region angeboten?
5. Welche Chancen sehen Sie für Bewerbungen um einen Ausbildungsplatz als Floristin, Kauffrau im Einzelhandel, Arzthelferin, Zahnarzthelferin, Friseurin?

Typische Fragen bei einem Vorstellungsgespräch (eine Sammlung)

- Sind Sie ein geselliger Typ?
- Sind Sie sicher, dass Sie unseren Anforderungen gerecht werden?
- Warum haben Sie sich gerade bei uns beworben?
- Halten Sie die Ausbildungsvergütung für angemessen?
- Wie gestalten Sie Ihre Freizeit? Sind Sie in einem Verein oder einer Gruppe?
- Wie bzw. wo haben Sie sich über den Ausbildungsberuf informiert?
- Haben Sie sich auch noch bei einer anderen Firma beworben?
- Warum haben Sie sich gerade für diese Ausbildung beworben?
- …

Checkliste zur Vorbereitung auf ein Vorstellungsgespräch

- ☑ Ich habe den Vorstellungstermin bei der Firma bestätigt.
- ☐ Ich habe die Anreise geplant und werde rechtzeitig ankommen.
- ☐ Ich weiß, was ich zu dem Vorstellungstermin anziehen werde.
- ☐ Ich habe meine Bewerbungsunterlagen noch einmal durchgesehen und das Einladungsschreiben bereitgelegt.
- ☐ Ich kenne den Namen meines Ansprechpartners in dem Unternehmen und weiß, wie ich ihn finden kann.
- ☐ Ich kann meine Gründe gut formulieren, warum ich diese Ausbildung in dem Unternehmen beginnen will.
- ☐ Ich habe mir Informationen über die Firma/das Unternehmen besorgt.
- ☐ Ich habe mir meine Fragen notiert, die ich in dem Gespräch stellen will.
- ☐ Ich habe Schreibzeug und Notizbuch bereitgelegt, um mir während des Gesprächs wichtige Informationen notieren zu können.

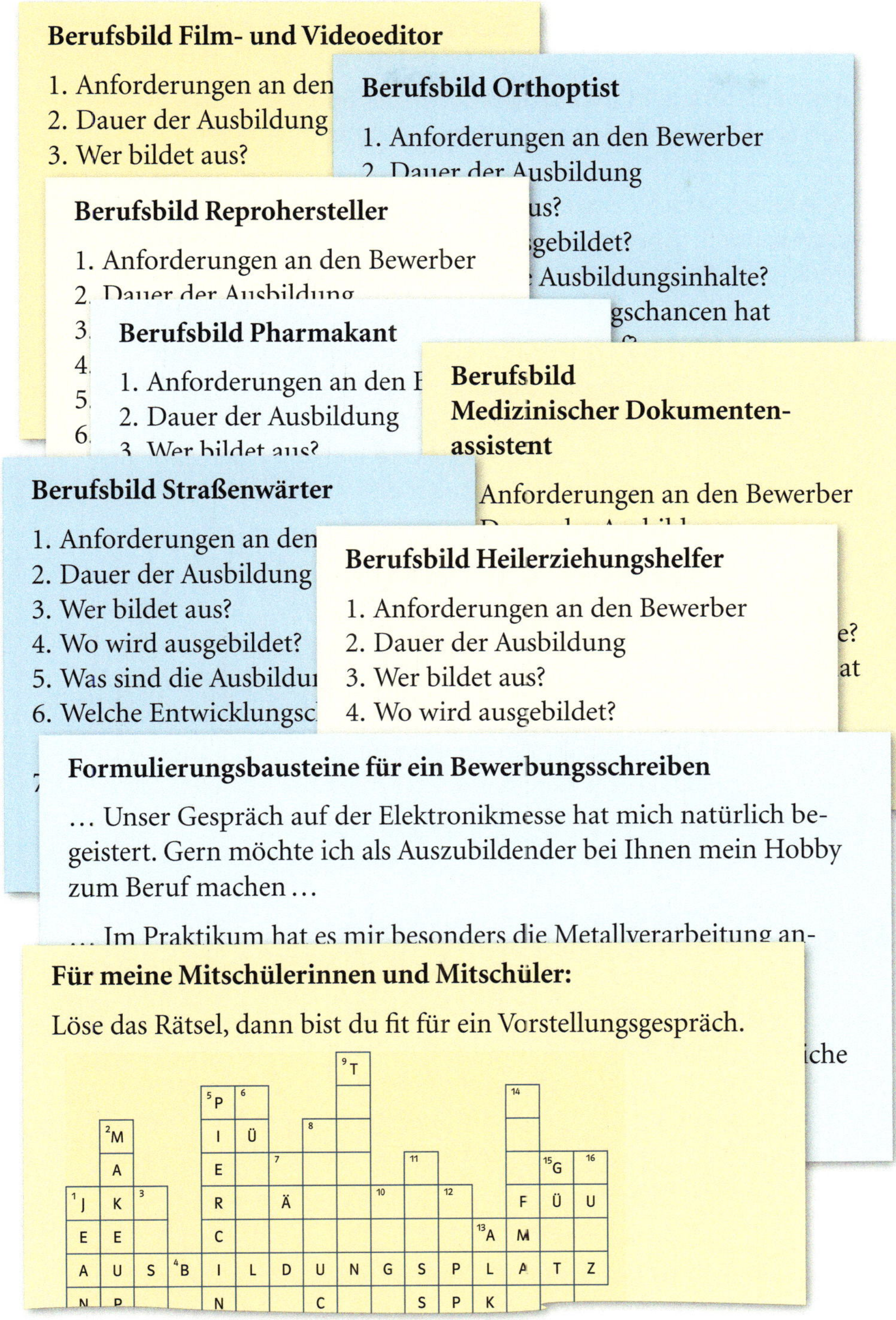

Online-Link
Arbeitsblätter
„Fragen und Antworten"
313175-0019

Online-Link
„Checkliste zur
Vorbereitung auf ein
Vorstellungsgespräch"
313175-0019

2 Wenn du dich für das Thema „Berufswahl, Ausbildung, Bewerbung" entschieden hast, wähle Seiten aus, die du zusammenstellen möchtest. Stelle einen Plan auf. Halte darin fest, in welcher Reihenfolge du diese oder ähnliche Seiten bearbeiten und welche Termine du dir stellen willst.

Das Rätsel der Sprache

Für ein Portfolio zum Thema „Das Rätsel der Sprache" haben Schülerinnen und Schüler die folgenden Texte zusammengetragen.

Online-Link
zu den Fragen, die auf diesen zwei Seiten gestellt werden
313175-0076

→ **Seite 239,** Arbeitstechnik „Einen Sachtext lesen und verstehen"

1 Stelle fest, welche Fragen zu dem Thema gestellt und wie sie beantwortet wurden. Schreibe aus den folgenden Texten die Informationen heraus, die für dich besonders interessant sind.

❶ Wie viele Sprachen werden auf der Welt gesprochen?
Eine genaue Zahl ist nicht bekannt. Noch in unseren Tagen werden Völker entdeckt, die bislang nie gehörte Sprachen sprechen. Fachleute schätzen, dass es derzeit zwischen 6.000 und 7.000 Sprachen gibt. Davon ist ein Drittel nicht näher erforscht …

❷ Wie viele Wörter gibt es im Deutschen?
Die einfache Antwort lautet: so viele, wie im Wörterbuch stehen, also ca. 250.000. Aber theoretisch gibt es unendlich viele Wörter, die durch die Anwendung von Wortbildungsregeln gebildet werden können. Schon die Anzahl der Einträge in einem Wörterbuch übertrifft bei Weitem den aktiven Wortschatz einer Einzelperson. Die größten Dichter haben in ihren Werken rund 20.000 Wörter verwendet, zur Alltagsverständigung genügt es, etwa 10.000 Wörter verstehen und 3.000 Wörter aktiv gebrauchen zu können …

❸ Schadet es einem Kind, wenn es mehrsprachig aufwächst?
Nein. Dass, wie in Deutschland, eine einzige Sprache vorherrscht, ist weltweit gesehen nicht die Regel. In Nigeria zum Beispiel gibt es über 400 unterschiedliche Sprachen, die meisten Menschen dort sind polyglott[1]. Auch Skandinavier beherrschen oftmals mehrere Sprachen. Kindern bereitet Mehrsprachigkeit kaum Probleme. Und hat ein Kind erst einmal eine Zweitsprache erworben, lernt es weitere Sprachen leichter …

[1] polyglott: vielsprachig, mehrere Sprachen sprechen

❹ Was hat es mit den so genannten Wolfskindern auf sich?
Rund 50 Fälle von so genannten Wolfskindern sind aus den vergangenen 700 Jahren dokumentiert. Ihr Verlies waren meist Wald und Wildnis. Sie wurden von Tieren, z. B. Wölfen, Hunden und Affen, aufgezogen. Nach ihrer Befreiung konnten sie nicht sprechen und verhielten sich wie Tiere …

5 Ist Gebärdensprache dasselbe wie Pantomime?

Nein. Allerdings ist die Erkenntnis, dass es sich bei der Gehörlosensprache um eine vollwertige Sprachform handelt, noch relativ jung. Erst seit 2002 ist sie in Deutschland offiziell anerkannt. Im Gegensatz zur so genannten Körpersprache, die vorwiegend unbewusster Natur ist, stehen die Gebärden für Wörter und Begriffe fest. Die Gebärdensprachen – von denen es viele verschiedene gibt – haben allesamt Regeln für die Reihenfolge von Wörtern im Satz …

→ Seite 203 ff., Gebärdensprache

6 Können auch Blinde lesen und schreiben?

Ja. Sie benutzen eine spezielle Blindenschrift, die Brailleschrift. Sie wurde 1825 von dem erst 16 Jahre alten Franzosen Louis Braille erfunden. Die Schrift arbeitet mit Punktmustern, die von hinten in das Papier gepresst sind, sodass sie als Erhöhung mit den Fingerspitzen abgegriffen werden können. Erfahrene Braille-Leser können etwa 100 Wörter pro Minute lesen. Zum Vergleich: Sehende Leser schaffen etwa 250 bis 300 Wörter pro Minute …

7 Können Tiere sprechen?

Tiere sind durchaus in der Lage, sich zu verständigen. Eine Sprache im engeren Sinne hat hingegen wohl nur der Mensch entwickelt – meisterhaft verwendet er willkürlich verabredete Symbole. Aber immer mehr bröckelt das linguistische[1] Dogma[2] der Sprachunfähigkeit von Tieren. In Affenhirnen wurden Areale[3] identifiziert, die beim Menschen dem Sprachzentrum entsprechen …

[1] linguistisch: sprachwissenschaftlich
[2] Dogma, das: Lehrmeinung
[3] Areal, das; hier: Bereich

8 Soll man einem Kind den Dialekt austreiben?

Die deutsche Standardsprache in Schrift und Rede zu beherrschen, wird heute von allen Berufsanfängern und Studenten verlangt. Doch niemand sollte gezwungen werden, deshalb seinen Heimatdialekt aufzugeben. Ein Kind, das früh Dialekt und Standardsprache beherrscht, ist faktisch zweisprachig. Das hilft beim Erlernen weiterer Sprachen …

2 Stelle weitere Fragen zu dem Thema „Das Rätsel der Sprache“. Denke zum Beispiel an die verschiedenen Weltsprachen, an Kunstsprachen oder an das Erlernen von Fremdsprachen.

Online-Link
zu Weltsprachen
und Kunstsprachen
313175-0077

3 Wähle eine der auf Seite 76 und 77 aufgeführten Fragen aus und sammle Informationen dazu.

Rechtschreibung leicht gemacht

1 Lies den folgenden Text über die Erfindung der Schrift.

→ **Seite 109,** Beispiele für Piktogramme

Eine geniale Erfindung: Die Schrift

In Bilderschriften stehen die Schriftzeichen direkt für das, was gemeint ist. Wir verstehen solche Zeichen sogar, wenn wir eine andere Sprache sprechen. Die Zeichen auf Schildern – Piktogramme – sind ein modernes Beispiel dafür.
In Wortschriften stehen für jedes Wort besondere Zeichen. Das Chinesische hat eine solche Schrift und in den Schulen muss eine große Zahl von Schriftzeichen gelernt werden, zum Beispiel:

女　子　好

nǚ (Frau)　**zǐ** (Kind)　**haǒ** (Frau + Kind = gut)

Eine bedeutende Erfindung ist die Alphabetschrift. Man braucht nur etwa 30 Zeichen. Damit können alle Wörter einer Sprache festgehalten werden. Die Alphabetschrift nutzt unsere Gabe, die Wörter in Silben und Laute zu zerlegen. Wer beim Schreiben überdeutlich und Silbe für Silbe mitspricht, findet so schon oft die richtige Schreibung.

Sprecht über die Unterschiede zwischen der Bilderschrift, der Wortschrift, der Alphabetschrift.

→ **Seite 225,** Rechtschreibstrategie „Beim Schreiben mitsprechen“

2 Stellt fest, welche Vorteile die Alphabetschrift besonders für das Schreiben hat.

3 Diktiert euch den Text aus Aufgabe 1 gegenseitig. Achtet darauf, dass euer Partner beim Schreiben deutlich mitspricht. Unterbrecht, wenn er einen Fehler beim Schreiben macht.

→ **Seite 225,** Rechtschreibstrategie „Ableiten“

4 Markiert in euren Texten die Stellen, bei denen ihr Probleme beim Mitsprechen hattet, z. B.: *verstehen, Piktogramme, …*

5 Lies im Text auf Seite 79 nach, wie man das Ableiten als Rechtschreibhilfe nutzen kann. Erkläre dann einem Partner, wie man beim Ableiten vorgeht.

Rechtschreibprobleme lösen

Tatsächlich kann man nicht immer durch deutliches Mitsprechen herausfinden, wie ein Wort geschrieben wird. Das Problem lässt sich dann allerdings durch Ableiten lösen. So kann man z. B.
- ein Wort verlängern: *das* ***Land*** hat den Plural *die* ***Län-der***, also mit **d**;
- zu einem Verb den Infinitiv suchen: ***isst*** kommt von ***es-sen***, also mit **ss**;
- nach dem Wortstamm suchen: *die* **Sätze** kommt von *der* ***Satz***, also mit **ä**;
- ein silbentrennendes **h** hörbar machen: *die* ***Nähnadel*** → ***nähen***, also mit **h**;
- verwandte Wörter suchen: *der* ***Trotz*** → ***trot-zig***, also mit **tz**.

6 Schreibe die folgenden Wörter richtig auf.

stei ? t kommt von … , also mit … (g/k)
Erge ? nis kommt von … , also mit … (b/p)
lie ? kommt von … , also mit … (s/ß)
sti ? t … , … (m/mm)
qu ? len … , … (ä/e)
Verk ? fer … , … (äu/eu)

7 **-nis, -ig, -lich** Merke dir die Schreibweise dieser Endbausteine: *Ergebnis* (nur ein *s*, obwohl im Plural *Ergebnisse*); *mutig* (*g*, obwohl *ch* gesprochen wird); *freundlich* (*ch* → weil der Endbaustein *-lich* lautet). Schreibe je zwei Wörter mit diesen Endbausteinen auf.

8 Schreibe ab. Ergänze die fehlenden Buchstaben und suche jeweils zwei weitere Beispiele.

d/t	g/k	b/p	s/ss/ß	ä/e	äu/eu	h
Gel?	sin?t	rau?t	mu?t	St?ngel	H?te	ste?t
Wel?	sin?t	pie?t	kü?t	B?ngel	h?te	blü?t
…	…	…	…	…	…	…

9 Bilde zu den Verben in der folgenden Tabelle die 3. Person Singular und verwende diese in Sätzen, z. B.:
Der Junge liest seiner kleinen Schwester ein Märchen vor.

Infinitiv/Grundform	3. Person Singular
lesen	er/sie/es liest
rasen	…
niesen	…

Großschreibung

1 Die überwiegende Zahl der Wörter wird im Deutschen kleingeschrieben. Macht euch noch einmal klar, wann Wörter großgeschrieben werden:
- am Satzanfang,
- Namen, ...

→ **Seite 225,** Rechtschreibstrategie „Großschreibung von Wörtern"

2 Welche Wörter müssen großgeschrieben werden?
Schreibe den Text in der richtigen Groß- und Kleinschreibung auf.
Überlege jedes Mal, warum du ein Wort großschreiben willst.

eine gute idee

als der amerikanische schriftsteller mark twain in deutschland weilte und die deutsche sprache erlernen wollte, hatte er arge schwierigkeiten. über die probleme, die man beim erlernen der deutschen sprache haben kann, schrieb er einen langen artikel. darin heißt es unter anderem: „im deutschen beginnen alle substantive mit einem großen buchstaben. das ist nun wahrhaftig mal eine gute idee", stellte er fest. in keiner anderen sprache schreibt man nämlich neben satzanfängen und namen auch alle substantive/nomen groß. eine qual hingegen ist das erlernen der besonderheiten. deshalb gab es auch zahlreiche bestrebungen, dieses „übel" als unzeitgemäß abzuschaffen. aber wer wehrt sich eigentlich dagegen? sind es die, die sich immer gegen neues sperren? sind es die, die nicht mehr umdenken wollen? oder gibt es gründe dafür, an diesen besonderheiten festzuhalten?

3 Schreibe auch den 2. Teil des Textes in der richtigen Groß- und Kleinschreibung auf.

die großschreibung hilft dem leser

ein satz liest sich nämlich nachweislich schneller, wenn die wichtigen wörter markiert sind. diese wichtigen wörter sind meistens substantive/nomen, und deshalb werden die wörter dieser wortart großgeschrieben. den nutzen haben wir als leser, die mühe allerdings als schreiber. künstler und werbetexter setzen sich oft ganz bewusst über die engen grenzen der schreibung hinweg und erlauben sich einen freieren umgang mit den großen und kleinen buchstaben.

Gleich klingend – ungleich geschrieben

1 Hier hilft weder Mitsprechen noch Ableiten. Schreibe Wortpaare mit gleich klingenden Wörtern aus dem Text heraus. Schreibe so:

- der Wal → Meeressäugetier
- die Wahl → etwas wählen, aussuchen, sich für etwas entscheiden

→ **Seite 225 f.,** Rechtschreibstrategie „Besondere Schreibungen einprägen"

Aus dem Textzusammenhang erklären

Wie wohl in jeder Sprache gibt es auch in der deutschen Sprache Wörter, die gleich klingen, die aber mehrere Bedeutungen haben. Diese Wörter werden oft durch eine unterschiedliche Schreibung voneinander unterschieden.

So kann man den **Wal** (ein Meeressäugetier) von der **Wahl** eines Stadtrates nur als geschriebenes Wort unterscheiden. Die **Saite** einer Gitarre klingt so wie die **Seite** eines Buches. Beim Sprechen hört man zwar keinen Unterschied, aber dem Leser wird sofort klar, ob es sich um das **Lid** eines Auges oder um ein gesungenes **Lied** handelt.

Ebenso wird deutlich, ob ein Maler ein Bild **malt** oder ob der Müller in der Mühle Mehl **mahlt**.

Waisenkinder werden nicht von ihren Eltern, sondern auf andere **Weise** erzogen.

Viele Schreiber widersetzen sich diesen unangenehmen Unterscheidungen. Natürlich kann man sich die Bedeutung eines Wortes meist auch aus dem Textzusammenhang erklären. Wenn man dann die unterschiedliche Schreibung immer wieder übt, gewöhnt man sich daran, und Verwechslungen bleiben die Ausnahme.

Aber eines ist **wahr**: Für jede Schülergeneration **war** und ist es mühselig, sich einen Weg zur richtigen Schreibung zu bahnen.

2 Suche aus dem Text weitere Wörter heraus, deren Schreibung sich nicht ableiten lässt. Unterstreiche die schwierige Stelle, z. B.: wohl, Stadtrat, …

3 Schreibe jeweils einen sinnvollen Satz mit den folgenden Wörtern:

1. hohl – holen
2. lehren – leeren
3. das Mahl – das Mal
4. mehr – das Meer
5. bohren – geboren
6. die Sohle – die Sole
7. sie nahmen – meinen Namen
8. der Wal – die Wahl

4 Schreibe den Text oben als Selbstdiktat ab. Schau dir jeweils einen Teil eines Satzes genau an, präge ihn dir ein, decke ihn ab und schreibe ihn dann auswendig auf. Vergiss die Kontrolle nicht.

Methoden zum Einprägen

→ **Seite 225 f.,** Rechtschreibstrategie „Besondere Schreibungen einprägen"

Präge dir die Wörter in den folgenden Übungen ein. Nutze dazu die vorgeschlagenen Methoden.

1 Wörter mit h Sammle möglichst viele Wörter mit ähnlicher Schreibweise.

1. Kühle, Mühle, Stühle, ...
2. ungefähr, während, jährlich, ...
3. ehrlich, mehr, kehren, ...
4. er empfiehlt, sie befiehlt, ...

TIPP!
Achtung, Plural:
Saal → Säle
Paar → Pärchen

2 Wörter mit aa, oo, ee Nimm die folgenden Wörter in deine Rechtschreibkartei auf, markiere die „Stolperstellen" *aa, oo, ee* und ergänze jeweils den Artikel.

Aal, Saal, Paar, Haar, Saat, Staat, Waage; Boot, Moor, Moos, Zoo; Meer, Heer, Speer, Teer, Schnee, Klee, See, Fee, Tee, Seele, Beere

3 Wörter mit ai Suche Wörter, die mit den folgenden Wörtern zusammengesetzt wurden: *Mais, Laie, Kaiser, Mai, Hai,* z. B.:
Mais → Maiskolben, Maisanbau

4 Wörter mit chs Ordne die Wörter nach dem Alphabet.
Lachs, Wachs, Fuchs, Luchs, Buchsbaum, wechseln, drechseln, Achse, Echse, Verwechslung, Büchse, Ochse, wachsen, erwachsen, Gewächs

5 Wörter mit x Sammle möglichst viele Wörter mit x. Lass sie dir anschließend diktieren, z. B.:
Axt, Nixe, exakt, Text, Praxis, Textilien, Explosion, ...

6 Wörter mit ver-, vor-, viel-, voll- Sammle Wortzusammensetzungen bzw. Ableitungen, z. B.:
verlieren, vorspielen, vielsagend, vollkommen, ...

7 Wörter mit dt Verwende die folgenden Wörter in Sätzen: Hauptstadt, Verwandte, Abgesandte

8 Wörter mit end- oder ent- Schreibe die Wörter auf und ordne sie nach den Vorbausteinen *end-* und *ent-*:
en?lich, en?decken, en?fernen, en?los, en?gültig, en?lassen, en?schuldigen, en?sprechend, En?schluss, En?setzen, En?runde, en?gegen, En?spiel

9 Verwechslungswörter Schreibe die Sätze ab und setze das richtige Wort ein.

1. Betttruhe oder **Bettruhe?**
a) Der Arzt verordnete …
b) Sie kaufte eine alte …

2. Ängste oder **Engste?**
a) Nachts quälen ihn oft …
b) Sie ist mit ihm aufs … verbunden.

3. Bote oder **Boote?**
a) Ein … brachte den Brief.
b) Am Ufer lagen drei …

4. Fälle oder **Felle?**
a) Sie brachte die … einem Händler.
b) Er schilderte die einzelnen …

5. Lehre oder **Leere?**
a) Wir fühlten die gähnende …
b) Sie begann eine interessante …

6. Rad oder **Rat?**
a) Da war guter … teuer.
b) Er fuhr ein tolles …

10 Groß- oder Kleinschreibung? Schreibe den folgenden Text richtig auf.

→ **Seite 225,** Rechtschreibstrategie „Großschreibung von Wörtern"

bis zum lesen und schreiben

kinder lernen das sprechen unterschiedlich schnell. im durchschnitt lassen babys mit zwei Monaten ein erstes lallen ertönen. etwa mit einem halben jahr beginnt die zweite lallphase: „dadada, gaga, jaja". dieses sprechen ähnelt im rhythmus und tonfall bereits der muttersprache.

im alter von zirka neun monaten kann das baby die mundbewegungen bewusst steuern: „mama". loben die eltern das kind dafür, begreift es allmählich, sinnvolle wörter von sinnlosen lautketten zu unterscheiden.

ab etwa einem jahr folgen die ersten wörter. zu beginn werden diese nur für ganz bestimmte personen und dinge verwendet. nur der bestimmte ball ist „balla" – in einer späteren phase kann jeder ball „balla" sein.

ab anderthalb jahren kommt es zu einer regelrechten wortschatzexplosion. in diese zeit fällt das bilden der ersten zwei-wort-sätze und das stellen der ersten fragen. die kinder werden geschickter darin, verben zu beugen und pluralformen zu bilden.

mit etwa drei jahren setzt das zweite fragealter ein; mit vier jahren beherrschen die meisten kinder die grammatischen grundlagen der muttersprache. parallel beobachtet man ein stetiges anwachsen des wortschatzes. das gehirn speichert begriffe, etwa „frosch = tier, quakt, eklig".

die meisten sechsjährigen können dann bereits reimen und wörter in silben zerlegen – wichtige fähigkeiten für das erlernen des lesens und schreibens.

7 Bewerben mit Köpfchen

Ausbildungsplätze

→ **Seite 239,**
Arbeitstechnik „Einen Sachtext lesen und verstehen“

Wir sind ein mittelständisches Unternehmen und fertigen in höchster handwerklicher Qualität Möbel nach Maß.

Zur Verstärkung unseres Teams suchen wir zum nächstmöglichen Zeitpunkt eine/n
TISCHLERGESELLIN/-GESELLEN
für den Möbelbau.

Außerdem stellen wir für die nächste Ausbildungsperiode eine/n Auszubildende/n
MÖBELTISCHLER/IN
ein.

Haben Sie
- eine Vorliebe für den Werkstoff Holz?
- handwerkliches Geschick und Spaß an praktischer Arbeit?
- eine Vorliebe für genaues und akkurates Arbeiten?

Dann senden Sie uns die üblichen Bewerbungsunterlagen.

A. Drenk Innenausbau – Möbelbau
Brehmstraße 23 26446 Friedeburg

HOTEL · RESTAURANT

KNURRHAHN

Hallenbad • Solarium • Sauna

Wir benötigen für unser Team Verstärkung mit Kreativität, Engagement, Flexibilität und Teamgeist:

Koch/Köchin

Auszubildende/n
Restaurantfachfrau/-mann

Schicken Sie uns bis spätestens 1. Juli dieses Jahres Ihre Bewerbung mit handgeschriebenem Lebenslauf.

Hauptstraße 21,
63739 Aschaffenburg

Wir suchen für unsere traditionsreichen Fachgeschäfte für Augenoptik und Optometrie mit Standorten in Frankfurt-Sachsenhausen und Hanau-Großauheim zum Ausbildungsbeginn 20 ... und 20 ... jeweils einen

Auszubildenden zum Augenoptiker (m/w)

Wir bieten Ihnen
- fachlich anspruchsvolle Ausbildung auf höchstem technischen Niveau
- Vermittlung ganzheitlicher optometrischer Lösungs- und Beratungskompetenz
- Befähigung zum selbstständigen Fertigen von Brillen in allen Herstellungsphasen
- Einweisung in professionelle Pflege und Handhabung von Kontaktlinsen
- eine ebenso professionelle wie persönliche Arbeitsatmosphäre

Sie bieten uns
- gutes Verständnis mathematischer und physikalischer Zusammenhänge
- Fähigkeit zu konzentrierter Arbeit
- Spaß an gewissenhaftem Arbeiten
- Blick für Farben und Formen
- ausgeprägte Kundenorientierung und Freude an individueller Beratung von Kunden jeden Alters
- Verantwortungsbewusstsein und den Ehrgeiz, erstklassige Arbeit zu leisten

Konnten wir Ihr Interesse wecken? Dann senden Sie Ihre vollständigen Bewerbungsunterlagen bitte an: Wolfgang Raab, Rochusstr. 17 A, 63457 Hanau. Wir freuen uns, Sie kennen zu lernen!

Ausbildung bei Kauftreff

Steigen Sie ein in ein Unternehmen, das mit über 10.000 Mitarbeiterinnen/Mitarbeitern und mehr als 500 Filialen zu den Führenden im deutschen Lebensmitteleinzelhandel gehört!

Inhalte

Die zweijährige Ausbildung zum Verkäufer (w/m) bereitet Sie auf abwechslungsreiche und verantwortungsvolle Aufgaben vor. Sie lernen die grundlegenden Abläufe kennen, platzieren die Waren im Markt und üben Kassiertätigkeiten aus. Sie übernehmen zunehmend Verantwortung, unter anderem für die Präsentation der Waren im Markt.

Voraussetzungen

- erfolgreicher Schulabschluss
- Freude am Umgang mit Kunden und Lebensmitteln, gute Umgangsformen, gepflegte Sprache
- Interesse an organisatorischen und logistischen Prozessen
- körperliche Belastbarkeit

Ihre Bewerbungsunterlagen

schicken Sie bitte bis zum 1. August online an die unten genannte Adresse.
...

1 Untersucht die unterschiedlichen Stellenanzeigen. Stellt fest,
- wer Ausbildungsplätze anbietet,
- wer angesprochen wird,
- welche Ausbildungsplätze angeboten werden,
- was man über die Ausbildung erfährt,
- welche Voraussetzungen genannt werden,
- wie die einzelnen Bewerbungen angefertigt werden sollen,
- was die Bewerbungsunterlagen enthalten sollen,
- welche Bewerbungsfristen vorgegeben werden.

2 Sammelt weitere Stellenanzeigen.
- Untersucht, welche Angaben diese Anzeigen enthalten und wie sie aufgebaut sind. Nutzt dazu die Fragen aus Aufgabe 1.
- Stellt die Anzeigen in der Klasse vor. Geht dabei auch auf Angaben ein, die in den abgebildeten Anzeigen fehlen, z.B., wenn darin etwas über den Vorteil von Praktika oder über Bewerbungen behinderter Menschen ausgesagt wird.

Anforderungen erfüllen

Ausbildungsbetriebe wurden gefragt, welche Eigenschaften sie zu Beginn einer Ausbildung bei ihren Azubis für zwingend erforderlich halten. Dazu wurde ihnen eine Liste mit Merkmalen vorgegeben. Die folgende Übersicht ist das Ergebnis der Befragung.

→ **Seite 239,** Arbeitstechnik „Ein Diagramm verstehen und auswerten“

→ **Seite 6,** „Höflichkeit macht Schule“

Ausbildungsreife – Was zählt dazu?

Im Folgenden wird angegeben, wie viele der befragten Ausbildungsbetriebe die aufgezählten Eigenschaften zu Beginn einer Lehre für unbedingt erforderlich halten.

bis 29 % der Betriebe

- Kreativität (26 %)
- betriebswirtschaftliche Vorkenntnisse (23 %)
- Grundkenntnisse der englischen Sprache (13 %)

30 – 49 % der Betriebe

- physische Belastbarkeit (49 %)
- Grundkenntnisse im IT-Bereich (47 %)
- schriftliche Ausdrucksfähigkeit (41 %)
- Grundkenntnisse der Längen-, Flächen- und Volumenmaße (39 %)

50 – 79 % der Betriebe

- Problemlösefähigkeit (77 %)
- Flexibilität (76 %)
- Kenntnis der eigenen Fähig- und Fertigkeiten (76 %)
- Frustrationstoleranz (76 %)
- Prozentrechnung (75 %)
- Dreisatzrechnung (71 %)
- psychische Belastbarkeit (71 %)
- Kommunikationsfähigkeit (68 %)
- Wissen über Ausbildungsberufe und Bewerbungsstrategien (67 %)
- Selbstständigkeit (62 %)
- mündliche Ausdrucksfähigkeit (61 %)
- Entwicklungspotential (57 %)
- Teamfähigkeit (56 %)
- Beherrschung der deutschen Rechtschreibung (56 %)
- Selbstsicherheit (50 %)

80 % und mehr der Betriebe

- Zuverlässigkeit (98 %)
- Bereitschaft, zu lernen (98 %)
- Bereitschaft, Leistung zu zeigen (95 %)
- Verantwortungsbewusstsein (94 %)
- Konzentrationsfähigkeit (92 %)
- Durchhaltevermögen (91 %)
- Beherrschung der Grundrechenarten (91 %)
- einfaches Kopfrechnen (91 %)
- Sorgfalt (90 %)
- Rücksichtnahme (89 %)
- Höflichkeit (87 %)
- Toleranz (85 %)
- Fähigkeit zur Selbstkritik (85 %)
- Konfliktfähigkeit (83 %)
- Anpassungsfähigkeit (82 %)
- Bereitschaft, sich in die betriebliche Hierarchie einzuordnen (81 %)

1 Sprecht darüber, welche Eigenschaften und Fähigkeiten in der Übersicht auf Seite 86 an erster Stelle genannt wurden und warum vermutlich gerade diese so wichtig sind.

2 Auf welche der unten genannten Eigenschaften und Fähigkeiten deuten die folgenden Verhaltensweisen hin? Ordne zu, z. B.:

1. Er/Sie braucht keine Hilfe und Anleitung von anderen Menschen, um zu wissen, was zu tun ist und wie es zu tun ist. → Selbstständigkeit → Er/Sie ist selbstständig.

1. Er/Sie braucht keine Hilfe und Anleitung von anderen Menschen, um zu wissen, was zu tun ist und wie es zu tun ist.
2. Er/Sie bleibt auch unter Zeitdruck ruhig und erledigt die jeweiligen Aufgaben unaufgeregt und genauso gut wie ohne Zeitbegrenzung.
3. Er/Sie findet sich schnell in neuen Situationen zurecht. Wenn etwas geschieht, was nicht geplant war, kann er/sie gut darauf reagieren.
4. Er/Sie kann gut zuhören und Informationen verständlich an andere weitergeben. Er/Sie kann andere sehr gut von seinen/ihren Ideen überzeugen.
5. Wenn er/sie etwas mit anderen Menschen verabredet hat, dann macht er/sie es auch unbedingt so.
6. Wenn er/sie von einem Ziel überzeugt ist, dann setzt er/sie sich mit aller Kraft dafür ein. Da ist ihm/ihr keine Mühe zu groß und keine Zeit zu schade.
7. Er/Sie kann gut mit anderen zusammenarbeiten, um eine Aufgabe zu lösen. Er/Sie akzeptiert andere Meinungen und bringt eigene Gedanken in die Gruppe ein.
8. Gibt es neue Apparate, neue Computer, neue Handys oder andere Neuheiten, so ist er/sie nicht zu bremsen. Manchmal erfindet er/sie sogar selbst etwas.

Eigenschaften und Fähigkeiten

Anpassungsfähigkeit – Durchsetzungsvermögen – Geschicklichkeit – Engagement – Flexibilität – Kontaktfreude – Sprachgewandtheit – Lernbereitschaft – logisches Denkvermögen – Organisationstalent – Selbstständigkeit – Zuverlässigkeit – Zielstrebigkeit – Belastbarkeit – Stressunempfindlichkeit – Teamfähigkeit – Überzeugungsstärke – Technikbegeisterung – körperliche Kraft – Selbstbewusstsein – Kreativität

3 Bildet Gruppen und klärt, woran man erkennt, ob jemand über die genannten Eigenschaften und Fähigkeiten verfügt (Seite 86 und 87), z. B.:

Belastbarkeit → Er/Sie ist körperlich absolut fit. So schnell wirft ihn/sie nichts um. Er/sie kommt auch gut mit weniger Schlaf und unregelmäßigen Abläufen zurecht.

Online-Link
zu Berufsbildern
313175-0087

Online-Link
Arbeitsblatt
„Meine starken Seiten“
313175-0087

Ein Bewerbungsschreiben verfassen

1 Untersucht gemeinsam, wie das Bewerbungsschreiben aufgebaut ist. Tragt die wichtigsten Bestandteile zusammen, z. B.: Bewerbungssatz, …

Mirco Schneider
Hans-Mielich-Str. 4
85053 Ingolstadt
Tel.: 0841 3453377
E-Mail: Mschneider@webnet.de

Bäumler GmbH
Stanztechnik – Werkzeugbau
Gerberstr. 25
85053 Ingolstadt

Ingolstadt, 20.05.20 …

Bewerbung um einen Ausbildungsplatz als Werkzeugmechaniker, Fachrichtung Stanz- und Umformtechnik
Ihre Anzeige in den Ingolstädter Nachrichten vom 13. Mai 20 …

Sehr geehrte Frau Bäumler,

nach meinem Schulabschluss im Sommer 20… möchte ich den Beruf des Werkzeugmechanikers, Fachrichtung Stanz- und Umformtechnik, erlernen. Für diese Ausbildung habe ich mich entschieden, da neben dem Bearbeiten von Werkstücken aus Metall und Kunststoff auch das Erstellen von Arbeitsprogrammen für computergesteuerte Werkzeugmaschinen zu den Aufgaben in diesem Beruf gehört.

Mein Vater, der den Beruf Schlosser erlernt hat, hat mich schon früh für das Arbeiten mit Metall begeistert. In der Schule konnte ich mir im Wahlfach Werken einige Metallbearbeitungstechniken aneignen. Mein Ziel ist es, die Metallbearbeitung mit modernen computergesteuerten Maschinen zu erlernen.

Aufgrund meiner guten Noten bin ich sicher, dass ich die Schule mit mittlerem Schulabschluss verlassen werde. Ich würde mich freuen, wenn ich in Ihrem Unternehmen, das zu den bedeutendsten Zuliefererfirmen der Automobilindustrie in Bayern gehört, meine Ausbildung beginnen könnte.

Ich freue mich sehr darauf, von Ihnen zu hören.

Mit freundlichen Grüßen

Mirco Schneider
Mirco Schneider

Anlagen
Lebenslauf
Lichtbild
Zeugnis der 9. Klasse
Praktikumsbescheinigung

TIPP!
Sieh dir dazu das Muster genau an!

2 In Geschäftsbriefen müssen bestimmte Formen eingehalten werden. Bereite ein DIN-A4-Blatt für dein Bewerbungsschreiben vor: Markiere darauf, wo die einzelnen Teile/Abschnitte stehen sollen.

3 Bildet Gruppen und verfasst gemeinsam ein Bewerbungsschreiben zu einer Anzeige eurer Wahl. Geht dabei so vor:

- Teilt jedem Gruppenmitglied zum Formulieren einen der folgenden Abschnitte zu:
  1. Bewerbungssatz
  2. Begründung
  3. Darstellung der augenblicklichen Tätigkeit
  4. Hinweis auf Vorstellungswunsch
- Formuliert unterschiedliche Varianten für euren Abschnitt. Den Bewerbungssatz könnte man z. B. so beginnen:
  Aufgrund Ihrer Anzeige vom … bewerbe ich mich bei Ihnen um einen Ausbildungsplatz als … oder so:
  Vom Berufsberater der Agentur für Arbeit in … habe ich erfahren, dass … Hiermit bewerbe …

TIPP!
Ihr könnt dazu die Anzeigen auf Seite 84 und 85 nutzen.

4 Vergleicht eure Ergebnisse in der Klasse. Welche Formulierungen gefallen euch gut, welche passen nicht? Begründet eure Meinung.

5 Formuliert gemeinsam ein Musterbewerbungsschreiben. Lest Korrektur.

→ **Seite 226,** Arbeitstechnik „Korrektur lesen“

6 Prüft und besprecht, ob euer Musterbewerbungsschreiben aus Aufgabe 5 allen Anforderungen entspricht. Nutzt dazu die Checkliste:

Checkliste: Was gehört in ein Bewerbungsschreiben?
- Sind deine Anschrift und Telefonnummer angegeben?
- Ist das Datum korrekt?
- Sind die Firmenadresse und der Name deines Ansprechpartners richtig geschrieben?
- Ist in der Betreffzeile der Grund für dein Schreiben angegeben?
- Ist die genaue Bezeichnung der Stelle angegeben?
- Ist eine angemessene Grußformel gewählt?
- Wird klar, aufgrund welcher Information du dich bewirbst (Zeitungsinserat, Stellenvermittlung der Agentur für Arbeit, Telefongespräch)?
- Ist der Text verständlich geschrieben?
- Hast du geschrieben, warum dich die Stelle interessiert?
- Stellst du deine besondere Eignung für die Stelle heraus?
- Stimmt der Aufbau (Schriftgröße, Schriftart, Zeilenabstand, Seitenränder)?
- Hat jemand Korrektur gelesen?
- Hast du unterschrieben?

TIPP!
Kopiert das Musterbewerbungsschreiben für alle Mitschülerinnen und Mitschüler.

Online-Link
Arbeitsblatt
„Das Bewerbungsschreiben“
313175-0089

Einen Lebenslauf verfassen

Alina Alexandrowa
Im Rosenbusch 24
89079 Ulm
Tel.: 0163 4416008

Lebenslauf

Mein Name ist Alina Alexandrowa. Ich wurde am 20. Januar 1996 in Fürth geboren.

Ich besuchte von 20... bis 20... die Grundschule in Fürth. Danach zogen meine Eltern aus beruflichen Gründen nach Ulm. Seither besuche ich die Johann-Peter-Hebel-Schule und möchte nach einem guten Hauptschulabschluss im Jahre 20... im Sommer dieses Jahres meinen Realschulabschluss erreichen.

Ich musiziere gern und bin seit zwei Jahren Mitglied im Schulorchester. Im 8. Schuljahr absolvierte ich ein Betriebspraktikum bei dem Holzblasinstrumentenbauer Malte Zander.

Für alle Schülerinnen und Schüler des 9. Jahrganges wurde in unserer Schule ein regelmäßiger Praktikumstag organisiert, den ich ebenfalls in dem oben genannten Betrieb absolvieren konnte.

Ulm, 12.03.20...

Alina Alexandrowa

→ **Seite 235,** Arbeitstechnik „Einen tabellarischen Lebenslauf schreiben“

1 Fertige aus dem abgebildeten ausführlichen Lebenslauf einen Entwurf für einen tabellarischen Lebenslauf an. Vergleiche ihn anschließend mit den Entwürfen deiner Mitschülerinnen und Mitschüler.

Online-Link
zum Lebenslauf
313175-0090

2 Schreibe nun deinen eigenen Lebenslauf in tabellarischer Form. Achte auf die Reihenfolge:
1. persönliche Daten,
2. Schulbildung,
3. besondere Kenntnisse und Hobbys, Qualifikationen.

3 Prüfe anhand der Checkliste auf Seite 91 oben, ob dein Lebenslauf allen Anforderungen entspricht. Korrigiere ihn gegebenenfalls.

Checkliste: Was gehört in einen Lebenslauf?
- Bewerbungsfoto
- Vor- und Zuname
- Anschrift mit Telefonnummer
- E-Mail-Adresse
- Geburtsdatum
- Geburtsort
- Schulausbildung
- Praktika
- besondere Kenntnisse (PC-Kenntnisse, Sprachen)
- Hobbys
- Ort/Datum
- Unterschrift

Online-Link
Arbeitsblatt
„Der Lebenslauf“
313175-0091

4 EXTRA Viele Firmen gehen dazu über, Online-Bewerbungen zu fordern oder zumindest zu ermöglichen. Man kann entweder ein Bewerbungsformular online ausfüllen oder man versendet die Bewerbung als E-Mail. Notiere, welche Vor- und Nachteile du darin siehst.

→ **Seite 93, 234,** Arbeitstechnik „Sich online bewerben“

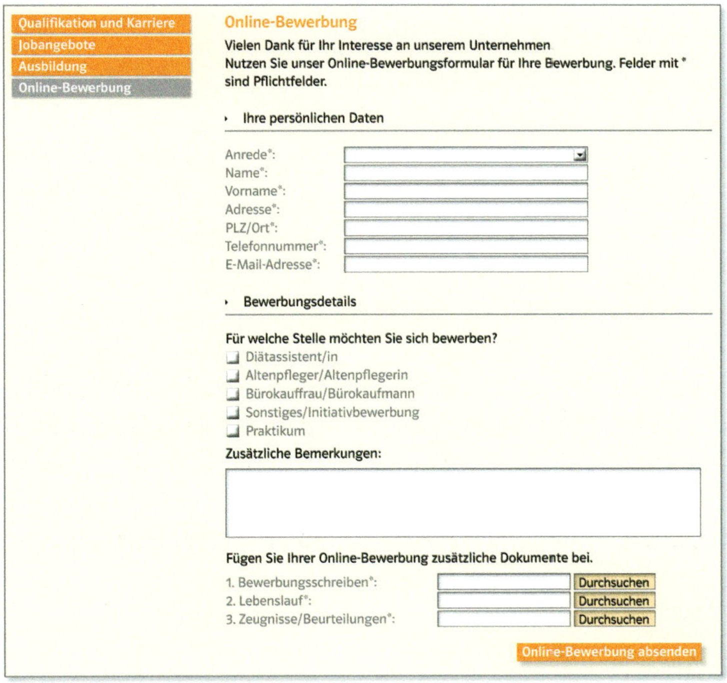
Qualifikation und Karriere
Jobangebote
Ausbildung
Online-Bewerbung

Online-Bewerbung

Vielen Dank für Ihr Interesse an unserem Unternehmen
Nutzen Sie unser Online-Bewerbungsformular für Ihre Bewerbung. Felder mit * sind Pflichtfelder.

Ihre persönlichen Daten

Anrede*:
Name*:
Vorname*:
Adresse*:
PLZ/Ort*:
Telefonnummer*:
E-Mail-Adresse*:

Bewerbungsdetails

Für welche Stelle möchten Sie sich bewerben?
- Diätassistent/in
- Altenpfleger/Altenpflegerin
- Bürokauffrau/Bürokaufmann
- Sonstiges/Initiativbewerbung
- Praktikum

Zusätzliche Bemerkungen:

Fügen Sie Ihrer Online-Bewerbung zusätzliche Dokumente bei.
1. Bewerbungsschreiben*: Durchsuchen
2. Lebenslauf*: Durchsuchen
3. Zeugnisse/Beurteilungen*: Durchsuchen

Online-Bewerbung absenden

TIPP!
Du kannst dazu das Arbeitsblatt ausdrucken und ausfüllen. Nutze den Online-Link.

Online-Link
Arbeitsblatt
„Online-Bewerbung“
313175-0091

5 EXTRA Verfasse einen Entwurf für eine vollständige Online-Bewerbung, die per E-Mail versendet werden soll.

Eine Online-Bewerbung erstellen

→ **Seite 239,**
Arbeitstechnik
„Einen Sachtext
lesen und verstehen“

Betreuerinnen und Betreuer für Ferienfreizeiten gesucht

Unsere Angebote für Kinder und Jugendliche von 6 bis 14 Jahren:

Stadtranderholung, Tagesfahrten, Spielaktionen, Ferienfreizeiten im Rahmen unserer Städtepartnerschaften

Betreuerprofil:

Ihr solltet mindestens 15 Jahre alt sein, Verantwortung übernehmen können und Selbstbewusstsein besitzen.
Man braucht gute Nerven und pädagogisches Geschick.
Ihr solltet über großes Einfühlungsvermögen verfügen und eine vertrauenerweckende Persönlichkeit sein. Natürlich gehören auch eine hohe Belastbarkeit und Frustrationstoleranz dazu. Die Lust auf intensive Arbeit mit Kindern ist Grundvoraussetzung für diesen Job.

Ihr betreut die Kinder von der Begrüßung über die Betreuung vor Ort bis zur Verabschiedung – wenn es sein muss auch 24 Stunden am Tag.
Für die einzelnen Maßnahmen sind unterschiedliche Kenntnisse und Fähigkeiten erforderlich: Sprachkenntnisse (Englisch oder Französisch), Kanufahren, Anleiten von Spielen, Basteln, Rettungsschwimmerabzeichen, Organisieren von Campingfreizeiten, Kochen usw.

Ehrenamtliche Tätigkeit ist ein Pluspunkt in jeder Bewerbung.

Wir bieten:

Aus- und Fortbildungskurse für Betreuerinnen und Betreuer, ein kleines Honorar und jede Menge Spaß und Erfahrungen

Interesse?

Dann bewerbt euch anhand unseres Online-Bewerbungsformulars bei der Firma „Kind-ist-König“ GmbH zu Händen Frau Muster.

1 Analysiere diese Anzeige:
- Liste auf, welche Eigenschaften und Fähigkeiten gefordert werden.
- Begründe jeweils, weshalb man diese braucht, um in dem angebotenen Job erfolgreich zu sein, z. B.:

1. Verantwortung übernehmen können → Die anvertrauten Kinder müssen so beschäftigt werden, dass Gefahren ausgeschlossen und Unfälle vermieden werden.

2 Verfasse eine E-Mail, mit der du dich bei der Firma „Kind-ist-König“ um den Job als Betreuerin/Betreuer für Ferienfreizeiten bewirbst. Berücksichtige dabei die Hinweise in der folgenden Arbeitstechnik.

Arbeitstechnik

Sich online bewerben

1. Die E-Mail-Bewerbung entspricht im Großen und Ganzen der herkömmlichen Bewerbung.
2. Verwende eine Online-Bewerbung nur, wenn dies ausdrücklich gewünscht ist.
3. Nutze für deine Bewerbung angebotene Onlineformulare.
4. Wenn in der Anzeige eine Formulierung wie „Bewerbungen können online eingereicht werden“ verwendet wird, schicke am besten auch eine herkömmliche Bewerbung per Post.
5. Lies die Anzeige genau:
   - Sind Anlagen gewünscht oder sollen sie per Post verschickt werden?
   - Welches Format soll die E-Mail haben (nur Text oder HTML)?
   - Mit welchen Programmen sollen die Anhänge erstellt werden (Word, PDF)?
6. Speichere die Online-Bewerbung auf jeden Fall ab.
7. Kontrolliere regelmäßig dein E-Mail-Postfach, damit du die Antwort auf deine Bewerbung rechtzeitig siehst.

→ **Seite 91,** Abbildung eines Beispiels

3 Schickt euch eure Bewerbungen aus Aufgabe 2 per Mail gegenseitig zu. Wertet anschließend eure Erfahrungen aus und ergänzt gegebenenfalls die Arbeitstechnik durch weitere Hinweise.

Schlechte Karten

→ **Seite 6 ff.,** „Höflichkeit macht Schule“

→ **Seite 88,** Muster für ein Bewerbungsschreiben

1 Besprecht, warum man mit diesem Bewerbungsschreiben „schlechte Karten“ hat.

Bewerbungsschreiben

Liebe Chefin,
heute habe ich viel Zeit, und da dachte ich mir, ich schreibe ✎ einmal dieses Bewerbungsschreiben.
Da ich ja nun bald die Schule verlassen muss, möchte ich mich bei ✎ um eine Ausbildungsstelle bewerben. Vielleicht haben ✎ ja eine passende Arbeit für mich. Aber sie sollte nicht zu anstrengend sein!
Denn, wie ✎ bestimmt von ✎ Sekretärin wissen, bin ich sehr sensibel.
Bei meinem letzten Besuch hab ich mich auch in ✎ Büro umgeschaut.
Ich hoffe, dass ✎ nichts dagegen haben.
Die Gardinen im Büro ✎ Sekretärin finde ich schöner. Ich finde, sie leuchten freundlicher als die in ✎ Zimmer. Und da ich Dekorateur werden will, muss ich dies ja auch bemerken. Finden ✎ nicht?
Sollten ✎ oder ✎ Mitarbeiter mir noch Fragen stellen wollen, so biete ich ✎ an, am kommenden Freitag wieder vorbeizuschauen.

Liebe Grüße
✎ Leo

2 Setze in den Text die passenden Anredepronomen ein.

Merke

Anredepronomen
Die höfliche Anrede *Sie, Ihr, Ihnen, …* wird großgeschrieben.

TIPP!
Du kannst auch ein Wörterbuch nutzen.

3 Schreibe die folgenden Eigennamen richtig auf:

deutsche bank – frankfurter zeitung – deutsche bahn – gasthaus zum wilden eber – kurklinik das grüne herz – ferienwohnung am großen arber

Merke

Eigennamen und geografische Namen werden großgeschrieben.

Merke

das = Artikel oder Pronomen; **dass** = Konjunktion

→ **Seite 216,** Relativpronomen; Konjunktionen

4 Schreibe die Sätze ab und setze *dass* oder *das* ein.

Ich bin überzeugt, ✎ ihr ✎ könnt! Die Überprüfung zeigt, ✎ ✎ immer besser wird. Wer jedoch meint, ✎ Lernen nichts bringt, der bekommt schlechte Noten. Ich verstehe nicht, ✎ ✎ mit dem ✎ und dem ✎ so schwer sein soll. ✎ ist eine Konjunktion und ✎ ist ein Artikel.

Merke

Ziffern und **Abkürzungen** sind leichter zu lesen und zudem auch noch zeitsparend.

5 Schreibe die folgenden Beispiele auf und verwende sie in einem Satz.

18-jährig | 3/4-Takt | 32-seitig | 400-m-Lauf | 100-prozentig | 6:2-Niederlage | 2-bis 3-mal

6 Wofür stehen die folgenden Abkürzungen und was bedeuten sie? Notiere, z. B.: WWF = World Wide Fund for Nature, das ist der Name für …

WWF | EKG | EDV-Programm | WWW

TIPP!
Nutze ein Wörterbuch.

7 EXTRA Leite aus den folgenden Beispielen Regeln für das Schreiben von Straßennamen ab:

Rainer-Maria-Rilke-Promenade
Bahnhofstraße
Brandenburger Straße
In der Au
Obere Schlossgasse
Ringelblumenweg
Hauptstraße
Berliner Platz
Friedrich-Ebert-Straße
Breite Straße

TIPP!
Du kannst auch in einem Wörterbuch nachschlagen, wenn du unsicher bist.

8 EXTRA Schreibe die folgenden Straßennamen richtig auf:

poststraße – amwarmbacherhof – freiherrvonsteinstraße

→ **Seite 225,** Schreibung von Eigennamen

Rechtschreibung o.k.?

1 Überarbeite den folgenden Abschnitt aus einem Bewerbungsschreiben. Achte auf Rechtschreibung, Grammatik und Satzbau.

Nach meinen Schulabschluss möchte ich gerne mich als Auszubildende in Ihr Unternehmen einbringen.
Von der Tätigkeit von einer Kauffrau für Bürokommunikation habe ich bereits im Berufsbildungszentrum informiert.
Dabei wurde mir klar, dass die Tätigkeiten von einer Bürokauffrau gut zu mir passt.
Wenn Ihnen meine Bewerbung und mein Zeugnis zusagt, würde ich gerne mich in einem Gespräch persönlich vorstellen.

2 ***das* oder *dass*?** Setze richtig ein, z. B.:

1. Ich habe erfahren, dass in Ihrem Unternehmen noch Ausbildungsplätze frei sind.

→ **Seite 108 f.,** Nebensätze

1. Ich habe erfahren, ✎ in Ihrem Unternehmen noch Ausbildungsplätze frei sind.
2. Ich habe festgestellt, ✎ es ✎ Richtige für mich ist.
3. ✎ Zeugnis, ✎ ich beigefügt habe, zeigt, ✎ meine Stärken in Mathematik und Physik liegen.
4. Ich weiß, ✎ dieser Beruf ein großes Wissen erfordert, ✎ ich mir gerne aneignen will.
5. Das Praktikum, ✎ ich im vergangenen Jahr absolviert habe, hat mir gezeigt, ✎ mir die Arbeit mit Kindern sehr viel Freude bereitet.
6. All ✎ macht mir großen Spaß.
7. Ich denke, ✎ ich ✎ Niveau, ✎ für diesen Job notwendig ist, erreichen werde.
8. Mir gefällt, ✎ man ✎ alles selbstständig ausführen darf.

3 Korrigiere die unterstrichenen Straßennamen, z. B.:

1. … in der Langen Gasse 1.

1. Er wohnt in der <u>langengasse</u> 1.
2. Das Geschäft befindet sich auf dem <u>hansalbersplatz</u>.
3. Die Filiale ist in der <u>kastanienallee</u> zu finden.
4. Sie wohnt in der <u>prenzlauerpromenade</u> 2.
5. Die Firma befindet sich <u>unterdenlinden</u> 34.
6. Unsere Straße heißt <u>amstechberg</u>.

4 Setze in den folgenden Text die richtigen Präpositionen ein, z. B.:
Als Auszubildender (w/m) übernehmen Sie bei uns schon früh verantwortungsvolle Aufgaben.

→ **Seite 230,** Verben mit festen Präpositionen (Übersicht)

bei · für · zum · mit · im · während · über · bis · von

Verantwortung übernehmen

Als Auszubildender (w/m) übernehmen Sie ☐ uns schon früh verantwortungsvolle Aufgaben. Zum Beispiel haben Auszubildende ☐ Kaufmann (w/m) ☐ Einzelhandel die Möglichkeit, bereits ☐ ihrer Ausbildung ☐ zwei Wochen gemeinsam ☐ anderen Auszubildenden das komplette Tagesgeschäft einer unserer Filialen zu leiten – ☐ der Warenbestellung ☐ die Personalplanung ☐ zum Kassenabschluss.

5 **Groß oder klein?** Schreibe die Sätze ab. Entscheide dabei jeweils, ob die unterstrichenen Pronomen groß- oder kleingeschrieben werden müssen, z. B.:
1. Ich bewerbe mich in Ihrem Unternehmen um einen Ausbildungsplatz …

→ **Seite 225,** Rechtschreibstrategie „Großschreibung von Wörtern“

1. Ich bewerbe mich in IHREM Unternehmen um einen Ausbildungsplatz als „Fachkraft für Lagerlogistik“.
2. Aus IHRER Stellenanzeige habe ich erfahren, dass SIE motivierte junge Leute in IHRER Firma einstellen, die IHRE Fähigkeiten und IHR Wissen in IHR Unternehmen einbringen wollen.
3. Ich würde mich freuen, wenn SIE mich zu einem Gespräch in IHRE Firma einladen würden.
4. Ich freue mich, dass SIE meine Bewerbungsunterlagen gelesen haben und SIE IHNEN zusagen.
5. Ich weiß, dass die Tätigkeiten in IHREM Betrieb hohe Anforderungen stellen, bin aber überzeugt, dass ich IHNEN gerecht werden kann.
6. Ich habe Zeugniskopien beigefügt; SIE finden SIE in der Anlage.
7. Bei IHREM Angebot gefällt mir, dass SIE großen Wert auf Teamarbeit und Fairness legen.
8. Ich habe in IHRER Firma bereits ein Praktikum absolviert. Die Arbeit in IHREM Labor hat mir viel Spaß gemacht.
9. SIE haben mir mitgeteilt, dass ich IHNEN den ausgefüllten Antrag zuschicken soll. Ich sende IHN IHNEN in der Anlage zu.

8 Rein in die Praxis!

Wer ein Betriebspraktikum oder sogar mehrere Praktika absolviert hat, kann besser einschätzen, was im Berufsleben auf ihn zukommt. Bei einer Bewerbung um einen Ausbildungsplatz sind Praktika ein großes Plus für die Bewerberin oder den Bewerber, denn Ausbildungsbetriebe können daran erkennen, dass sich die Bewerber bereits damit auseinandergesetzt haben, welche Berufe zu ihnen passen könnten.

Mein Betriebspraktikum
Isabel Schellin

bei Herrn Dr. Wolfgang Stüwe
Facharzt für Chirurgie,
Unfallchirurgie

Inhalt:

1. Bewerbungsschreiben
2. Mein „Steckbrief"
3. Das erwarte ich von meinem Praktikum
4. Die Erwartungen meines Betriebes
5. Hinweise des Gesundheitsamtes
6. Tagesablauf als Schülerin/Praktikantin
7. Praktikumstagebuch vom 30.05. bis 10.06.20..
8. Berufstypischer Arbeitsvorgang: Das Anlegen einer Schiene
9. Sicherheitsvorkehrungen am Arbeitsplatz
10. Ausbildungsplan
11. Fragebogen nach Beendigung des Praktikums
12. Abschlussbericht

Meine Praktikumsmappe

Sinan Aladağ
Als Kfz-Mechaniker im Meisterbetrieb

Inhaltsverzeichnis		Seite
1	Angaben zum Praktikum	1
2	Sicherheitskennzeichen am Arbeitsplatz	2
3	Tagesberichte	3
4	Berufstypische Arbeitsvorgänge	8
4.1	Reifen montieren	8
4.2	Zahnriemen wechseln	9
5	Routineaufgaben des Betriebes	10
5.1	Große Inspektion und kleine Inspektion	11
5.2	Urlaubs-Check	12
5.3	Winter-Check und Sommer-Check	13
6	Schüler/Praktikant	14
6.1	Tagesablauf als Schüler	14
6.2	Als Praktikant in einem Handwerksbetrieb	15
7	Ausbildungsplan	16
8	Fragebogen nach Beendigung des Praktikums	18
9	Abschlussbericht	20

→ **Seite 70 ff.,** Portfolio

1 Du hast bereits unterschiedliche Sammelmappen kennen gelernt. Hier sind zwei unterschiedliche Praktikumsmappen abgebildet. Vergleiche die Deckblätter und die Inhaltsverzeichnisse miteinander:
- Welche Berufe haben die Praktikanten kennen gelernt?
- Wie haben sie ihre Mappen angelegt: Reihenfolge, Nummerierungen, ...?

2 Tauscht euch darüber aus, wie ihr eure Praktikumsmappen gliedern und gestalten könntet.

Ausbildungspläne analysieren

1 Diesen Auszug aus dem Ausbildungsplan hat ein Praktikant in seinem Praktikumsbetrieb erhalten. Suche wichtige Informationen heraus und notiere:
- wie lange die Ausbildung dauert,
- warum eine Zwischenprüfung durchgeführt wird,
- welche Schwerpunkte die Ausbildung umfasst,
- welche Betriebe Kfz-Mechatroniker/innen ausbilden,
- wie hoch die Ausbildungsvergütung in den einzelnen Ausbildungsjahren ist.

→ **Seite 239,**
Arbeitstechnik „Einen Sachtext lesen und verstehen"

Berufskurzinformation – Kfz-Mechatroniker/-Mechatronikerin

Ausbildung

Kfz-Mechatroniker/in ist ein anerkannter Ausbildungsberuf nach dem Berufsausbildungsgesetz (BBiG).

Dauer: Die Ausbildung dauert 3 ½ Jahre.

Zwischenprüfung: Zur Ermittlung des Ausbildungsstandes wird nach dem 2. Ausbildungsjahr eine Zwischenprüfung durchgeführt.

Ausbildungsberufsbild: Gegenstand der Ausbildung sind Fähigkeiten und Kenntnisse aus den Bereichen
- Arbeitsrecht, Sicherheit und Umweltschutz,
- Planen und Steuern von Arbeitsabläufen,
- Messen und Prüfen,
- Montieren und Demontieren sowie Instandhalten mechatronischer Systeme.

Vergütung: Kfz-Mechatroniker/innen werden in Betrieben, die der Handwerkskammer angehören, ausgebildet und erhalten von den Unternehmen eine monatliche, tariflich festgelegte Ausbildungsvergütung:

1. Ausbildungsjahr	2. Ausbildungsjahr	3. Ausbildungsjahr	4. Ausbildungsjahr
422,18 €	479,75 €	556,51 €	594,89 €

2 Übertrage die Informationen aus dem folgenden Text in eine Tabelle, orientiere dich dabei an den Berufskurzinformationen zum Kfz-Mechatroniker/zur Kfz-Mechatronikerin auf Seite 99, z. B.:

Berufskurzinformation – Medizinische/r Fachangestellte/r

Ausbildung
Der Beruf der/des ...

Dauer
...

→ **Seite 239,** Arbeitstechnik „Einen Sachtext lesen und verstehen"

Berufskurzinformation: Ausbildung zur/zum Medizinischen Fachangestellten

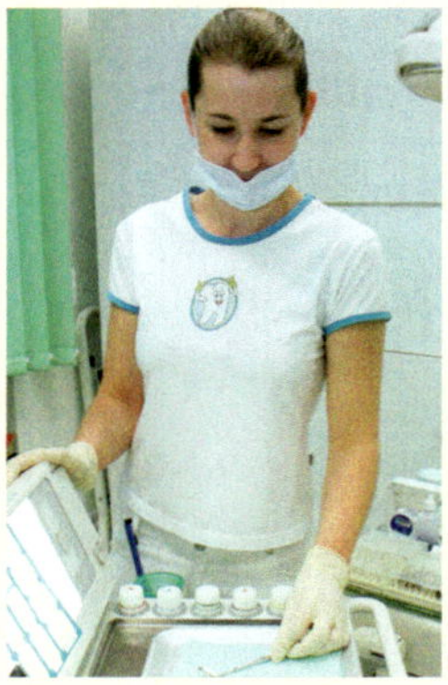

Der Beruf der/s Medizinischen Fachangestellten ist ein anerkannter Ausbildungsberuf nach dem Berufsbildungsgesetz. Der Grundberuf wird ohne Fachrichtung und Schwerpunkte angeboten. Um den Beruf erlernen zu können, benötigt man mindestens einen Hauptschul-, besser aber einen Realschulabschluss.

Während der Ausbildung müssen verschiedene Kenntnisse und Fertigkeiten erworben werden:

- Die Medizinischen Fachangestellten betreuen die Patienten.
- Sie assistieren dem Arzt bei Untersuchungen und kleinen Behandlungen sowie bei kleinen Eingriffen am Patienten. Wenn notwendig, wiegen und messen sie die Patienten, legen Verbände an, bereiten Spritzen vor oder nehmen Blut für Laboruntersuchungen ab.
- Ebenso gehört zu ihren Aufgaben das Bedienen und Pflegen medizinischer Geräte und Instrumente.
- Sie organisieren aber auch in Absprache mit dem Arzt den Praxisablauf und erledigen Verwaltungs- und Abrechnungsarbeiten.

Die Ausbildung dauert drei Jahre.

Als Vergütung erhalten die Medizinischen Fachangestellten durchschnittlich im 1. Ausbildungsjahr 476,00 €, im 2. Ausbildungsjahr 516,00 € und im 3. Ausbildungsjahr 560,00 €.

Berufstypische Arbeitsvorgänge beschreiben

1 Lies auf den Seiten 98 und 100 nach, welche berufstypischen Tätigkeiten Isabel während ihres Praktikums kennen gelernt hat.

2 Stelle fest, wie der folgende Text aufgebaut wurde.

→ **Seite 239,** Arbeitstechnik „Einen Sachtext lesen und verstehen"

Berufstypischer Arbeitsvorgang

Thema:
Das Anlegen einer Schiene

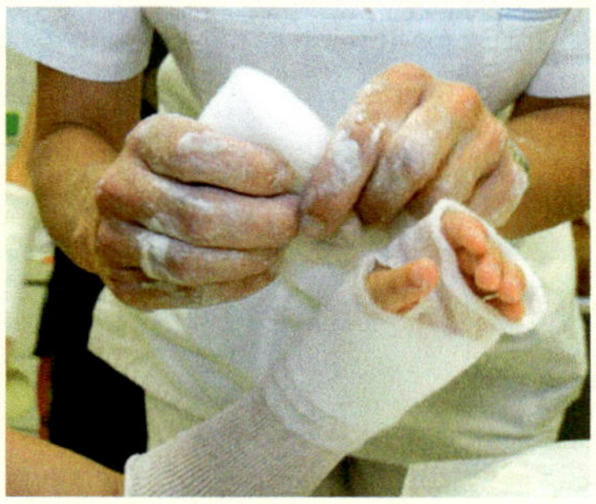

Material:
- eine Gipsschiene (groß oder klein, je nach Verletzung verschieden)
- etwas Wasser
- Verband (meistens selbsthaftend)
- Papiertücher

Arbeitsschritte:
1. Gipsschiene auspacken und anfeuchten
2. mit Papiertüchern die Gipsschiene trocknen, aber etwas Nässe in der Schiene lassen
3. die Gipsschiene unter den verletzten Bereich legen
4. den Verband nicht zu stramm von unten nach oben wickeln
5. wenn die Schiene zu lang ist, zurechtschneiden oder umknicken
6. Verband vorsichtig andrücken

Beschreibung:
Zuerst muss man die für den Patienten passende Gipsschiene heraussuchen und sie anschließend auspacken. Danach wird die Schiene kurz in ein Wasserbecken gelegt, um sie zu durchfeuchten. Bevor sie dann …

Unfallgefahren/Besonderheiten:
Der Verband darf auf keinen Fall zu stramm angezogen werden, da sonst die Gefahr besteht, dass die Blutversorgung gestört wird.

3 Verfasse jetzt mithilfe der sechs Arbeitsschritte, die in dem Text aufgezählt werden, eine vollständige Beschreibung. So kannst du beginnen:
Zuerst sucht man die passende Gipsschiene heraus. Dabei muss man darauf achten, dass …
Danach …

→ **Seite 236,** Arbeitstechnik „Einen Vorgang beschreiben"

→ **Seite 216 f.,** Konjunktionen, Adverbien

Und am Ende steht ein Bericht

Am Ende eines Praktikums musst du einen Abschlussbericht schreiben. Manchmal wird zusätzlich das Ausfüllen eines Fragebogens verlangt.

1 Besprecht, welchen Nutzen die Praktikanten, die Schule und der Betrieb aus den Angaben eines solchen Fragebogens ziehen können.

Name: ______ **Praktikumsplatz:** ______

1. Welchen Beruf konntest du kennen lernen:
______
______

2. Welche anderen Berufe hast du kennen gelernt?
______
______

3. Fiel dir die Umstellung von der Schule auf das Arbeitsleben schwer?
☐ ja ☐ nein
Wenn ja: Woran lag das?
______
______

4. Wurde bei der Praktikumsvorbereitung alles ausreichend berücksichtigt?
☐ ja ☐ nein
Wenn nein: Auf welche wichtigen Dinge hättest du dich besser vorbereiten sollen?
______
______

5. Entsprach das Praktikum deinen Erwartungen?
☐ ja ☐ zum Teil ☐ nein
Wenn zum Teil oder nein: Was hast du dir anders vorgestellt?
______
______
______

6. Hast du bei deinem Praktikum bemerkt, dass in deinem Schulwissen noch Lücken bestehen, die du unbedingt füllen musst?
☐ ja ☐ nein
Wenn ja: Welche?
______
______

7. Würdest du deinen Praktikumsberuf nach deinen Erfahrungen in die engere Berufswahl ziehen?
☐ ja ☐ nein
Wenn ja: Hast du im Hinblick auf deine Ausbildung in deinem Praktikumsbetrieb schon Vorgespräche geführt?
☐ ja ☐ nein
Wenn ja: Welche?
______
______

8. Wie beurteilst du die Betreuung durch die Schule?
______
______

9. Bist du – insgesamt gesehen – mit dem Ablauf deines Praktikums zufrieden? Welche Verbesserungsvorschläge hast du, was hätte anders sein können bzw. müssen?
______
______
______

2 Tragt zusammen, welche Informationen ein Abschlussbericht eurer Meinung nach enthalten sollte, z. B.:
- Name, Zeitraum …
- Beruf, den man kennen lernen konnte, …
- …

Online-Link
Hörverstehen
313175-0103

Abschlussbericht

Die Gerhart-Hauptmann-Schule in Neustadt organisierte für alle Schülerinnen und Schüler der Klassen 9 vom 09.05. bis 20.05.2011 ein Betriebspraktikum. Ich führte mein Praktikum in der chirurgischen Praxis von Herrn Dr. Stüwe durch.

Während dieser Zeit lernte ich den Beruf der Arzthelferin genauer kennen. Der Arzt und die Mitarbeiter bemühten sich sehr, mir alle Arbeiten, die in diesem Beruf verlangt werden, zu zeigen. Viele Tätigkeiten durfte ich auch unter Anleitung selbst ausführen, z. B. Anmeldungen entgegennehmen, Geräte zureichen, Geräte säubern u. v. m. Damit hatte ich nicht gerechnet, da ich geglaubt hatte, lediglich den anderen zusehen zu dürfen.
Die ersten Arbeitstage fielen mir doch recht schwer, denn es war für mich ungewohnt, so lange ohne Pause auf den Beinen zu sein. Aber nach einigen Tagen hatte ich mich daran gewöhnt.
Auch hatte ich zuerst Mühe, mich immer wieder zu konzentrieren:
- Man muss den Patienten gegenüber stets freundlich sein und sich ihre Wünsche geduldig anhören.
- Beim Ausfüllen der Karteien dürfen keine Fehler unterlaufen usw.

Doch die anderen Mitarbeiter unterstützten mich zu jeder Zeit.

Insgesamt gefiel mir das Praktikum sehr gut und ich kann mir jetzt vorstellen, den Beruf einer Arzthelferin zu erlernen. Im Abschlussgespräch bestärkte mich Dr. Stüwe auch in diesem Vorhaben.

Isabel Schellin

WER

Wann? Was? Wo?
Berufsbild
Tätigkeiten
Vorstellung Praktikum
Probleme
Anforderungen
Schluss

3 Besprecht, wie ein Abschlussbericht aufgebaut werden muss, z. B.:
- Einleitung: Name der Schule des Praktikanten, …
- Hauptteil: Die Tätigkeiten …
- …

Orientiert euch dabei an dem Bericht von Isabel.

→ **Seite 239,** Arbeitstechnik „Einen Sachtext lesen und verstehen“

→ **Seite 235,** Arbeitstechnik „Einen Bericht schreiben“

4 EXTRA Schreibe einen Abschlussbericht zu deinem Praktikum.

Praktikumserfahrungen

1 Überfliege den Praktikumsbericht einer Schülerin und beantworte die W-Fragen (Wer? Was? Wann? Wo? Warum?).

Online-Link
Hörverstehen
313175-0104

Abschlussbericht

Weil ich mich sehr für Kunst, Kultur und Bildung interessiere, hatte ich mich zuerst um ein Praktikum in unserer Buchhandlung bemüht, aber keine Stelle bekommen, da ich mit meiner Bewerbung zu spät gekommen war. Dann habe ich mich um ein Praktikum in unserem Stadttheater beworben. Leider wurde hier gerade kein Schülerpraktikum angeboten.
Seit einiger Zeit habe ich auch mit dem Gedanken gespielt, vielleicht Lehrerin zu werden. Deshalb entschied ich mich dann für ein Praktikum in der Vorschulklasse der 12. Grundschule am Rain, um zu prüfen, ob ich für diesen Beruf geeignet bin.
Dieses Praktikum habe ich vom 28.5. bis 19.6.2011 absolviert. Gleich am ersten Tag hatte ich mit der Schulleiterin ein Einführungsgespräch, in dem ich wichtige Informationen sowohl über die Schule als auch über die Praktikumsorganisation erhielt:
Die Schule war 1976 gegründet worden. Zurzeit wird sie von 515 Schülerinnen und Schülern besucht. An ihr unterrichten 28 Lehrerinnen und Lehrer, drei von ihnen sind noch Referendare.
Ich erhielt die Aufgabe, die Vorklassenleiterin bei der Betreuung und Beaufsichtigung von Kindern einer Vorschulklasse zu unterstützen.
Meine Arbeitszeit begann täglich um 7.30 Uhr und endete um 13.30 Uhr. Manchmal blieb ich aber freiwillig auch noch eine halbe Stunde länger in der Schule. Die Vorschulklasse wurde von 19 Kindern – 13 Jungen und 6 Mädchen – besucht. Sieben Kinder hatten einen Migrationshintergrund. Diese hatten – bis auf eine Ausnahme – auch nicht mehr sprachliche Probleme als manche deutsche Kinder.
Ich habe nach einem festen Wochenplan mit den Kindern gearbeitet: Ich habe mit ihnen gebastelt, geschrieben und mit ihnen malen geübt, mit ihnen gesungen, gespielt und ihnen ganz viel vorgelesen. An zwei Tagen haben wir eine längere „Exkursion“ durch die Stadt gemacht. Ich war sehr erstaunt, wie wissbegierig die Kinder in diesem Alter schon sind. Sie haben manchmal Fragen gestellt, die ich auch nicht sofort beantworten konnte. Dann fanden sie es gut, wenn ich zugab, dass ich mich selbst erst informieren müsse.
Vom ersten Arbeitstag an haben mich die Kinder als jemanden anerkannt, auf den sie hören müssen, dem sie vertrauen wollen und von dem sie auch Gerechtigkeit erwarten. Die Kinder waren immer sehr um meine Sympathie bemüht. Das hat mich manchmal richtig stolz gemacht!

Bei den Beschäftigungen ist mir aufgefallen, dass sich Kinder dieses Alters nur sehr kurze Zeit auf eine Sache konzentrieren können. Man muss sich also ständig etwas Neues einfallen lassen, damit sie interessiert und aufmerksam sind. Sonst war es mit dem „Gehorchen“ vorbei. Das war zeitweise, besonders am Anfang des Praktikums, anstrengender, als ich es mir vorgestellt hatte. Auch nicht jede Beschäftigung ist mir voll geglückt, da musste erst die Vorklassenleiterin einschreiten, um wieder Ruhe und Ordnung herzustellen.

Mit den Lehrern der Schule habe ich oft über den Lehrerberuf gesprochen. Die meisten Lehrer meinten, dass der Beruf zwar sehr anstrengend sei, aber dafür auch viel Abwechslung biete. In der Grundschule sehe man die Ergebnisse der Arbeit, die Lernfortschritte ganz deutlich. Das gebe ein Gefühl der Befriedigung.

Dabei tauchte auch die Frage auf, wie angesehen der Lehrerberuf heute in der Öffentlichkeit ist. Manche Lehrer waren sehr enttäuscht, dass die großen Anstrengungen, die in diesem Beruf notwendig sind, in den Medien manchmal nicht genügend gewürdigt werden. Manchmal heißt es sogar, Lehrer seien Faulpelze. Solche Aussagen sind falsch und beeinträchtigen die Arbeitsfreude sehr.

Eine Beobachtung will ich allerdings auch nicht verschweigen: Völlig überrascht hat mich die Gewaltbereitschaft, die Aggressivität und Brutalität unter Schülern der 4. Klassen während der Hofpausen. Einige Male musste ich zusehen, wie Schüler voller Wut aufeinander losgingen und dass sie nur schwer wieder getrennt und beruhigt werden konnten. In solchen Momenten hat mir der Lehrerberuf überhaupt nicht gefallen, weil ich mich ziemlich hilflos gefühlt habe.

Insgesamt hat mir das Praktikum in der Vorschulklasse sehr viel gegeben. Ich sehe jetzt viel besser die schönen und weniger angenehmen Seiten des Lehrerberufes. Ich kann auch meinen Berufswunsch viel besser einordnen. Deshalb würde ich mich freuen, wenn ich im nächsten Schuljahr wieder ein ähnliches Praktikum machen und meine Erfahrungen vertiefen könnte.

Anne Meyer

2 Lies den Bericht nun genau und gib jedem Abschnitt eine Überschrift, z. B.: 1. Zeilen 1 bis 9: Gründe für die Wahl des Praktikumsplatzes, ...

→ **Seite 239,** Arbeitstechnik „Einen Sachtext lesen und verstehen“

3 Fasse den Inhalt des Berichts mit eigenen Worten zusammen.

4 Das Praktikum in der Vorschule sei für sie sehr wichtig gewesen, schreibt die Schülerin, weil sie nun ihren Berufswunsch besser einordnen könne (Zeile 63 ff.). Schreibe auf, wie du die Aussage verstehst.

Arbeitsschutz muss sein

→ Seite 223 f., zusammengesetzte Sätze; Zeichensetzung

1 Lies den ersten Teil des Textes zur Geschichte des Arbeitsschutzes. Die Reihenfolge der Sätze stimmt hier jedoch nicht. Stelle fest, in welcher Reihenfolge sie stehen müssen. Dabei helfen dir die folgenden Satzmuster:

1. NS, HS. 2. HS, NS. 3. NS, NS, HS. 4. HS. 5. HS, NS, HS.

Schreibe so: *Der erste Satz des Textes ist dem Satzmuster HS, NS, HS zuzuordnen, also steht er an 5. Stelle.*

150 Jahre Arbeitsschutz in Deutschland

Online-Link
Hörverstehen
313175-0106

→ Seite 239, Arbeitstechnik „Einen Sachtext lesen und verstehen"

1. Das Jahr 1839, als der preußische König die erste staatliche Regelung zur Begrenzung der Kinderarbeit erlassen hatte, war die Geburtsstunde des staatlichen Arbeitsschutzes in Deutschland. **2.** Dass die Industrialisierung nicht nur Fortschritte und Arbeitsplätze mit sich brachte, sondern die arbeitenden Menschen auch gefährdete, konnte bald nicht mehr übersehen werden. **3.** Staatliche Regelungen waren deshalb unumgänglich. **4.** Am Anfang des 19. Jahrhunderts begann auch in Deutschland die Industrialisierung, die dann in der zweiten Hälfte jenes Jahrhunderts ihren Höhepunkt erreichte. **5.** Damit wir den Arbeitsschutz und seine Bedeutung besser beurteilen können, müssen wir kurz in die Vergangenheit unseres Landes zurückschauen.

2 Im zweiten Abschnitt des Textes stehen die Sätze in der richtigen Reihenfolge, aber ohne Kommas. Finde die Satzmuster und schreibe sie mit den Kommas auf, z. B.:
6. HS, NS.

6. Die staatlichen Arbeitsschutzvorschriften wurden seither ständig fortentwickelt obwohl es zunächst nur langsam voranging. **7.** Die Gewerbeaufsicht sollte die Arbeitsunfälle verhüten sie konnte aber nur einen Teil der Probleme lösen. **8.** Wenn ein Arbeiter bei einem Unfall zu Schaden kam blieb er meist unversorgt obwohl er Anspruch auf Schadensersatz hatte. **9.** Dass die Arbeitgeber Beiträge in eine gesetzliche Unfallversicherung einzahlen mussten legte das Unfallversicherungsgesetz im Rahmen der Bismarckschen Sozialgesetzgebung 1884 fest. **10.** Seitdem sorgen Berufsgenossenschaften Fachkräfte für Arbeitssicherheit Technische Überwachungsvereine und auch die gewählten Betriebsräte dafür dass die Arbeitsschutzvorschriften in den Betrieben in Deutschland eingehalten werden.

Lärm kann krank machen

1 Überlege, welche der folgenden Haupt- und Nebensätze zusammengehören. Verbinde sie zu Satzgefügen. Unterstreiche im Nebensatz jeweils das Einleitewort und die gebeugte Verbform, z. B.:

4. a) Lärmschutz ist nötig, damit durch Lärm keine Schädigung oder Beeinträchtigung der Gesundheit entsteht.

→ **Seite 41 f., 223 f.,** zusammengesetzte Sätze (Hauptsatz, Nebensatz, Satzgefüge)

1. Der Mensch kann unterschiedlich hohe und tiefe Töne und Geräusche hören.
2. Schall bezeichnet man als Lärm.
3. Neben dem hörbaren Frequenzbereich spricht man beim Menschen von einem wahrnehmbaren Intensitätsbereich.
4. Lärmschutz ist nötig.
5. Schallsignale sind Schwingungen der Luftmoleküle.

a) damit durch Lärm keine Schädigung oder Beeinträchtigung der Gesundheit entsteht.

b) die die von der Quelle erzeugten Schwingungen zum Ohr des Hörers transportieren.

c) wenn er stört, beeinträchtigt oder schädigt.

d) wenn die Schwingungen pro Sekunde zwischen 20 Hz und 20.000 Hz liegen.

e) der von der Hörschwelle bis zur Schmerzschwelle reicht.

2 In den folgenden Sätzen fehlen Einleitewörter. Ergänze passende Wörter und schreibe die vollständigen Sätze auf. Achte auf die Kommasetzung.

während – damit – da – als – weil – dass – denn – nachdem – wo – bevor – das – wenn – obwohl – bis – der – die

1. Lärm schädigt ___ im Innenohr die empfindlichen Sinneszellen zerstört werden. (1 Komma)
2. Die Hörminderung oder der Gehörschaden beginnt ganz langsam und wird in der Regel erst dann bemerkt ___ es zu spät ist und schon ein beträchtlicher Schaden vorliegt. (1 Komma)
3. Die Lautstärke ___ in dB[1] gemessen wird sollte 75 dB über einen längeren Zeitraum nicht überschreiten. (2 Kommas)

[1] dB: Dezibel ist die Maßeinheit für die Lautstärke

3 EXTRA Informiere dich über die Möglichkeiten des Lärmschutzes.

Online-Link
zum Thema „Lärmschutz"
313175-0107

Unsichtbare Gefahren

Ziemlich clever

Als Igor an diesem Nachmittag aus der Schule kam, wusste er, dass es heute kein Entrinnen gab. Er musste den Auftrag seiner Mutter ausführen und den Zaun streichen, obwohl das Wetter besonders schön und sonnig war. Ihm kam die zündende Idee, während er darüber nachdachte, an welches bekannte Buch der Auftrag seiner Mutter ihn erinnerte. Wenn er Vaters alte Spritzpistole benutzte, war der Zaun im Nu „gestrichen“. Nachdem er die übel riechende dunkelbraune Flüssigkeit in den Spritzbehälter eingefüllt hatte, begann er den Zaun und die nähere Umgebung einzunebeln. Bald sah der Zaun aus, als ob er nagelneu errichtet sei. Und es störte Igor eigentlich nur wenig, dass er seine Hände, sein Gesicht und seine gesamte Arbeitskleidung „mitgestrichen“ hatte. Der Spätnachmittag war gerettet, wenn er seine Freundin noch im Schwimmbad treffen konnte.
Doch daraus wurde nichts, als er sich im Badezimmer wusch und sein Gesicht im Spiegel sah. Die Haut war rot angelaufen und die Augen waren zugeschwollen.

1 Besprecht, warum Igors Körper so reagiert hat und was er falsch gemacht hat.

→ **Seite 223,** zusammengesetzte Sätze; Nebensätze

→ **Seite 216,** Konjunktionen

→ **Seite 223,** Konjunktionalsätze

2 Der Text enthält zehn Nebensätze, die mit einer Konjunktion eingeleitet werden. Ordne diese Nebensätze in eine Tabelle ein, z. B.:

	Nebensätze	
Einleitewort Konjunktion	**übrige Satzglieder**	**finite/gebeugte Verbform**
Als	Igor an diesem Nachmittag aus der Schule	kam

Merke

Nebensätze, die mit einer Konjunktion als Einleitewort beginnen, nennt man **Konjunktionalsätze**. Konjunktionen: *als, wenn, dass, obwohl, während, nachdem, damit, bevor, bis, weil.*

3 Der folgende Text enthält zehn Relativsätze. Schreibe jeweils das Substantiv/Nomen heraus, auf welches sich das Relativpronomen bezieht. Schreibe auch die finite Verbform auf, z. B.:

→ **Seite 224,** Relativsätze

Substantiv	Relativpronomen	finite/gebeugte Verbform
Menschen	die	wischen

Staub ist immer dabei

Jeden Tag werden Millionen von Menschen, die Staub wischen, auf unserem Planeten aktiv. Denn an jedem Tag gibt es neuen Staub, der natürlich oder künstlich entstanden ist.

Es gibt Staub, der in der Luft als Feinstaub allgegenwärtig ist, und es gibt Sandstaub, der vom Wind aufgewirbelt zu einer anderen Stelle transportiert wird. Aber es gibt auch Staub, der bei der mechanischen Bearbeitung von Werkstoffen erzeugt wird. Und es gibt witzigerweise sogar den Staub, der bei der Herstellung von Staubsaugern entsteht.

Staub entsteht immer und überall: der Staub des Gesteins, das gebohrt wird, des Metalls, das geschliffen oder gefräst wird, des Holzes, das gesägt wird, der Baumwolle, die verarbeitet wird.

Merke

Nebensätze, die mit einem Relativpronomen als Einleitewort beginnen, nennt man **Relativsätze**. Relativpronomen: *der, die, das, dem, den, … welche, welcher, welches, welchen, …*

4 EXTRA Erkläre die folgenden Piktogramme, z. B.:
Das erste Piktogramm warnt davor, dass giftige Stoffe …

Online-Link
zum Thema „Arbeitsschutz"
313175-0109

Haltung bewahren

1 Stelle fest, worum es in dem folgenden Text geht.

Online-Link zum Thema „Entwicklung des Menschen“ 313175-0110

Die richtige Haltung

Das Greifen, Hantieren, Formen und Gestalten waren vermutlich die Gründe für das Lebewesen Mensch, dass es sich vor hunderttausend Jahren auf die Hinterbeine stellte. Mit seinen freien Händen konnte der „homo erectus“ alles mit nach Hause nehmen, damit er es dort weiter bearbeiten konnte. Es hat dem Menschen aber nicht nur Vorteile gebracht, dass er aufrecht geht. Vor allem das biegsame Rückgrat wurde durch diese Veränderung erheblich belastet. In vielen Berufen ist eine dauerhaft unnatürliche und vorgebeugte Körperhaltung vorherrschend, damit die nötigen Arbeiten ausgeführt werden können. Es ist deshalb wichtig, dass man während der Arbeit auf eine richtige und abwechslungsreiche Körperhaltung achtet, damit schwerwiegende Folgen für die Wirbelsäule und Muskelverhärtungen vermieden werden.

→ **Seite 135, 224,** Infinitivgruppen

2 Der Text enthält sechs Konjunktionalsätze. Sie werden mit den Konjunktionen **dass** bzw. **damit** eingeleitet. Suche diese Sätze heraus und forme sie in Sätze mit erweitertem Infinitiv mit „zu“ um, z. B.:

Das Greifen, Hantieren, Formen und Gestalten waren vermutlich die Gründe für das Lebewesen Mensch, <u>dass es sich vor hunderttausend Jahren auf die Hinterbeine stellte.</u> → Das Greifen, Hantieren, Formen und Gestalten waren vermutlich die Gründe für das Lebewesen Mensch, <u>sich vor hunderttausend Jahren auf die Hinterbeine zu stellen.</u>

3 Besprecht: Was geschieht beim Umformen der Konjunktionalsätze mit dem Einleitewort, dem Subjekt und dem Prädikat?

Merke

Infinitivgruppen werden vom Hauptsatz durch Komma getrennt,
- wenn sie mit ***um, ohne, statt, anstatt, außer, als*** eingeleitet werden,
- wenn sie von einem Substantiv/Nomen abhängig sind (*<u>Mein Wunsch</u>, dich zu sehen, ging in Erfüllung.*)
- wenn sie von einem Verweiswort abhängen (*Ich freue mich <u>darauf</u>, dich zu sehen.*)
- um Missverständnissen vorzubeugen.

4 Suche aus dem Text alle Textstellen mit direkter/wörtlicher Rede heraus. Wandle sie in die indirekte Rede um, z. B.:

→ Seite 56 ff., 220 f., indirekte Rede

Die ganze Zeit hatte sie darüber gegrübelt: „Wie kam es dazu?" → Die ganze Zeit hatte sie darüber gegrübelt, wie es dazu kam.

Heben will gelernt sein

Mehrere Tage war Ludmillas Vater nicht in der Lage, sich zu bewegen. Die ganze Zeit hatte sie gegrübelt: „Wie kam es dazu?"
Mit schmerzverzerrtem Gesicht war ihr Vater von der Kirmes nach Hause gekommen. Und als sie gefragt hatte: „Was ist passiert?", hatte er sie nur wütend angeknurrt. Dabei war alles so einfach. Ludmillas Mutter war der Frage nachgegangen, was vorgefallen war. Erst hatte ihr Mann sich mit Freunden in Stimmung gebracht, dann hatte er sich an einem „Kraftapparat" unter dem Gelächter seiner Kumpel verhoben. In gebückter Haltung hatte er so lange am Hebel gezogen, bis ihn ein knirschendes Geräusch ernüchterte und der Zeiger des Apparates auf „Kinderschreck" stehen blieb. Als der behandelnde Notarzt ihn später fragte: „Wissen Sie denn nicht, dass man bei solchen Sachen die Wirbelsäule gerade hält?", hatte er verschämt zur Seite geschaut. Als Sicherheitsberater seines Betriebes müsste er es eigentlich am besten wissen.

5 Bilde aus den folgenden Angaben Satzgefüge mit indirekten Fragesätzen, z. B.:

→ Seite 220, 224, indirekter Fragesatz

Es wäre interessant zu wissen, wo die Wirbelsäule besonders empfindlich ist.

Es wäre interessant zu wissen,	– Wo ist die Wirbelsäule besonders empfindlich? – Gehört mein Wunschberuf zu den gefährdeten Berufsgruppen?
Es ist wichtig zu klären,	– Wie kann man Schäden an der Wirbelsäule vermeiden? – Warum ist die Berücksichtigung der Hebelverhältnisse beim Heben wichtig?

Merke

Nebensätze, die durch ein Fragepronomen (*wer, was, welcher, …*), ein Fragewort (*wo, wohin, wann, wie, warum*) oder die Konjunktion **ob** eingeleitet werden, nennt man **indirekte Fragesätze.** Der indirekte Fragesatz wird durch ein Komma vom Hauptsatz abgetrennt.

Achtung, Gesundheitsgefährdung!

1 Fehlende Konjunktionen Stelle fest, welche Konjunktionen in den einzelnen Nebensätzen fehlen. Notiere sie, z. B.: (1) *obwohl*

dass | während | obwohl | damit | wenn

Gesundheitsschutz

☐ (1) die Gefahren bekannt sind, haben wir vielfältigen Kontakt mit gesundheitsgefährdenden Stoffen.
Das Problem ist nämlich, ☐ (2) wir das Gefährliche an diesen Stoffen meist nicht erkennen können.
☐ (3) wir uns schützen können, muss der Hersteller auf die Wirkung und die Gefahr hinweisen.
☐ (4) wir also unbekannte Stoffe verwenden, müssen wir die Hinweise auf den Etiketten beachten.
☐ (5) das Chemikaliengesetz über den Arbeitsbereich hinaus den Gesundheitsschutz und den Umweltschutz mit einbezieht, regelt die Gefahrstoffverordnung den richtigen Umgang mit gefährlichen Stoffen am Arbeitsplatz.

2 Fehlende Kommas Schreibe den Text ab und setze dabei die fehlenden Kommas (neun). Unterstreiche dann alle Relativsätze.

Verbotene und eingeschränkte Arbeiten im Schülerpraktikum

1. Verboten sind Arbeiten die die physische Leistungsfähigkeit von Schülerinnen und Schülern übersteigen.
2. Dazu gehören Tätigkeiten bei denen schwere Lasten gehoben werden müssen.
3. Auch Tätigkeiten bei denen dauerndes Stehen erforderlich ist sind nicht gestattet.
4. Verboten sind auch Arbeiten bei denen Schülerinnen und Schüler schädlichen Einwirkungen von Strahlen und chemischen Gefahrstoffen ausgesetzt sind.
5. Arbeiten die infolge fehlender Erfahrung der Schülerinnen und Schüler mit erhöhten Unfallgefahren verbunden sind dürfen nur unter bestimmten Bedingungen durchgeführt werden.
6. Mit Tätigkeiten bei denen die Gesundheit der Arbeitenden durch große Hitze oder Kälte gefährdet wird dürfen Schülerinnen und Schüler nur eingeschränkt beschäftigt werden.

Azubis berichten

1 **Wähle A oder B:** Schreibe den Text ab und setze dabei die fehlenden Kommas.

→ **Seite 223 f.,** zusammengesetzte Sätze; Zeichensetzung

A: Erfahrungsbericht von Ayse G.

Ich habe mich bei der Firma … um einen Ausbildungsplatz als Verkäuferin beworben weil das ein Unternehmen mit Zukunft ist. An meiner Ausbildung gefällt mir besonders dass meine Aufgaben sehr vielseitig sind. Meine Arbeit die ganz unterschiedliche Bereiche umfasst stellt hohe Anforderungen an die Konzentration Stressbewältigung und körperliche Fitness.
Von Anfang an bekommen wir Azubis verantwortungsvolle Aufgaben übertragen und werden schrittweise an neue Tätigkeiten herangeführt. Unser Ausbildungsleiter ist als Ansprechpartner immer vor Ort wenn Fragen auftauchen. In besonderen Ausbildungsprojekten können wir zeigen was in uns steckt. In zusätzlichen Seminaren lernen wir zum Beispiel wie Waren in der Filiale ansprechend präsentiert werden können.

TIPP!
Beachte, dass auch Aufzählungen durch Kommas abgetrennt werden.

→ **Seite 227,** Komma bei Aufzählungen

B: Erfahrungsbericht von Lukas B.

Bevor ich mich bei der Firma… beworben habe hatte ich mich im Berufsinformationszentrum sowie im Internet informiert. Kaufmann im Einzelhandel ist genau der Beruf den ich ausüben möchte. Ich habe vorher etwas anderes gelernt und dann festgestellt dass ich viel Freude daran habe Kunden zu beraten. Ich komme gern mit Menschen in Kontakt und finde heraus wie ich ihnen weiterhelfen kann.
Deshalb habe ich mich für diese Ausbildung entschieden. Mein Job macht mir Spaß weil ich verantwortungsvolle Aufgaben erhalte. Es gefällt mir auch dass die Azubis im Unternehmen sehr gefördert werden. So durfte ich beispielsweise schon mehrfach bei Bestellungen helfen den Filialleiter bei der Personalplanung unterstützen und als Ansprechpartner für Auszubildende auf der Messe agieren. Mein Ziel ist es nach der Ausbildung selbst eine Filiale zu leiten.

2 Unterstreiche in dem Text alle Hauptsätze rot, die Nebensätze blau, z. B.:

→ **Seite 223 f.,** zusammengesetzte Sätze; Zeichensetzung

A: Ich habe mich bei der Firma … um einen Ausbildungsplatz als Verkäuferin beworben, weil das ein …

B: Bevor ich mich bei der Firma … beworben habe, hatte ich mich im Berufsinformationszentrum sowie im Internet …

9 Pro oder kontra?

Viele Impfstoffe, z. B. gegen Keuchhusten und Masern, und eine Vielzahl von Arzneimitteln konnten nur dank Tierversuchen entwickelt werden.

1 Besprecht, was ihr über Tierversuche wisst.

2 Lest den §7 des deutschen Tierschutzgesetzes abschnittsweise und erschließt den Inhalt in Partnerarbeit, z. B.:
- *Im ersten Abschnitt wird erklärt, was dieses Gesetz unter „Tierversuchen“ versteht.*
- *Erbgut = Gesamtheit der Erbanlagen*
- *Nach diesem Gesetz sind Tierversuche nur …*

Online-Link
zum Tierschutzgesetz
313175-0114

Online-Link
Hörverstehen
313175-0114

→ **Seite 240,** Arbeitstechnik „Wörter (Begriffe) aus dem Zusammenhang erschließen“

→ **Seite 239,** Arbeitstechnik „Einen Sachtext lesen und verstehen“

Auszug aus dem Tierschutzgesetz (Deutschland)

§ 7

(1) Tierversuche im Sinne dieses Gesetzes sind Eingriffe oder Behandlungen zu Versuchszwecken
1. an Tieren, wenn sie mit Schmerzen, Leiden oder Schäden für diese Tiere oder
2. am Erbgut von Tieren, wenn sie mit Schmerzen, Leiden oder Schäden für die erbgutveränderten Tiere oder deren Trägertiere verbunden sein können.

(2) Tierversuche dürfen nur durchgeführt werden, soweit sie zu einem der folgenden Zwecke unerlässlich sind:
1. Vorbeugen, Erkennen oder Behandeln von Krankheiten, Leiden, Körperschäden oder körperlichen Beschwerden oder Erkennen oder Beeinflussen physiologischer Zustände oder Funktionen bei Mensch oder Tier,

2. Erkennen von Umweltgefährdungen,
3. Prüfung von Stoffen oder Produkten auf ihre Unbedenklichkeit für die Gesundheit von Mensch oder Tier oder auf ihre Wirksamkeit gegen tierische Schädlinge,
4. Grundlagenforschung.
Bei der Entscheidung, ob Tierversuche unerlässlich sind, ist insbesondere der jeweilige Stand der wissenschaftlichen Erkenntnisse zugrunde zu legen und zu prüfen, ob der verfolgte Zweck nicht durch andere Methoden oder Verfahren erreicht werden kann.
(3) Versuche an Wirbeltieren dürfen nur durchgeführt werden, wenn die zu erwartenden Schmerzen, Leiden oder Schäden der Versuchstiere im Hinblick auf den Versuchszweck ethisch vertretbar sind. Versuche an Wirbeltieren, die zu länger anhaltenden oder sich wiederholenden erheblichen Schmerzen oder Leiden führen, dürfen nur durchgeführt werden, wenn die angestrebten Ergebnisse vermuten lassen, dass sie für wesentliche Bedürfnisse von Mensch oder Tier einschließlich der Lösung wissenschaftlicher Probleme von hervorragender Bedeutung sein werden.
(4) Tierversuche zur Entwicklung oder Erprobung von Waffen, Munition und dazugehörigem Gerät sind verboten.
(5) Tierversuche zur Entwicklung von Tabakerzeugnissen, Waschmitteln und Kosmetika sind grundsätzlich verboten. Das Bundesministerium wird ermächtigt, durch Rechtsverordnung mit Zustimmung des Bundesrates Ausnahmen zu bestimmen, soweit es erforderlich ist, um
1. konkrete Gesundheitsgefährdungen abzuwehren, und die notwendigen neuen Erkenntnisse nicht auf andere Weise erlangt werden können, oder
2. Rechtsakte der Europäischen Gemeinschaft durchzuführen.

TIPP!
Schlagt unbekannte Begriffe im Wörterbuch nach oder erklärt sie aus dem Textzusammenhang heraus.

3 Beantwortet die folgenden Fragen. Belegt eure Antworten mit passenden Zitaten aus dem Tierschutzgesetz.

1. Dürfen Tierversuche durchgeführt werden, wenn es andere Methoden gibt, mit denen dieselben Erkenntnisse erreicht werden können?
2. Dürfen Tierversuche durchgeführt werden, um neue Waffen zu erproben?
3. Unter welchen Voraussetzungen darf man Versuche an Wirbeltieren durchführen, auch wenn diese erhebliche Schmerzen verursachen?

Merke

Zitieren: Eine Textstelle wörtlich anführen/wiedergeben, z. B.:
Im Tierschutzgesetz §7 heißt es: „Tierversuche zur Entwicklung oder Erprobung von Waffen, Munition und dazugehörigem Gerät sind verboten." Deshalb bin ich der Meinung, …

→ **Seite 10, 193,** Zitate

Tierversuche in der Kritik

Manches spricht dafür, Tierversuche in der Forschung einzusetzen. Die Gegner von Tierversuchen vertreten jedoch die Meinung, dass die Menschen kein Recht hätten, Tiere für ihre Bedürfnisse leiden zu lassen.

→ **Seite 232,** Arbeitstechnik „Sich auf eine Diskussion vorbereiten“

1 Diskutiert darüber, wie ihr zu Tierversuchen steht.

2 In den folgenden Texten werden unterschiedliche Meinungen zu Tierversuchen geäußert. Lies die Texte und trage die Argumente pro (dafür) und kontra (dagegen) in eine Tabelle ein, z. B.:

pro was für Tierversuche spricht	**kontra** was gegen Tierversuche spricht
…	…

Online-Link
Hörverstehen
313175-0116

Ⓐ Ein zwiespältiges Verhältnis zum Tier

Einerseits pflegt der Mensch enge Beziehungen zu Tieren, insbesondere zu Haustieren wie Hunden, Katzen oder Pferden. Hunde helfen Blinden, retten verschüttete oder ertrinkende Menschen und werden oft als beste Freunde des Menschen bezeichnet. Katzen füllen eine einsame Wohnung mit Leben und auf dem Rücken der Pferde liegt bekanntlich „das Glück der Erde“. Der Mensch betrachtet seine Haustiere oft als Freunde und Teil der Familie. Andererseits sind Tiere auch Nutztiere. Millionen von Schweinen, Ziegen, Schafen, Rindern und Pferden, Hühnern, Enten und Gänsen werden jährlich geschlachtet. Dass wir Menschen Tiere schlachten, um deren Fleisch zu essen, gehört zu unserer Kultur. Es gibt jedoch Menschen, die dies grundsätzlich ablehnen, weil wir nicht auf das Fleisch der Tiere zwingend angewiesen sind und uns ebenso gut durch Pflanzen und Nahrungsergänzungsmittel ernähren könnten. Daneben werden jedes Jahr Tausende Tiere, meist Mäuse und Ratten, für Tierversuche verwendet. Auch mit Tierversuchen können sich nicht alle Menschen einverstanden erklären. Aber ebenso möchten alle Menschen, wenn sie krank sind, die besten und sichersten Medikamente und Therapien erhalten. Ohne Tierversuche geht das nicht. Es gibt daher viele Argumente, die für und die gegen Tierversuche sprechen.

Nach: www.interpharma.ch/biotechlerncenter/de/Tierversuche.asp

Online-Link
Hörverstehen
313175-0117

B

Statistisches

Laut Statistik wurden in Deutschland im Jahr 2007 rund 2,26 Millionen Tiere „verbraucht". Damit stirbt in Deutschland alle 14 Sekunden ein Tier im Versuch. Die Tierarten, die 2007 am häufigsten verwendet wurden, sind Mäuse (1.592.584), Ratten (497.359), Fische (207.922) und Kaninchen (101.083). Doch auch 2.487 Affen (keine Menschenaffen), 4.794 Hunde, 802 Katzen, 2.546 Pferde und Esel, 16.255 Schweine, 2.985 Rinder, 116.359 Vögel sowie 4.293 Ziegen und Schafe mussten in Versuchen ihr Leben lassen.

Bundesministerium für Verbraucherschutz, Ernährung und Landwirtschaft
http://de.wikipedia.org/wiki/Tierversuch (20.04.2010)

C

Tierversuche: Pro & Contra

Affen mit implantierten Elektroden im Hirn, Mäuse mit Tumoren, Kaninchen mit entzündeten Augen – diese Bilder von Tierversuchen verdrängen wir schnell. Der Anblick der wehrlosen Kreaturen im Dienst der Forschung ist für uns Menschen schwer zu ertragen. Doch viele lebensrettende Medikamente stünden uns ohne diese schrecklich anmutenden Prozeduren nicht zur Verfügung.

Rund zweieinhalb Millionen Tiere werden jedes Jahr in Deutschland zu wissenschaftlichen Zwecken eingesetzt. Weltweit benötigt die Forschung jährlich über hundert Millionen Tiere für Experimente in der Grundlagenforschung, bei toxikologischen Tests sowie beim Entwickeln und Überprüfen von Medikamenten. Solche Zahlen bereiten Tierschützern Sorgen. Lange schon fordern sie eine generelle Abschaffung der in ihren Augen sinnlosen Tierquälerei. Wissenschaftler halten dagegen, dass viele Erfolge medizinischer Forschung ohne Tierversuche vielleicht nicht möglich gewesen wären: Insulintherapie, zahlreiche Antibiotika oder Impfstoffe gegen Pocken, Influenza und andere Krankheiten sind das Ergebnis tierexperimenteller Praxis. Doch heiligt der Zweck die Mittel?

Auszug: www.mdr.de/lexi-tv/tierwelt/6715942.html
Ulrike Wolf (22.09.2009)

Online-Link
Hörverstehen
313175-0118

D

Welche Erkenntnisse bringen Tierversuche?

Die Frage nach der Übertragbarkeit von Testergebnissen auf den Menschen ist der größte Streitpunkt unter Gegnern und Befürwortern von Tierversuchen. So warnen Kritiker, dass Tierversuche eine falsche Sicherheit vortäuschten: Immer wieder hätten im Tierexperiment für sicher gehaltene Medikamente beim Menschen schwerwiegende oder sogar tödliche Nebenwirkungen hervorgerufen. Zeigten schon Versuche bei unterschiedlichen Tierrassen oftmals gegensätzliche Ergebnisse, so sei die Übertragbarkeit auf den Menschen, der vielfältige Unterschiede zum Tier hinsichtlich Körperbau, Organfunktion und Stoffwechsel aufweist, kaum gewährleistet. Darüber hinaus habe eine künstlich beim Versuchstier hervorgerufene Krankheit außer einer Reihe vergleichbarer Symptome nur wenig mit der zu erforschenden Erkrankung des Menschen zu tun, viele Aspekte der Krankheitsentstehung, etwa Umwelteinflüsse, würden außer Acht gelassen. Ergebnisse aus Tierversuchen seien von rein spekulativem Wert und bedeuteten ein unkalkulierbares gesundheitliches Risiko für den Menschen. Abhängig von der Ähnlichkeit des Versuchsmodells mit den menschlichen Verhältnissen seien Tierversuche durchaus geeignet, Rückschlüsse auf den Menschen zuzulassen, behaupten dagegen Befürworter. Zu siebzig bis achtzig Prozent würden im Tierversuch Wirkung und Nebenwirkungen von Arzneimitteln vor der Anwendung beim Menschen erkannt. Nach jahrzehntelanger Forschung habe sich zudem gezeigt, dass ausgesuchte Tierarten für bestimmte Fragestellungen besonders gute Übertragungswerte ergeben, zum Beispiel Ratten und Kaninchen für eine keimschädigende Wirkung oder Mäuse für Gift. Tierexperimentelle Untersuchungen zur Funktionsweise des Nervensystems oder des Herz-Kreislauf-Systems sowie zur Wirkungsweise von Hormonen hätten wertvolle Ergebnisse erzielt. Und auch die Chirurgie profitiere von den Tierversuchen, neue Techniken seien entwickelt und zahlreiche Operationsmethoden verfeinert worden, etwa auf dem Gebiet der Transplantationsmedizin.

Auszug: www.mdr.de/lexi-tv/tierwelt/6715942.html; Ulrike Wolf (22.09.2009)

E

Menschen und Mäuse

Naturwissenschaftlern gelang es erstmals im 17. Jahrhundert, Mäuse nutzbringend einzusetzen. Der Engländer William Harvey entdeckte, dass das Blut im Körper in einem Kreislauf zirkuliert. Seither sind Mäuse die mit Abstand wichtigsten Versuchstiere in der biomedizinischen Forschung. 1991 waren in Westdeutschland 52,7 Prozent aller Versuchstiere Mäuse, 25,4 Prozent Ratten …

Sie waren und sind bei der Entwicklung und Erprobung nahezu aller Arzneimittel und der Produktion von Impfstoffen und Immunseren behilflich. Wir hätten die Antibabypille nicht, wenn nicht an Mäusen das Zusammenspiel der weiblichen Sexualhormone enträtselt worden wäre. An Mäusen wurde erforscht, worin die Ursache für Abstoßungsreaktionen nach Organverpflanzungen liegt und wie sie therapiert werden können …

Man kann davon ausgehen, dass bei nahezu allen neuen und großen Entdeckungen der Medizin Mäuse als Versuchstiere beteiligt gewesen sind. Und obwohl die Anzahl der Versuchsmäuse in den letzten Jahren durch die Entdeckung alternativer, tierfreier Methoden deutlich gesenkt werden konnte, wird man noch geraume Zeit mit ihnen arbeiten müssen …

Nach: Gabriele Küsters / Robert Geursen:
Gesundheit für Mensch und Tier – warum Tierversuche nötig sind

Online-Link
Hörverstehen
313175-0119

3 Ermittle die aktuellen Daten zu den Tierversuchen, die im letzten Jahr durchgeführt wurden. Nutze sie ebenfalls als Argumente pro (für) oder kontra (gegen) Tierversuche.
Trage die Argumente in deine Tabelle ein (siehe Aufgabe 2, Seite 116).

4 EXTRA Suche weiteres Informationsmaterial.
Arbeite es durch und notiere Pro- und Kontra-Argumente in deiner Tabelle (siehe Aufgabe 2, Seite 116).

TIPP!
Informationen zum Thema „Tierversuche" findet ihr z. B. in Biologiebüchern, beim Bundesverband der Tierversuchsgegner, bei Tierschutzvereinen in eurer Nähe, im Internet, bei den Firmen der Pharmaindustrie.

Online-Link
zum Thema „Tierversuche"
313175-0119

Von der Streitschrift zur Erörterung

TIPP!
Die „Tierversuchsgegner“ und die „Tierversuchsbefürworter“ schreiben jeweils bei dem Streitgespräch mit.

1 Führt ein „schriftliches Streitgespräch“. Geht dabei so vor:

1. Teilt die Klasse in eine Abteilung der „Tierversuchsgegner“ und eine der „Tierversuchsbefürworter“ auf – unabhängig von eurem tatsächlichen Standpunkt zu diesem Thema.
2. Bildet in jeder Abteilung Dreiergruppen.
3. Jede Gruppe sucht sich eine Partnergruppe aus der anderen Abteilung.
4. Eine Gruppe formuliert ein Argument[1], schreibt es auf ein Blatt und gibt es der Partnergruppe.
5. Die Partnergruppe versucht, auf das Argument einzugehen und es in einer Erwiderung zu entkräften.
6. Im Anschluss daran schreibt die Partnergruppe ein Argument für die eigene Position auf und die erste Gruppe versucht, dieses zu entkräften.
7. So wandert die „Streitschrift“ hin und her, z. B.:

- Durch Tierversuche lassen sich Tests von Medikamenten bei Menschen vermeiden.
- Nein, das stimmt so nicht. Medikamente müssen sowieso auch am Menschen getestet werden, damit …
- Das ist nicht ganz richtig, Tierversuche können in der ersten Testphase …

[1] Argument, das: eine Aussage, die zur Begründung oder zur Widerlegung einer Behauptung gebraucht wird

2 Lest eure „schriftlichen Streitgespräche“ in der Klasse vor. Achtet besonders darauf, wie die Erwiderungen jeweils beginnen. Schreibt euch gelungene Formulierungen auf, z. B.:
Vieles spricht für diese Meinung, weil … – Natürlich ist uns bewusst, dass …, aber … – Wir sind der Meinung, dass … – Unserer Auffassung nach … – Einerseits …, andererseits … – Es stimmt schon, dass … – Dieses Argument überzeugt nicht, weil … – Es ist klar, dass …

TIPP!
Ordnet eure Argumente nach der Wichtigkeit. Geht zum Schluss besonders auf das Argument ein, das euch am wichtigsten erscheint.

3 Bei der Arbeit an diesem Thema hat sich jeder eine eigene Meinung gebildet, die er jetzt auch begründen kann. Verfasse eine **lineare Erörterung**, in der du deine Meinung und deine Argumente darstellst, z. B.:

→ **Seite 121,** lineare Erörterung

1
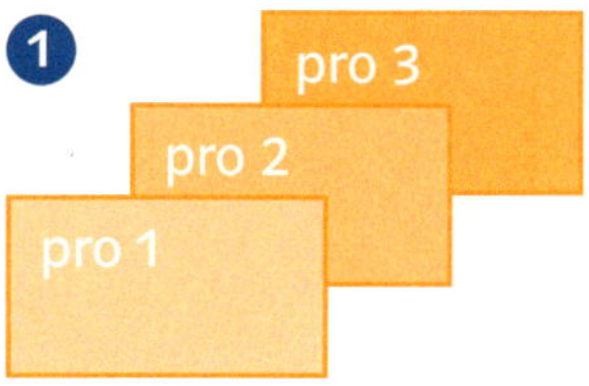

oder

2
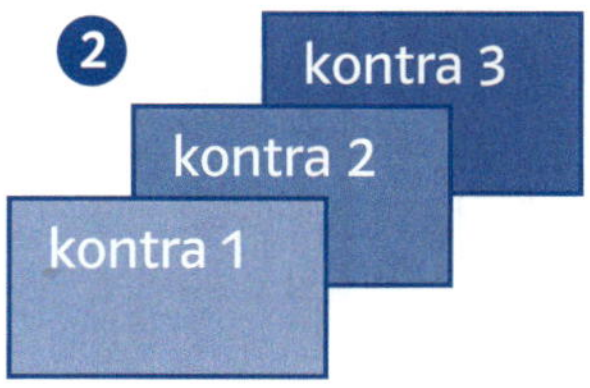

4 Es gibt unterschiedliche Formen der Erörterung. Stelle anhand der folgenden Übersicht fest, worin die Unterschiede bestehen.

Gliederung	lineare Erörterung ❶ ❷	kontroverse Erörterung ❸ ❹
Schreibe zunächst eine kurze **Einleitung**, eine Hinführung zum Thema, um die Leser neugierig zu machen.	*Wir haben uns intensiv mit der Notwendigkeit von Tierversuchen auseinandergesetzt. Dabei haben wir viel erfahren, was wir vorher nicht wussten. Für Tierversuche spricht, dass …*	*Müssen Tierversuche sein? Das fragten wir uns und andere. Welche Gründe dafür und dagegen genannt werden, werde ich …*
Im **Hauptteil** kannst du die Argumente geordnet niederschreiben. Du erreichst eine stärkere Wirkung, wenn du die wichtigsten Gründe für deine Meinung an den Schluss stellst. Vergiss nicht, deine Argumente mit Beispielen zu stützen.	Verwende dazu die Argumente aus den Aufgaben auf den Seiten 116–119.	Du kannst zunächst die Argumente der Tierversuchsgegner, dann die der Tierversuchsbefürworter aufschreiben. Schwieriger, aber auch interessanter ist es, wenn du Argumente und Gegenargumente abwechselnd aufschreibst.
Der **Schlussteil** fasst deine Aussagen zu einem Ergebnis zusammen.	Hier kannst du z. B. einen Wunsch für die Zukunft formulieren oder eine Frage stellen, die noch nicht beantwortet ist und die dir interessant erscheint. Hier ist auch der Platz, deine Meinung noch einmal ganz klar auszudrücken und dich zu deiner Haltung in dieser Frage zu bekennen.	

5 EXTRA Verfasse eine **kontroverse Erörterung**. Stelle darin die Argumente für deinen Standpunkt und die Gegenargumente dar. Wäge sie gegeneinander ab, z. B.:

→ **Seite 236,** Arbeitstechnik „Eine Erörterung schreiben"

❸

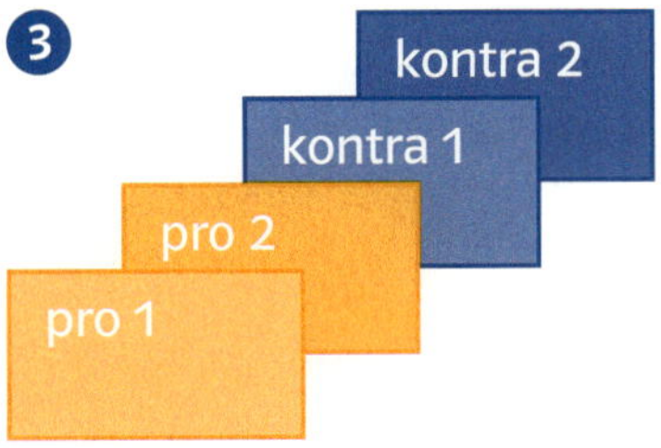

❹

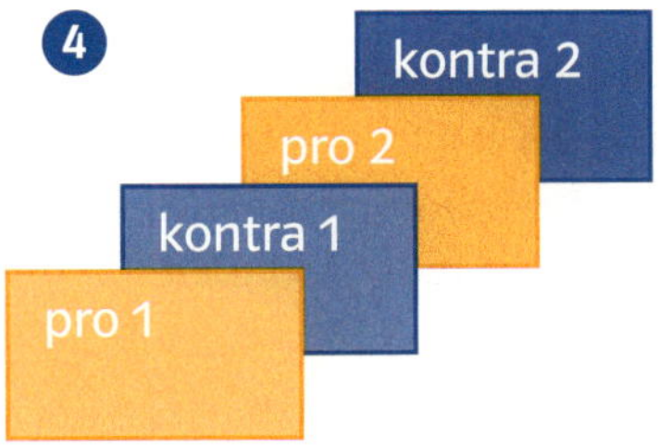

Merke

In einer **Erörterung** legst du deine Meinung zu einem strittigen Thema dar. Dabei wägst du unterschiedliche Standpunkte und Argumente gegeneinander ab und kommst so zu einem begründeten persönlichen Urteil.

Gemeinschaftsschule ja oder nein?

In einer Jugendzeitschrift wurde zu einer Diskussion über die Idee, Gemeinschaftsschulen zu gründen, aufgefordert. In Gemeinschaftsschulen würden die Schülerinnen und Schüler von der ersten bis zur zehnten Klasse gemeinsam lernen können.

1 Stelle fest, was die Leser zu dieser Idee geäußert haben. Verschaffe dir zunächst einen Überblick.

Ich bin gegen eine Klasse, die bis zur Zehnten gemeinsam lernt. Man merkt doch schon im ersten Schuljahr, wer mitkommt und wer nicht. Und für die guten wie auch für die schwächeren Schüler ist das gemeinsame Lernen dann eine Qual.

Stephan, 15

Ich fänd' es blöd, wenn man Gemeinschaftsschulen hätte, weil die „schlechten" Schüler die „guten" dann sicherlich „Streber" nennen oder sie mobben würden.
Julia, 14

Ich besuche eine Schule, welche von der 1. bis zur 10. Klasse geht – und ich befürworte das Prinzip. Ich habe selbst mitbekommen, dass manche Mitschüler ihre Leistungen stark verbessert (und manche leider auch verschlechtert) haben. Ich fände es schade, wenn ein Schüler nicht die Wahl hätte, den Mittleren Schulabschluss machen zu können, nur weil er in der 4. Klasse nicht so gut war. Aurelia, 16

Ich finde den Vorschlag sehr gut, weil die Klassengemeinschaft nicht so schnell auseinandergerissen wird. Als ich nach der Grundschule an die neue Schule kam, habe ich meiner alten Klasse ein halbes Jahr nachgetrauert. Wenn man länger zusammenbleibt, wird man größer und behält die Nerven.

Sina, 13

Ich finde den Vorschlag nicht so toll, denn wenn einer nicht so gut mit seinen Schulkameraden auskommt, hat er es dann zehn Jahre schwer mit ihnen. Ich bin in der 4. Klasse und froh, dass die Klasse jetzt aufgeteilt wird.

Sebastian, 9

Ich finde diese Idee genial, denn bei mir hat es erst nach der 4. Klasse „klick" gemacht. Wenn man bis zur 10. Klasse zusammen ist, haben auch „Spätzünder" bessere Chancen.

Melanie, 15

Ich finde den Vorschlag gut, denn ich glaube nicht, dass Viertklässler schon wissen, was von ihren Leistungen abhängt und wie wichtig sie für das spätere Leben sind. Deshalb finde ich es ungerecht, sie dann schon in „gut" oder „schlecht" einzuteilen.

Kelmend, 15

Ich finde den Vorschlag sehr gut. Meiner Meinung nach werden Kinder, die in der 4. Klasse noch nicht so reif sind wie andere, in unserem System völlig übersehen. Wenn aber alle bis zur 10. Klasse zusammenbleiben, lässt sich wirklich erkennen, welcher Bildungsweg dann richtig ist. Bekanntlich war ja auch Einstein in der Grundschule kein hervorragender Schüler.

Mira, 15

Ich finde den Vorschlag nicht so gut, weil man dann, wenn man das Abitur machen will, in den letzten drei Jahren total viel lernen muss. Außerdem ist es doch schwierig, in einer Klasse zu lernen, in der manche nichts vom Stoff kapieren, während sich die anderen langweilen. Ich fände es gut, wenn die Grundschule bis zur 6. oder 7. Klasse gehen würde.

Murat, 16

Online-Link
zur aktuellen Diskussion zum Thema „Gemeinschaftsschule"
313175-0123

2 Lies die Stellungnahmen der Schülerinnen und Schüler noch einmal. Schreibe ihre Argumente stichwortartig in eine Tabelle:

Name, Alter	**dafür oder dagegen? (pro oder kontra)?**	**Argument** (Beleg/Beispiel)	**Meine Bewertung** (Bekräftigung/Entkräftung/evtl. Gegenargument)
Stephan, 15 Jahre	dagegen	man merkt schon im ersten Schuljahr …	…

3 Fasse zusammen: Welche Argumente überzeugen dich, welche weniger, welche gar nicht? Begründe deine Bewertung, z. B.:
- Ich teile die Auffassung von …, denn … Das Argument halte ich für richtig, da … Dieser Auffassung stimme ich zu, weil …
- Im Gegensatz zu … bin ich der Auffassurg … Dieses Argument halte ich nicht für richtig, denn …

→ **Seite 236,** Arbeitstechnik „Eine Erörterung schreiben"

4 Verfasse eine Erörterung zu diesem Thema.

Wie schreibt man das?

Online-Link
Hörverstehen
313175-0124

Tierexperimente in der chemischen und kosmetischen Industrie

Ein Testverfahren im Bereich der chemischen und kosmetischen Industrie ist beispielsweise die Prüfung auf schleimhautreizende Eigenschaften von Stoffen an Kaninchen, der Draize-Test. Hierzu werden den Testtieren oft erheblich konzentrierte Mengen der zu testenden Substanzen in die Augen getropft, die ähnlich empfindlich reagieren wie menschliche Augen. Damit sichergestellt ist, dass sie die Substanzen nicht aus den Augen wischen können, werden die Kaninchen während der Testreihen in Boxen gesperrt, aus denen ihr Kopf ins Freie ragt. Bereits in den 1980er Jahren wurden mehrere alternative Verfahren mit Zellkulturen und bebrüteten Hühnereiern entwickelt. Teilweise werden diese Testsysteme heute bereits eingesetzt. Im Jahr 2005 wurden in Deutschland für den Schleimhautreizungstest 505 Kaninchen verwendet.

TIPP!
Versucht, unbekannte Begriffe aus dem Textzusammenhang zu erschließen.

1 Besprecht in der Klasse, worum es in dem Text geht. Argumentiert der Verfasser für oder gegen Tierversuche?

2 Notiert Wörter aus dem Text, die ihr nicht sofort versteht. Klärt gemeinsam ihre Bedeutung. Ihr könnt dazu ein Wörterbuch nutzen.

→ **Seite 226,** Rechtschreibstrategie „Das Schreiben von Fremdwörtern üben“

3 Tragt aus dem Text Wörter zusammen, die eurer Meinung nach schwierig zu schreiben sind.

4 Notiere zu den folgenden Fremdwörtern je zwei verwandte Wörter, z. B.:
Experiment → experimentieren, experimentell

chemisch | Kosmetik | Industrie
konzentriert | Substanz | Box
Argument | alternativ | System
Kultur | Experiment | reagieren

Fremdwörter erkennen und ordnen

1 Arbeitet in Gruppen. Sammelt Fremdwörter. **Wählt A, B oder C:**
A: Ihr sammelt Wörter mit typischen Fremdwort-Vorbausteinen.
B: Ihr sammelt Wörter mit typischen Fremdwort-Endbausteinen.
C: Ihr sammelt Wörter mit besonderer Schreibweise oder Aussprache.

TIPP!
Sucht in Zeitungen, Fachbüchern, Wörterbüchern!

A: Wörter mit typischen Fremdwort-Vorbausteinen

TIPP!
Überprüft mithilfe eines Wörterbuches.

1. Sucht euch in der Gruppe verschiedene Fremdwort-Vorbausteine aus.

ant(i)- ex- dis- trans- kilo- maxi- mini- extra-
sub- therm- multi- inter- prä- pro- kontra- syn-

2. Sammelt dazu möglichst viele Fremdwörter, z. B.:
Antibabypille, Experiment, Diskussion, Transport, …
3. Klärt mithilfe eines Wörterbuches die Bedeutung unbekannter Wörter.
4. Untersucht eure Fremdwörter und schreibt die Bedeutung der folgenden Vorbausteine auf, z. B.: *anti = gegen.*

ant(i)- pro- dis- kontra- extra-

B: Wörter mit typischen Fremdwort-Endbausteinen

1. Sucht euch in der Gruppe verschiedene Fremdwort-Endbausteine aus.

-ieren -ik -iv -iell -ine -ion
-tät -ant -ell -on -ment

2. Sammelt dazu möglichst viele Fremdwörter, z. B.:
reagieren, Kosmetik, alternativ, Maschine, …
3. Klärt mithilfe eines Wörterbuches die Bedeutung unbekannter Wörter.
4. Bestimmt bei den gefundenen Wörtern die Wortart und stellt fest, zu welchen Wortarten Wörter mit diesen Endbausteinen häufig gehören, z. B.: *Wörter auf -ieren → Verben*

C: Wörter mit *y* – *ph* – *rh* – *th* – *age* – *ai* statt *ä* – *i* statt *ie* – *eur*

1. Sammelt Wörter mit besonderer Schreibweise oder Aussprache, z. B.:
System, Physik, Rhythmus, Theorie, Garage, Trainer, …
2. Ordnet die Wörter in einer Tabelle. Schreibt die Tabelle auf ein Plakat.

Das Schreiben von Fremdwörtern üben

→ **Seite 226**, Rechtschreibstrategie „Das Schreiben von Fremdwörtern üben“

1 Ordne die folgenden Fremdwörter nach Sachgebieten. Trage sie dazu in eine Tabelle ein, z. B.:

neue Technologie	Sport	Politik
...	...	Plenum

zappen · Comeback · Internet · downloaden · Trikot · Debatte · Plenum · System · Paragraf · Koalition · Route · Hacker · E-Mail · Update · Radtour · Onlinebanking · Desktop · Judikative · Gremium · Volleyball · Bowling · Gymnastik · Badminton · Laptop · High Fidelity · Opposition · Legislative · Demonstration · Exekutive · Fraktion · Fitnesscenter · Skateboard · Wellness · Homepage · Legislaturperiode · Prepaidkarte · Walking

2 Ermittle die Bedeutung unbekannter Wörter.

3 Trage weitere Begriffe zu den einzelnen Sachgebieten zusammen.

4 Sammle weitere Fremdwörter aus anderen Sachgebieten, z. B.:

Ernährung	Mode/Kosmetik	Musik
Restaurant	Teint	Refrain
Frikadelle	Creme	Jazz

5 Schreibe zu den folgenden Substantiven/Nomen die entsprechenden Verben. Bilde damit jeweils einen Satz, z. B.:
die Operation → operieren → Unser Hund ist gestern operiert worden.

1. Operation
2. Reaktion
3. Funktion
4. Information
5. Qualifikation
6. Kombination
7. Organisation
8. Demonstration
9. Präsentation
10. Transplantation

6 Schreibe zu den Adjektiven entsprechende Substantive/Nomen. Bilde mit diesen jeweils eine sinnvolle Wortgruppe, z. B.:
1. theoretisch → die Theorie → eine neue Theorie

1. theoretisch
2. chemisch
3. statistisch
4. systematisch
5. biologisch
6. mathematisch
7. physikalisch
8. kritisch
9. kosmetisch
10. dynamisch

7 Kläre die Bedeutung der folgenden Fremdwörter, z. B.:
die Souffleuse → eine Frau, die den Schauspielern bei einer Vorstellung im Theater den Text zuflüstert, wenn sie ihn vergessen haben

1. Souffleuse
2. Parlamentarier
3. Referent
4. Reformation
5. Resonanz
6. Realität
7. Referat
8. Präsident
9. Fitnesscenter

Ordne die Wörter nach ihrem Geschlecht, z. B.:

maskulin (männlich)	feminin (weiblich)	neutral (sächlich)
...	*die Souffleuse*	...

8 Welche Bedeutung ist jeweils die richtige: a, b oder c? Notiere.

1. Parasit
a) Einwohner einer Stadt
b) Schmarotzer
c) Absatz in Gesetzestexten

2. Pseudonym
a) Zustand der Trunkenheit
b) falsche Aussage
c) Deckname

3. Konsole
a) Möbelstück
b) Frau des Konsuls
c) Gleichklang

10 Das bin ich, so sind andere

TIPP!
Denke an Aussehen, Vorlieben, Abneigungen, Freizeit, Kenntnisse, Fähigkeiten, Gewohnheiten, Eigenschaften.

1 Verfasst auf einem Zettel einen kurzen Text: „Ich über mich".
Schreibt in Druckschrift, sodass man nicht erkennen kann, von wem der Text stammt. Sammelt die Zettel ein und hängt sie in der Klasse aus. Versucht zu erraten, wer welchen Text geschrieben hat.
Sprecht darüber, warum ihr einige Texte zuordnen konntet und warum es bei anderen schwieriger war.

2 Stellt fest, wer in dem Text von wem genau beschrieben wird und warum.

Online-Link
Hörverstehen
313175-0128

Irene Zimmermann

Küsse, Flirt und Torschusspanik (Ausschnitt)

[…] Ich stieß Anne in die Seite und flüsterte: „Ist er das?"
Sie kniff die Augen zusammen und schüttelte ärgerlich den Kopf. „Ich kann ihn nicht genau erkennen."
„Gelb gefärbte kurze Haare, Brille, blaues Sweatshirt, Ohrring."
Sie schüttelte den Kopf. „Nein, hundertprozentig nicht. Das ist nicht Stefan."
„Vielleicht kannst du mir mal sagen, wie er aussieht", schlug ich vor. „Dann gleichen wir ab, ob einer von den Jungs da drüben überhaupt in Frage kommt." Anne nickte. „Klar, das ist die einfachste Möglichkeit. Ich hab schließlich auch keine Lust, den ganzen Abend hier vor dem Kino zu stehen. Also, Stefan hat ein weißes T-Shirt angehabt und Jeans, aber nicht mit Schlag, eher so Röhrenjeans, wenn du verstehst, was ich meine. Und Turnschuhe, schwarz, glaub ich."
„Und wie sieht er aus?"
„Na, ganz normal eben. Jedenfalls keine gelben Haare!"
„Haarfarbe? Augenfarbe? Größe? Gewicht?"
„Willst du ein Fahndungsplakat machen oder was?" Anne schüttelte den Kopf. „Ich glaube, er hat braune Haare. Augenfarbe? Keine Ahnung. Größe? Na ja, etwas größer als Jonas, würde ich sagen. Oder vielleicht doch nicht? Und Gewicht? Auch normal. Alles ganz normal!"
„Toll", sagte ich. „Da drüben haben drei Jungs braune Haare und sehen völlig normal aus. Aber ich glaube nicht, dass Stefan dabei ist. Sonst hätte er sich bemerkbar gemacht, oder?" […]

3 Tauscht euch darüber aus, wann man Personen mündlich oder schriftlich beschreiben muss.

4 Bildet Gruppen. Probiert aus, ob ihr mithilfe der Begriffe auf dem folgenden Formblatt jedes Mitglied eurer Gruppe beschreiben könnt.

→ **Seite 130 f.,** Aufgaben zum Beschreiben von Personen

Wer ist das? (Nach einem Formblatt der Polizei)

Alter ____ **Größe** ____ **Geschlecht**
- ☐ männlich
- ☐ weiblich

Erscheinung
- ☐ gepflegt
- ☐ ungepflegt
- ☐ modisch
- ☐ seriös

Gestalt
- ☐ schwächlich
- ☐ schlank
- ☐ muskulös
- ☐ bullig
- ☐ untersetzt
- ☐ dick
- ☐ sportlich

Gesicht
- ☐ oval
- ☐ länglich
- ☐ schmal
- ☐ hager
- ☐ rund
- ☐ voll
- ☐ breit
- ☐ eckig
- ☐ weich
- ☐ kindlich
- ☐ blass
- ☐ gebräunt
- ☐ gerötet
- ☐ dunkelhäutig

Besonderheiten
- ☐ Sommersprossen
- ☐ Pickel
- ☐ Warzen
- ☐ Narben
- ☐ Muttermale
- ☐ Leberflecke
- ☐ Stirnfalten, waagerecht
- ☐ Stirnfalten, senkrecht
- ☐ Grübchen
- ☐ Halbglatze
- ☐ Vollglatze
- ☐ Geheimratsecken
- ☐ Scheitel
- ☐ rückwärts gekämmt
- ☐ Haarknoten
- ☐ Zöpfe (nach hinten)
- ☐ Pferdeschwanz
- ☐ Bubikopf
- ☐ Afro-Look
- ☐ Perücke

Haare
- ☐ blond
- ☐ grau
- ☐ weiß
- ☐ mittelbraun
- ☐ dunkel / schwarz
- ☐ struppig
- ☐ glatt
- ☐ wellig / lockig
- ☐ kraus
- ☐ kurz
- ☐ mittel
- ☐ extrem lang
- ☐ dicht
- ☐ spärlich
- ☐ Stirnglatze

Augen
- ☐ groß
- ☐ klein
- ☐ mittelgroß
- ☐ dunkel
- ☐ hell
- ☐ engstehend
- ☐ weitstehend
- ☐ hervortretend
- ☐ tiefliegend
- ☐ Schlupflider
- ☐ Schlitzaugen
- ☐ Krähenfüße
- ☐ Tränensäcke
- ☐ Silberblick

Brauen
- ☐ hell
- ☐ dunkel
- ☐ buschig
- ☐ gerade
- ☐ gebogen
- ☐ unauffällig

Ohren
- ☐ groß
- ☐ klein
- ☐ anliegend
- ☐ abstehend

Nase
- ☐ lang
- ☐ kurz
- ☐ breit
- ☐ schmal
- ☐ gerade
- ☐ eingebogen
- ☐ ausgebogen
- ☐ schief
- ☐ überhängend
- ☐ Hakennase
- ☐ Knollennase
- ☐ Stupsnase

Mund
- ☐ klein
- ☐ mittel
- ☐ groß

Mundwinkel
- ☐ gerade
- ☐ nach oben
- ☐ nach unten
- ☐ schiefer Mund

Lippen
- ☐ dünn
- ☐ dick
- ☐ flach
- ☐ wulstig

Kinn
- ☐ kurz
- ☐ lang
- ☐ schmal
- ☐ breit
- ☐ spitz
- ☐ rund
- ☐ kantig
- ☐ oval
- ☐ Doppelkinn

Hals
- ☐ lang
- ☐ kurz
- ☐ dünn
- ☐ kräftig
- ☐ Kropf
- ☐ Adamsapfel

Bart
- ☐ Dreitagebart
- ☐ Oberlippenbart
- ☐ Vollbart
- ☐ Kinnbart
- ☐ hell
- ☐ dunkel
- ☐ dicht
- ☐ spärlich
- ☐ kurz
- ☐ lang
- ☐ Koteletten

Sonstiges
- ☐ Piercing
- ☐ Ohrring
- ☐ Schmuck
- ☐ Tätowierung
- ☐ auffällige Kleidung

Sonstiges ____

5 Besprecht: Haben die Begriffe ausgereicht, um die äußere Erscheinung eurer Mitschülerinnen und Mitschüler treffend zu beschreiben?

6 Solche Formblätter können nicht alle äußeren Eigenschaften aufführen. Schreibt das Formblatt ab und bearbeitet es:
- Ergänzt darin Angaben, die eurer Meinung nach fehlen.
- Ersetzt veraltete und ungenaue Wörter durch aktuelle und genauere.

TIPP!
Ihr könnt das Formblatt auch ausdrucken und ausfüllen. Nutzt dazu den Online-Link.

Online-Link
Arbeitsblatt „Personenbeschreibung“
313175-0129

So sieht sie aus – so sieht er aus

1 Wählt eine der abgebildeten Personen aus und erarbeitet in der Gruppe eine Beschreibung für sie. Geht dabei so vor:

1. Sucht zunächst alle Merkmale, die auf die Person zutreffen, aus dem Formblatt auf Seite 129 heraus. Ein Gruppenmitglied protokolliert die Ergebnisse.

2. Verfasst jetzt eine zusammenhängende Beschreibung. Achtet beim Schreiben darauf, dass die Satzanfänge und die Verben nicht immer gleich sind, z. B.:
   <u>Sie ist</u> 15 Jahre alt und … <u>Das Haar</u> <u>trägt</u> sie … <u>Ihr Kinn</u> <u>wirkt</u> …

   - Verbindet einige Sätze mithilfe von Konjunktionen, z. B.:
     Das Mädchen wirkt freundlich und nett, <u>weil</u> es …
   - Verwendet ausdrucksstarke Verben, z. B.:
     das Haar <u>trägt</u> er … seine dunklen Augen <u>blicken</u> den Betrachter … <u>an</u>.
   - Verwendet Vergleiche. Sie machen den Text anschaulicher, z. B.:
     Sie lacht wie … Sein Haar ist halblang und hat helle Strähnen wie …

2 Lest eure Beschreibungen in der Klasse vor. Besprecht: Sind die beiden Personen treffend beschrieben worden oder nicht? Begründet warum.

So ist sie – so ist er

1 Besprecht, welche Eigenschaften beschrieben werden: Ist die Person, um die es geht, träge, neugierig, oberflächlich, unordentlich, mutig, …?

Jetzt habe ich den Mund vielleicht ein bisschen voll genommen. Das kann ich auch normalerweise nur machen, wenn ich alleine bin. In der Schule – außer in den Pausen natürlich – sehe ich nämlich zu, dass ich möglichst nicht auffalle. Nicht, dass ich mir darauf etwas einbilden wollte, aber es kann schon vorkommen, dass ich mich im Unterricht nicht ein einziges Mal melde. Und das nicht nur einen oder zwei Tage lang. Ihr könnt euch vorstellen, dass meine Noten deshalb auch – na ja, nicht gerade die besten sind. Freunde habe ich schon ein paar, obwohl ich nicht behaupten kann, dass ich etwa der Liebling der Klasse wäre. Meine besten Talente zeigen sich eigentlich eher beim Zusammenbauen von Modellautos.

2 Wähle eine beliebige Person aus deinem Umfeld aus, die alle in der Klasse kennen.

→ **Seite 237,** Arbeitstechnik „Eine Person beschreiben“

1. Überlege dir eine für die Person typische positive Eigenschaft, z. B.:
   gerecht, zurückhaltend, fröhlich, hilfsbereit, …
2. Beschreibe ein Geschehen, eine bestimmte Handlung oder eine Verhaltensweise der Person, durch welche diese Eigenschaft deutlich wird, z. B.:
   Immer, wenn er aufgerufen wird, bekommt er einen roten Kopf …
3. Beschreibe nun die Person, ohne ihren Namen zu nennen.

3 Lest eure Texte in der Klasse vor. Stellt fest, ob die beschriebenen Handlungen/Verhaltensweisen verraten, welche Person jeweils gemeint ist.

TIPP!
Entscheidet, was mit den Texten geschehen soll. Z. B. könnt ihr den vorgelesenen, korrigierten Text und die betreffende Person jeweils mit einem Camcorder aufnehmen. Die Aufnahme kann dann beim ersten Klassentreffen nach einigen Jahren vorgeführt werden.

4 EXTRA Verfasst für jede Mitschülerin/jeden Mitschüler in der Klasse eine Beschreibung. Einigt euch darauf, wer wen beschreibt.

1. Beschreibt zuerst das Äußere (nutzt dazu das Formblatt auf Seite 129).
2. Beschreibt dann besondere Eigenschaften und Verhaltensweisen, z. B.:
   geistige Fähigkeiten: *clever, altklug, langsam, oberflächlich, …*
   Temperament: *bedächtig, stoisch, lebhaft, jähzornig, kühl, …*
   Eigenschaften: *gerecht, fröhlich, cool, hilfsbereit, neugierig, offen, …*
   Verhalten: *vorsichtig, rücksichtslos, solidarisch, egoistisch, höflich, …*
   Gefühle: *eifersüchtig, traurig, verliebt, verzweifelt, glücklich, …*

So möchte ich sein – so war ich damals

Online-Link
Hörverstehen
313175-0132

J. D. Salinger

Der Fänger im Roggen (Ausschnitt)

[…] Ich sage ziemlich oft „Junge, Junge“, teils weil ich einen schlechten Wortschatz habe, teils weil ich mich für mein Alter ziemlich kindisch benehme. Damals war ich sechzehn (jetzt bin ich siebzehn) und manchmal führe ich mich auf, als ob ich dreizehn wäre. Das ist umso lächerlicher, als ich 1,89 m groß bin und graue Haare habe. Tatsächlich. Auf meiner rechten Kopfhälfte sind Millionen von grauen Haaren. Das war von jeher so. Und trotzdem benehme ich mich oft, als ob ich erst zwölfjährig wäre. Alle behaupten das, besonders mein Vater. Zum Teil ist es wahr, aber nicht ganz. Die Leute meinen immer, irgendetwas sei ganz wahr. Ich mache mir nichts daraus, nur langweilt es mich manchmal, wenn man mir sagt, ich solle mich meinem Alter entsprechend benehmen. Manchmal benehme ich mich viel erwachsener, als ich bin – wirklich –, aber das merken die Leute nie. Sie merken überhaupt nie etwas. […]

Online-Link
Hörverstehen
313175-0132

Tamara Bach

Marsmädchen (Ausschnitt)

[…] Wenn ich mir was wünschen könnte, so ganz für mich allein, und keiner bewertet das und sagt danach: „Wie?! DAS hast du dir gewünscht?!“, dann würde ich … Es gibt da so eine aus der 12. … So möchte ich sein. Sie ist einfach nur schön. Sie ist groß und hat wunderschöne Augen und Haare und Hände und Bauch und Brüste und … Weiß nicht, die ist einfach nur schön. Nicht nur, weil sie so geboren ist oder so. Nein. Schau sie dir an. Die steht da, für sie ist das ganz normal, aber niemand an dieser Schule, nein, niemand, den ich je kennen gelernt habe, kann so schön stehen. Und dann vielleicht noch einen Schritt nach vorne machen. Und wenn sie redet, dann hebt sie ihre Hand und redet mit der Hand. Du, das sieht schön aus. Und ihre Stimme ist schön. Ganz dunkel. Sie redet klar und weiß wohl immer, was sie sagen soll. Die Frau aus der 12. ist auch in einer Band, ich hab sie mal auf einem Konzert gesehen. Und sie singt unglaublich. So wäre ich gerne. So schön. […]

Aus einem Zeitungsreport: Heidrun M.

[…] Ich bin vierzehn Jahre alt und mag Sport wahnsinnig gern: Leichtathletik, rhythmische Sportgymnastik, und Fußball spiele ich auch. In meinem Zimmer hängen Gymnastikposter, Fotos von Freunden und ein Cats-Plakat. Ich lese gerne Krimis und Freundschaftsbücher und höre an Musik alles gern, was gerade gut kommt. Erfreulich an mir finde ich, dass ich in der Schule klarkomme und beliebt bin, nicht abseits stehe. Nervig finde ich, wenn andere von mir abschreiben wollen.
Mein größter Wunsch ist eine Weltreise.
In der Schule schaffe ich vielleicht noch meinen Realschulabschluss, aber eigentlich will ich später Blindenlehrerin werden, weil mein Bruder blind ist. Ob ich das noch schaffe, steht in den Sternen. So schnell gebe ich jedoch nicht auf. […]

Online-Link
Hörverstehen
313175-0133

1 Lies die drei Textausschnitte. Beantworte dann die folgenden Fragen zum Inhalt:

1. Erster Text: Wie alt ist der Junge? Was ist das Besondere an ihm?
2. Zweiter Text: Was ist an dem beschriebenen Mädchen schön?
3. Dritter Text: Warum möchte das Mädchen Blindenlehrerin werden?
4. In welchen Texten wird das Aussehen beschrieben?
5. In welchen Texten werden Eigenschaften oder Verhaltensweisen beschrieben? Wie werden diese beschrieben?
6. Welche Beschreibung gefällt dir besonders gut? Begründe deine Meinung.

2 Beschreibe dich selbst so, wie du dich z. B. in einem Online-Profil einer unbekannten Person vorstellen willst, mit der du gerade erst in Kontakt getreten bist. Dabei kannst du so vorgehen:

1. Schreibe zuerst stichwortartig alles auf, was die Person interessieren könnte, z. B.:
   - dein Äußeres (Gesicht, Frisur, Figur, Typ, Gang, …),
   - deine besonderen Interessen, schulischen Leistungen (Lieblingsfächer), Hobbys und Freizeitbeschäftigungen,
   - deine Beziehung zu anderen (so sehe ich mich, so sehen mich andere),
   - deine Wünsche und Zukunftsvorstellungen, deine Meinungen, Einstellungen, Gefühle und Verhaltensweisen, …
2. Entscheide, welche Merkmale am wichtigsten sind: Woran würde man dich sofort erkennen, weil es für dich typisch ist?
3. Verfasse jetzt deine Beschreibung. Schreibe so, dass die unbekannte Person eine gute Vorstellung von dir bekommt.

Das ist typisch

1 Suche dir einen Spieler aus. Beschreibe ihn kurz, aber eindeutig. Wie viele Wörter brauchst du dafür mindestens?

2 Anne erzählt ihrer Freundin Xenia von ihren Ferien und zeigt Fotos:

„Das ist Nils, der Junge mit dem roten Sweatshirt."
„Und welcher von den beiden Jungen ist auf diesem Bild Nils?", fragt Xenia und zeigt auf das zweite Foto.

Beschreibe Nils oder Anton. Verwende möglichst viele Attribute. Du kannst die folgenden Wortgruppen nutzen.

freundlicher Junge – Nils'/Antons Freund – viele Interessen – Sportler mit großem Talent – auf seinem Fahrrad nicht zu bremsen – nettes Lächeln – glatte/lockige Haare – schlanke, sportliche Figur

3 EXTRA Lies den Text. Stelle fest, durch welche Attribute die unterstrichenen Substantive/Nomen genauer bezeichnet werden, z. B.:
der Mann → der kleine, dicke Mann.

Eine seltsame Person

Im Hotel fiel mir der kleine, dicke Mann an der Rezeption besonders auf. Auf einem kurzen Hals saß ein kugelrunder Kopf. Seine roten Haare verdeckten die Stirn bis zu den Augen, die wie Knöpfe aussahen. Auf der roten Nase befand sich eine riesige Brille mit einem dicken Hornrand. Er hatte einen freundlichen Gesichtsausdruck. Doch ganz besonders fiel seine Kleidung auf. Er trug eine kurze Hose mit roten und gelben Punkten und ein blau gestreiftes Hemd mit dem Spruch „Talent lässt sich nicht verbergen".

Übernimm die Tabelle in dein Heft und trage die Angaben wie im Beispiel ein:

Artikel	vorangestelltes Attribut	Substantiv/Nomen	nachgestelltes Attribut
der	kleine, dicke	Mann	an der Rezeption
…	…	…	…

Merke

Mit **Attributen/Beifügungen** kann man die Bedeutung eines Substantivs/Nomens genauer bestimmen (*Der kleinste Spieler hat das Tor geschossen.*).
Attribute sind selbst keine Satzglieder, sondern **Teile von Satzgliedern**. Sie ergänzen ein Substantiv/Nomen, das in jedem Satzglied stehen kann. Attribute stehen entweder **vor** oder **nach dem Bezugswort** (*die erfolgreichen Spieler; die Spieler der Mannschaft*).
Man erfragt Attribute mit der Frage *Was für ein/eine?* oder *Welcher/welche/welches?*
Attribute können auftreten als
- Adjektive (*die besten Spieler*),
- Substantive/Nomen im Genitiv (*die Spieler des Vereins*),
- Substantive/Nomen mit Präposition (*der Spieler mit dem Ball*),
- Adverbien (*der Spieler dort*),
- Pronomen (*unsere Spieler*),
- Zahlwörter (*vier Spieler*),
- Attributsätze/Relativsätze (*die Spieler, die eingesetzt waren, …*),
- Infinitivgruppen (*beim Versuch, ihn zu überholen, …*).

→ **Seite 222,** Attribute

→ **Seite 110, 224,** Infinitivgruppen

Wer schreibt mir?

Wenn man Freunde im Internet sucht, stellt man sich mit seinen Interessen und Eigenschaften in einem Online-Profil vor.

1 Lies die Online-Profile und stelle fest, welche Attribute Laura und Viktor für ihre Beschreibung verwendet haben.

Ich bin ein romantisches Mädchen, das gerne Musik hört, und suche nette Brieffreundinnen aus ganz Deutschland, die mir meine Langeweile mit lieben Briefen vertreiben. Ich bin 15 Jahre alt, und ihr solltet etwa im gleichen Alter sein.
laura@gmx.de

Hi Fans! Ich heiße Viktor und bin ein sportlicher Typ, der am liebsten Fußball spielt. Ich habe blaue Augen, braune Haare und einen Körper mit kräftigen Muckis. Wenn ihr coole Girls seid, die nicht schreibfaul sind, dann schickt mir einen Brief mit eurem Bild.
Viktor@aol.com

Trage alle Attribute aus den beiden Texten in eine Tabelle ein, z. B.:

Artikel	vorangestelltes Attribut	Substantiv/ Nomen	nachgestelltes Attribut
ein	romantisches	Mädchen	…, das gerne Musik hört, …

2 Erfinde selbst ein Online-Profil, mit dem du dich vorstellst. Unterstreiche in deinem Text alle Attribute.

→ Seite 135, Substantiv/Nomen mit Präposition als Attribut

3 Bilde Wortgruppen. Nutze dazu die folgenden Angaben, z. B.:
die Frau mit dem lockigen Haar; der Mann mit …

der Mann die Frau die Unbekannte	mit dem … Haar mit den … Ohren mit der … Nase mit den … Augen	dünn, fein, glatt, kraus, lockig, strähnig, schütter, voll, abstehend, spitz, lang, kurz, riesig, gerötet, groß, klein, glänzend, leuchtend, strahlend, sanft, traurig, blutunterlaufen, tiefliegend, tränend

4 Frage nach den Personen und beantworte die Fragen. Markiere in deinen Antwortsätzen die Substantive/Nomen und die Attribute, z. B.:
Welche Frau meinst du? → Ich meine die Frau mit dem lockigen Haar.

5 Bilde Wortgruppen, z. B.:
ihre geschickten Hände, sein rundliches Gesicht, …

ihr/ihre sein/seine	Gesicht Hände	geschickt, flink, grob, feucht, kalt, gepflegt, hübsch, schmal, rundlich, markant, ausdrucksvoll, mürrisch, freundlich, fein

6 Was für Personen sind das? Erkläre mithilfe der Wortgruppen im gelben Kasten, z. B.: 1. Eine Person, die die Nase hoch trägt, ist eingebildet.

1. Eine Person, die die Nase hoch trägt, …
2. Eine Person, die lange Ohren macht, …
3. Eine Person, die auf den Ohren sitzt, …
4. Eine Person, die die Nase voll hat, …
5. Eine Person, die auf diesem Ohr taub ist, …
6. Eine Person, die Haare auf den Zähnen hat, …
7. Eine Person, die beide Augen zudrückt, …
8. Eine Person, die die Nase vorn hat, …
9. Eine Person, die keine Augen im Kopf hat, …
10. Personen, die sich in den Haaren liegen, …

neugierig zuhören – nicht hören, dass jemand ruft – streitsüchtig sein – Fehler sehr nachsichtig behandeln – Streit miteinander haben – eingebildet sein – keine Lust mehr haben – gegenüber Konkurrenten erfolgreich sein – von dieser Sache nichts hören wollen – nicht aufpassen

7 Formuliere die unterstrichenen Attribute in bedeutungsgleiche Nebensätze um, z. B.:

→ Seite 223, 224, Relativsätze/Attributsätze

1. Sie verzog ihre kirschroten Lippen. →
Sie verzog ihre Lippen, die kirschrot waren. oder Sie verzog ihre Lippen, die rot wie Kirschen waren.

1. Sie verzog ihre kirschroten Lippen.
2. Die grün gefärbten Haare flatterten im Wind.
3. Das mit einem grauen Bärtchen verzierte Kinn zitterte beim Lachen.
4. Sie hatte ihre wertvolle Kette verloren.
5. Mit seinen viel zu kurzen krummen Beinen watschelte er wie eine Ente.
6. Ihr ängstlicher Blick verriet, was sie fühlte.
7. Voller Stolz zeigte er seinen braun gebrannten Körper.
8. Das schönste Mädchen wurde zur Weinkönigin gewählt.

11 Wie wird so einer ein Mörder?

Online-Link
Hörverstehen
313175-0138

→ Seite 240, Arbeitstechnik „Sich schnell über den Inhalt eines Buches informieren“

So beginnt das Buch:

Wie wird einer ein Mörder?
Wie wird so einer ein Mörder?
Er hat es vorher nicht gewusst, noch Stunden vorher hat er nichts davon gewusst.
Er hat es nicht geplant: Er hat darüber geredet.
Eigentlich jeden Tag hat er darüber geredet.
Er hat es nicht geplant.

Und so endet es:

Marco sagt, so hat er es nicht gewollt. Einen Denkzettel wollte er denen geben. Angst einjagen wollte er denen. Die sollten endlich mal wissen, hier sind sie nicht gern gesehen. Marco sagt, das finden doch alle. Marco kann Namen nennen von Erwachsenen, die auch so reden. Nur haben die keinen Mut. Erwachsene reden. Erwachsene kneifen. Marco hat was getan. Marco versteht nicht, warum jetzt alle gegen ihn sind. Das Ganze war ein unglücklicher Zufall. Er hat denen schließlich nur ein bisschen Angst einjagen wollen. Damit sie zurückgehen in ihr Anatolien. Das wollen doch schließlich alle. Aber die anderen reden ja nur. Es war ein unglücklicher Zufall, dass das Treppenhaus aus Holz und so morsch war. Es war ein unglücklicher Zufall, dass ausgerechnet an diesem Abend die Kinder in der oberen Wohnung allein waren, und die untere Wohnung war leer. Vielleicht sollten diese Türken mal häuslicher werden. Die Eltern sind jedenfalls schuld. Es tut Marco leid, dass es ausgerechnet zwei Kinder erwischt hat. Die hätten in Anatolien vielleicht noch ein schönes Leben haben können. Wenn die in Anatolien geblieben wären, wäre ihnen überhaupt nichts passiert. Aber Marco versteht die Aufregung nicht. Nicht, dass alle jetzt so tun, als ob sie Türken lieben. Wenn er das Gesülze jetzt hört, wird ihm kotzübel. Die haben vorher alle ganz anders geredet. Es ist natürlich Pech für die Kinder. Aber Marco hat jedenfalls eigentlich keine Schuld.

1 Was ist geschehen? Sprecht über eure Vermutungen.

2 Die Personen und die Handlung in dem Roman sind frei erfunden. Besprecht, warum die Handlung trotzdem etwas mit der aktuellen gesellschaftlichen Wirklichkeit zu tun hat.

3 Hier erfährst du, wie sich verschiedene Romanfiguren zu dem Fall Marco äußern. Notiere alle Aussagen, die darauf hinweisen, was zu Marcos Tat geführt hat.

Friedhelm K., 54, Bürgermeister

Wegen der Ausländer? Natürlich, sehen Sie, die waren wir bei uns ja gar nicht gewohnt. Das war in unserem Ort ja eher – Theorie, das wussten wir aus den Medien natürlich, aber mit uns hat das alles doch sehr wenig zu tun gehabt. Darum hat ja auch diese Zeitung dann – als wir plötzlich diese Asylbewerber aufnehmen mussten, das war ja fast von einem Tag auf den anderen! –, das hat dann doch zunächst sehr viel Unruhe gebracht. Denn sehen Sie: Wo wollen Sie als kleiner Ort denn den Wohnraum schaffen? Da bleiben ja nur die kommunalen Einrichtungen zunächst, darüber ist dann ja auch laut nachgedacht worden: Schule, Sporthalle, Feuerwehrgerätehaus. Was glauben Sie denn, was so ein kleiner Ort an Wohnraum zur Verfügung hat von einem Tag zum anderen? Gar nichts, das ist nun mal so, darauf ist man ja nicht vorbereitet. Aber ich gebe gern zu, das hat viel böses Blut gegeben zunächst. Da haben sich natürlich Initiativen gebildet, nicht dass Sie das jetzt missverstehen: Aber es ist doch selbstverständlich, dass die Eltern erregt sind beim Gedanken, da könnten nun auf einmal Schwarze einquartiert werden in der Schule ihrer Kinder. Nicht, weil es Schwarze sind, Gott bewahre – es ist mehr das Prinzip. Das pädagogische Prinzip, sozusagen, vielleicht sollten Sie darüber eher mit unserem Rektor sprechen, der ist ja zuständig. Der hat sich da sehr eingesetzt. Ja, und die Sportvereine haben natürlich auch nicht gerade „Hurra" geschrien, wenn ich das mal so lax formulieren darf, als wir mit dem Gedanken an die Sporthalle gespielt haben. Sagen Sie nicht, das wäre Rassismus. Denen ging es verständlicherweise um Sport. Und die Feuerwehr ja, dass das Gerätehaus nicht in Frage kam, das ist uns dann doch sehr schnell klar gewesen. Schon aus Sicherheitsgründen. Wieso nicht auf große Begeisterung gestoßen? Ja, was erwarten Sie denn von so einem kleinen Ort wie dem unseren? Zur Begeisterung haben wir da weiß Gott keinen Anlass gesehen. Aber das hatte die oben geschilderten Gründe. Ich bitte doch sehr, das zu berücksichtigen.
Mit Fremdenfeindlichkeit hatte das korrekterweise nichts zu tun.
Wir haben uns dann also für die Container entschieden, das ging schnell und ist eine würdige Lösung. Wie? Zwölf Quadratmeter, immer vier Leute. Natürlich kannten die sich vorher nicht untereinander, aber die haben sich dann ja schnell kennen gelernt. Das können Sie auch sehen, wenn die zum Einkaufen gehen, zum Beispiel: Die gehen immer zusammen. Also die haben sich dann doch sehr schnell angefreundet.

Online-Link
Hörverstehen
313175-0139

→ **Seite 239,** Arbeitstechnik „Einen literarischen Text genau lesen und verstehen"

Wieso, dieselbe Sprache. Also, das kann ich Ihnen jetzt wirklich nicht sagen, welche Sprache die sprechen, diese Leute werden uns ja zugewiesen. Da fragen Sie denn doch wohl am besten mal beim Sozialamt nach, die können Ihnen das sagen. Schwarze sind jedenfalls dabei, Libanesen – fragen Sie beim Sozialamt. Jedenfalls war das deutlich die beste Lösung. Nein, es hat nicht – wieso Unruhe und Ablehnung? Vielleicht schalten Sie jetzt mal Ihr Mikro aus? Sehen Sie, ich stehe Ihnen hier Rede und Antwort seit geraumer Zeit, obwohl ich bis jetzt immer noch nicht einsehen kann, was unser Ort mit dieser ganzen unglücklichen Geschichte zu tun haben soll. Ich stehe Ihnen hier Rede und Antwort, zwei Termine habe ich Ihretwegen verschoben. Aber dann kann ich doch wohl wenigstens erwarten, dass ich hier nicht auf der Anklagebank – doch, junger Mann, genau das tun Sie hier die ganze Zeit! Wenn natürlich auch nur indirekt, aber genau das ist es doch, was hier jetzt passieren soll! Weil es Ihnen in Ihr Konzept passt, Ursachen und Versäumnisse beim Ort zu suchen. Anstatt da, wo sie wirklich liegen. Befragen Sie doch mal die Eltern!
Ja, das denke ich auch. Es ist wohl alles gesagt. Bitte sehr, gern geschehen. Guten Tag.

Sigurd J., 17, Freund

Ja, ich hab den Marco gekannt, mehr so flüchtig. Das kann jeder wissen. Das weiß auch jeder. Klar ist der zu unseren Treffen gekommen, da kann jeder kommen. Wir sind eine nationale Bewegung und die wächst. Sehen Sie ja selber. Aber solchen Scheiß, also was der Marco da gemacht hat, das lehnen wir entschieden ab. Das lehnen wir aufs Entschiedenste ab, können Sie meinen Vater fragen. Klar wollen wir nicht so viele Ausländer, aber deshalb zünden wir sie noch lange nicht an. Das würde der Bewegung in der Öffentlichkeit erheblichen Schaden zufügen, wenn sie mit so was in Verbindung gebracht würde. Mein Vater hat also schon eine Erklärung aufgesetzt, dass die Partei solche Ausschreitungen verurteilt. Sonst kauft doch kein Mensch mehr bei uns.
Ja, erstes Lehrjahr Einzelhandelskaufmann. Ich steh das auch durch bis zum Schluss, obwohl das öde ist, aber ich halte nichts von Arbeitslosen und Pennern.
Vernünftigen Beruf braucht der Mensch, und dann Frau und zwei Kinder, nette Nachbarschaft, so ungefähr. Nee, noch nicht jetzt, das würde mich ja wohl voll anöden. Aber später mal. Darum halte ich das jetzt auch durch. Die Drogerie, ja klar übernehm ich die, wenn es die dann überhaupt noch gibt. Drogerie hat ja keine Zukunft. Haben Sie mal in die Supermärkte geguckt, die haben doch alles. Anderthalb, zwei Gänge, da können Sie das alles kriegen. Haarfärbe- und Waschmittel und Scheißhauspapier. Und das sind Preise, da kann mein Alter nicht mit. Da könnten wir gleich verhungern.

[…] Die Ausländer? Also logisch, hat das was damit zu tun, die kaufen doch sowieso nur, wo's billig ist, am besten noch Flohmarkt. Qualität ist für die doch ein Fremdwort, die kaufen jeden Scheiß, wenn der nur billig ist. Da können sich qualitätsbewusste Läden eben nicht halten […] Also die Kanaken machen uns kaputt.

Rüdiger Poffatz, 14, Freund

Nee, wir sollen nicht reden! Wir sollen nicht reden, hat der Anwalt gesagt. Ist doch sowieso alles gelogen, was der Marco jetzt erzählt! […]
Mein Freund? Nee, also bestimmt nicht. […] Auf den Marco, da konnte man sich echt nicht drauf verlassen, also der war höchstens mehr so ein Kumpel. Vielleicht.
Wegen der Clique? Wir sollen da nicht drüber reden, hat der Anwalt gesagt. Ich rede da auch nicht drüber. Ich hab da nichts mit zu tun. Wenn der Türken abfackelt, der Marco, muss ich da noch lange nichts mit zu tun haben. […]
Ich bin ja gar nicht dabei gewesen an dem Abend! Wenn der Marco das jetzt sagt, das ist ja alles gelogen! Der will ja bloß, dass ich die Schuld kriege, das hat der in der Schule auch immer so gemacht! Ich bin ja gar nicht dabei gewesen!

4 In dem Roman befragt der Interviewer die einzelnen Personen zu dem Geschehen. Lies die Aussagen des Bürgermeisters auf Seite 139/140 genau. Notiere, welche Fragen ihm vermutlich gestellt wurden, z. B.:
Gab es in Ihrem Ort Probleme wegen der Ausländer?

5 Als sich der Bürgermeister und der Interviewer verabschieden, kommt es fast zum Streit (Zeile 42 ff.). Welche unterschiedlichen Meinungen haben die beiden? Vervollständige die Sätze.

1. Der Interviewer meint, dass …
2. Der Bürgermeister meint, dass …

6 Tragt alles zusammen, was ihr in dem Gespräch über Sigurd J. erfahrt. Tauscht euch in der Gruppe darüber aus, in welchem Zusammenhang seine Aussagen mit Marcos Tat stehen.

7 Lies die Aussagen von Marcos „Freund" Rüdiger Poffatz. Welche Hinweise auf den Tathergang werden darin angedeutet? Notiere.

8 EXTRA Stell dir vor, du hättest die Interviews geführt. Verfasse für eine Regionalzeitung einen Text über deine Gespräche, deine Eindrücke sowie deine Erkenntnisse und Vermutungen in Bezug auf Marcos Tat.

Fragen an Nachbarin und Klassenlehrer

1 Lies die folgenden Textauszüge und trage alle Aussagen zusammen, die darauf hinweisen, was zu Marcos Tat geführt hat.

Online-Link
Hörverstehen
313175-0142

→ **Seite 239,** Arbeitstechnik „Einen literarischen Text genau lesen und verstehen"

Maren F., 32, Nachbarin

Also das muss ich jetzt doch zuerst mal – also steht das denn wirklich fest? Ich meine, das ist ja bekannt, das hört man doch immer wieder, dass einer – vor allem so ein junger Mensch, nicht? –, dass der dann durchdreht, alles gesteht, wenn die Polizei ihn nur fest genug in die Mangel nimmt. Das hört man doch immer wieder, oder? Also für mich, also solange der nicht verurteilt ist, der Marco, so lange ist der für mich auch unschuldig. Das wollte ich also gleich vorneweg mal sagen. Weil ich mir das nämlich gar nicht vorstellen kann, dass der das getan haben soll, also so, wie ich den Marco kenne, da passt das überhaupt nicht zu ihm. Natürlich hat man da mal was gehört, das können Sie sich ja vorstellen, dass da geredet wird in so einer Nachbarschaft, aber ich hab das nie so richtig geglaubt. Das hab ich auch immer gesagt, da leg ich auch Wert drauf.

Ja, woher ich ihn nun kenne – das hat sich einfach so ergeben. Sie sehen ja selbst, wir haben da den Kleinen, und das war also sozusagen – als wir her zogen vor einem Jahr – da war das gleich sozusagen Liebe auf den ersten Blick. Der hat den Marco gesehen, gleich am ersten Tag, glaub ich, muss das gewesen sein, ich hatte ihn da vor die Tür geschickt – dazu zieht man ja schließlich ins Grüne, nicht? Dass die Kinder also ungefährdet draußen spielen können, und da hat er dann wohl den Marco gleich getroffen. Und, wie gesagt, gleich sich verliebt in den, so haben wir das immer gesagt, mein Mann und ich, das fanden wir auch richtig witzig, wie der Kleine dann immer gebrüllt hat, „Marco, Marco", also da gab's für ihn nichts drüber.

Und der Marco, das fand ich eben auch so nett an ihm, der hat gleich ganz viel mit dem Kleinen rumgekaspert. Nicht so wie manche Jugendliche, wo es immer nur darum geht, cool zu sein, so war der Marco eben nicht. Der hat den Kleinen gleich auf sein Fahrrad gehoben, richtig auf den Sattel, und dann hat er ihn geschoben, lauter solche Sachen eben.

Darum haben wir ihn dann auch gefragt, ob er für uns babysitten will, ein-, zweimal im Monat, wir kannten ja hier sonst keinen. Natürlich haben wir zuerst auch überlegt, also normalerweise nimmt man für so was ja Mädchen, nicht? Aber dann haben wir uns gesagt, wenn der Kleine schon mal so auf den Marco abfährt – also den so mag, eben –, warum denn eigentlich nicht? Und er hat auch gleich ja gesagt, und dann hat er das immer gemacht, zwanzig, dreißig Mark den Abend, je nachdem, wie lange es war. Cola haben wir ihm hingestellt jedesmal und Chips – was man so macht eben.

Kein Bier, also das will ich jetzt doch auch noch mal sagen, unbedingt, und auch kein anderer Alkohol, und da hat er natürlich auch nicht danach gefragt. Da war er ja noch viel zu jung. Und gefehlt hat hinterher auch bestimmt nichts, ich sag das nur, weil doch jetzt immer geredet wird, er hätte in betrunkenem Zustand – also wir kannten ihn so nicht. Wir waren sehr froh, ich will das noch mal sagen, dass wir so einen netten Nachbarsjungen hatten. Der Kleine fragt jetzt auch immer nach ihm, „Marco, Marco", der fehlt ihm richtig. Und uns auch. Und darum können wir es auch gar nicht glauben. Und mein Mann auch nicht.

Hubert S., 42, Klassenlehrer

Ja, und dann ist das natürlich weitergegangen. Zuerst nur die Aufnäher, die Sprüche, aber dann eben auch die Farbbeutel.
Also, ich weiß das nicht ganz sicher, so was wird ja immer mehr unter der Decke gehalten hier in diesem Ort, aber jedenfalls hat es da Farbbeutel gegen die Container gegeben. Und wer das dann getan hat, das ist niemals rausgekommen. Aber ich hatte da ja natürlich meinen Verdacht! Das hab ich auch dem Rektor gesagt, da muss jetzt was passieren, mit Augen zu löst man keine Probleme. Aber die haben ja alle so getan, als wäre nichts. Wie die kleinen Kinder, die sich die Hände vor die Augen halten und glauben, nur weil sie sie nicht mehr sehen, ist die Wirklichkeit ganz weg. Da hab ich mich also doch sehr auf mich allein gestellt gefühlt, mit Unterstützung von den Kollegen war da nicht zu rechnen. Ich hab dann getan, was ich konnte. Aber einer alleine, das ist nicht genug. Wenn die anderen Kollegen da nichts getan haben, das muss doch für die Schüler so ausgesehen haben, als ob sie das gar nicht so schlimm finden. Vielleicht sogar, als ob sie stillschweigend ihre Meinung teilen. Für mich war das nicht einfach, glauben Sie mir. Ich hab da wirklich getan, was ich konnte. Ja, also dieser Tag, das ist vielleicht ein gutes Beispiel dafür. Da hat es ja wieder Auseinandersetzungen gegeben, so was haben sich die anderen Kollegen gar nicht erst zugemutet. Das musste alles ich erledigen, stellvertretend.
Ich hatte da also diese Arbeit schreiben lassen, das war gar nicht dran im Stoff, also ich hab eigentlich immer damit gerechnet, dass mal irgendwer kommt und sich beschwert. Also Nationalsozialismus, und dann auch noch so im Detail, das war gar nicht an der Reihe, aber ich hab keine andere Möglichkeit gesehen, als das dann durchzuziehen. Entgegen dem Lehrplan, also manchmal ist ein bisschen Zivilcourage schon nötig.
Ja, und wir haben dann also diese Arbeit geschrieben und eine Frage lautete auch zu den Konzentrationslagern. Die mussten sie also in eine Karte eintragen, verschiedene Farben für Arbeitslager und Vernichtungslager und daneben immer die Zahlen der Ermordeten, das war mir wichtig. Dass wir gerade diesen Aspekt immer wieder betrachtet haben, das war

mir sehr wichtig. Damit sie sehen sollten, wohin das letztendlich führt, das ganze Gerede von „Deutschland den Deutschen“ und „Ausländer raus“. Das endet doch dann mit Toten, das haben wir jetzt ja gesehen. Da bin ich ja bestätigt worden auf eine schreckliche Weise, ich wüsste wirklich gerne, was die Kollegen wohl dazu sagen.

Ja, und da hat er dann also – der Marco bei der Arbeit hatte das also einfach ganz durchgestrichen. Nichts farbig schraffiert, keine Zahlen. Das Ganze einfach durchgestrichen. Ja, das waren dann schon mal – Sie können sich sicherlich vorstellen, wie erregt ich da war! –, das waren dann schon mal 28 Punkte weniger. Ich meine, es war ja klar, was er damit zum Ausdruck bringen wollte, Auschwitz-Lüge, da hatten wir uns nun wirklich genügend gestritten Tag für Tag, und so wollte er das jetzt also durchsetzen. Und ich hab mir gedacht, so nicht, Freundchen, nicht mit mir!

Ich hab dann also – Sie haben da ja als Lehrer immer einen gewissen Spielraum mit den Punkten, gewisse Möglichkeiten, und das war dann eben eine Fünf. Meine Güte, das hat er doch mal gebraucht! Damit er endlich mal diese Auffassung aufgeben sollte, damit er gesehen hat: Damit komme ich nicht durch. Den Kürzeren ziehe ich selber.

Ja, und das hab ich dann tatsächlich erst hinterher gemerkt, dass es dann fast nur noch zu einer Zeugnis fünf reichen konnte in Geschichte und dass damit sein Abschluss flöten gewesen wäre. Das hab ich erst hinterher gemerkt, das war nicht beabsichtigt. Aber ich fand auch wieder, dass er ruhig seine Konsequenzen tragen sollte. Wenn sonst schon keiner eingegriffen hat. Obwohl ich zugeben muss, dass ich mit der Reaktion absolut nicht gerechnet habe. Ich dachte, der nimmt das ganz cool. Der tut wenigstens so, das hatte ich erwartet. Dass der mir dann also fast an die Gurgel gegangen ist, dass er mich regulär gewürgt hätte fast – das hat mich ehrlich überrascht. So hat der sich vorher nie aufgeführt.

Ja, ganz weiß ist er gewesen, als er die Fünf gesehen hat. Weiß wie ein Leintuch, er hat wohl gleich begriffen, was das hieß. Und dann ist er eben plötzlich explodiert, mir fast an die Gurgel, dann abgehauen.

In der Klasse sind tatsächlich einige gewesen, die haben gesagt, sie fänden es nicht gut. Das war so mehr ein Gemurmel und es hat mich auch gewundert. Ich hatte nicht den Eindruck vorher, dass der Marco so besonders beliebt war. Aber das mit dem Abschluss fanden sie also wohl nicht gut. Jedenfalls hatten sie ziemlich eisige Gesichter, so kann man es nennen.

Ich habe mir dann also überlegt, dass es für mich ja immer noch die Möglichkeit gibt, es durch das Mündliche auszugleichen. Verstehen Sie, ich bin schließlich nicht nur an die schriftliche Note gebunden. Was ich da letztendlich aus dem Zusammenspiel von Schriftlichem und Mündlichem mache, das liegt ja ganz bei mir. Ich hab mir überlegt, dass ich es vielleicht doch noch für eine Vier reichen lasse. Wegen dem Abschluss.

Und der Marco hatte seinen Schock ja weg, verstehen Sie, darum ist es mir ja nur gegangen: dass der mal seinen Schock gekriegt hat. Ich hatte gehofft, dass er daraus lernt. Aber dafür stand ich wohl zu sehr allein auf weiter Flur. Da hätten die Kollegen wohl mitziehen müssen.

2 Marco hat bei den Nachbarn manchmal als Babysitter gearbeitet. Warum haben die Nachbarn gerade ihn darum gebeten (Seite 142, Zeile 16 ff.)? Notiere Gründe.

3 Marcos Klassenlehrer sagt: „Dass der mir dann also fast an die Gurgel gegangen ist, dass er mich regulär gewürgt hätte fast – das hat mich ehrlich überrascht. So hat der sich vorher nie aufgeführt." (Seite 144, Zeile 58 ff.)
Wie kommt es zu diesem Konflikt zwischen Marco und seinem Lehrer? Lies noch einmal nach und fasse zusammen:

1. Marcos Leistung in der Geschichtsarbeit (Seite 143, ab Zeile 22)
2. Die Reaktion von Herrn S. (Seite 144, ab Zeile 40)
3. Die Konsequenzen für Marco (Seite 144, ab Zeile 51)

4 Versuche, den Titel des Romans „Erwachsene reden. Marco hat was getan" zu erklären.

5 Verfasse einen Text. **Wähle A, B oder C:**

A: Ein Richter muss über Marcos Schuld befinden. Schreibe auf, wie du entscheiden und wie du deine Entscheidung begründen würdest.

B: Stell dir vor, Marco sei Schüler in deiner Klasse gewesen. Er ist zu einer Jugendstrafe verurteilt worden. Schreibe ihm einen Brief in die Vollzugsanstalt.

C: Auch einige Personen in Marcos Umgebung haben sich falsch verhalten. Wähle eine der Personen aus und schreibe ihr einen Brief. Schreibe darin, was du über ihr Verhalten denkst.

6 Bereite ein Kurzreferat zu der Autorin Kirsten Boie vor. Informiere deine Mitschülerinnen und Mitschüler unter anderem darüber, warum sie Schriftstellerin wurde, warum sie das Buch über Marco geschrieben hat und welche anderen Bücher von ihr bereits erschienen sind.

Online-Link
zu der Autorin Kirsten Boie
313175-0145

→ **Seite 37, 233,** Arbeitstechnik „Ein Referat vorbereiten und halten"

Getrennt oder zusammen?

1 Stellt fest, worin der Jugendrichter die Gründe für das Ansteigen von Straftaten Jugendlicher sieht. Was meint ihr zu der Begründung?

Straftaten nehmen zu

Schlägereien, Autoaufbrüche, Drogenkonsum – seit Jahren steigt die Zahl der von Jugendlichen begangenen Straftaten an. Dabei fällt auf: Die Täter werden immer jünger und gewaltbereiter. Worauf ist das zurückzuführen? Das haben wir einen Jugendrichter gefragt.

Frage Herr Seiz, die Jugend von heute sei gewalttätig, schütte sich mit Drogen zu und sei schlechter als frühere Generationen. Stimmen Sie dieser Meinung zu?

Seiz Um es richtigzustellen, wir haben zwar mehr Fälle als früher zu bearbeiten, stellen aber fest, dass mehr Straftaten nicht automatisch auch mehr Straftäter bedeuten.

Frage Welche Delikte treten am häufigsten auf? Lässt sich dabei eine Entwicklung ablesen?

Seiz Insgesamt hat sicherlich der Gebrauch von Drogen zugenommen. Und der Anteil der Mädchen im Zusammenhang mit Gewaltdelikten ist hochgeschnellt. Das ist früher nicht in dem Maße vorgekommen.

Frage Worin sehen Sie die Gründe dafür?

Seiz Es fällt schwer, das eindeutig zu beantworten. Sicher hängt das mit der Arbeitslosigkeit der Eltern und den schlechten Zukunftsaussichten der Jugendlichen zusammen.

Frage Wie schätzen Sie die Wirkung von Strafen ein?

Seiz Vor der Haftstrafe hat der Gesetzgeber viele Möglichkeiten vorgesehen: gemeinnützige Arbeit, Täter-Opfer-Ausgleich, Bußgeld, Erfahrungskurse usw. In vielen Fällen ist es aber völlig gleichgültig, ob ich hart oder mild urteile. Für die, bei denen Straftaten nur eine Episode sind, ist es egal, weil die sowieso damit aufhören. Und bei denen, die mehrfach straffällig werden, nutzen meist weder harte noch milde Strafen etwas.

2 In dem Text wurden Verben unterstrichen. Schreibe sie im Infinitiv auf, z. B.: ansteigen, auffallen, …

3 Bilde mit jedem Verb einen Satz im Präsens. Forme ihn anschließend ins Perfekt um, z. B.: Die Zahl der Straftaten steigt an. → Die Zahl der Straftaten ist angestiegen.
Stelle fest, welchen Unterschied es in der Schreibweise dieser Verben im Infinitiv, Präsens und Perfekt gibt.

4 Trennbar zusammengesetzt Bilde mit den folgenden Wörtern zusammengesetzte Verben. Schreibe mit ihnen je einen Satz im Präsens und im Perfekt, z. B.: heimzahlen → Sie zahlt es ihm heim. Sie hat es ihm heimgezahlt.

1. Bestandteil	2. Bestandteil
heim teil stand statt irre	zahlen nehmen führen finden bringen halten
auf durch fort heraus hinauf vorbei zu zurück wieder	fahren laufen hören schicken kommen geben sprechen gehen

TIPP!
Schlage in einem Wörterbuch nach, welche Bedeutung die zusammengesetzten Verben und die Wortgruppen jeweils haben.

5 Untrennbar zusammengesetzt Schreibe mit den folgenden Verben je einen Satz im Präsens und im Perfekt auf, z. B.:
Er langweilt sich ständig. Er hat sich ständig gelangweilt.

handhaben, maßregeln, schlussfolgern, langweilen, liebäugeln, vollbringen, vollenden, durchbrechen (Schallmauer), hintergehen, übersetzen (Text), umfahren (ein Hindernis), widersprechen

6 EXTRA Verwende die folgenden Wörter in Sätzen. Darin soll die unterschiedliche Bedeutung von zusammengesetzten Verben und die Bedeutung der getrennt geschriebenen Wortgruppen deutlich werden, z. B.: In seinem Referat hat er frei gesprochen. Der Richter hat ihn freigesprochen.

frei sprechen – freisprechen, gut gehen – gutgehen,
kalt stellen – kaltstellen, gut schreiben – gutschreiben,
schwer fallen – schwerfallen, richtig stellen – richtigstellen

Merke

Verben können mit anderen Wörtern zusammengesetzt werden. Einige dieser Verben bilden trennbare, andere untrennbare Zusammensetzungen.

- **Trennbar zusammengesetzte Verben** werden nur im Infinitiv, im Partizip und bei Endstellung im Nebensatz zusammengeschrieben *(stattfinden; es hat stattgefunden; … wenn es stattfindet).*
- **Untrennbar zusammengesetzte Verben** werden in allen Verbformen zusammengeschrieben. **Verbzusammensetzungen** können gelegentlich aus denselben Wörtern bestehen wie **getrennt geschriebene Wortgruppen**. Hier liegen meist Bedeutungsunterschiede vor, z. B.: *Er will ihn (den Wein) kalt stellen. Er will ihn (den Gangster) kaltstellen.*

→ **Seite 215 f.,** Übersicht über die Wortarten

→ **Seite 217 ff.,** Verben

... richtigstellen oder richtig stellen?

TIPP!
Lies in einem Wörterbuch nach, welche Bedeutung die Wörter haben können. Von der Bedeutung hängt es ab, wie sie geschrieben werden müssen.

1 Setze das zusammengesetzte Verb in der richtigen Form ein, z. B.:
1. *Warum bist du nicht <u>vorbeigekommen</u>?*

1. Warum bist du nicht ✎ (vorbeikommen)?
2. Hast du da noch ✎ (durchblicken)?
3. Hast du den Brief schon ✎ (zurücksenden)?
4. Womit hast du die viele Zeit ✎ (totschlagen)?
5. Warum bist du nicht gleich ✎ (hingehen)?
6. Was habt ihr ✎ (zusammenstellen)?
7. Hast du denn nicht ✎ (hinhören)?
8. Wann seid ihr ✎ (fortlaufen)?

2 Setze die richtige Verbform ein, z. B.:
1. *Ich habe mich wegen des Regens untergestellt.*

1. **unterstellen**
a) Ich habe mich wegen des Regens ✎
b) Ich habe ihm nichts Böses ✎

2. **umfahren**
a) Er hat die Insel ✎
b) Er hat den Mann ✎

3. **übersetzen**
a) Er hat den Text ins Deutsche ✎
b) Er hat zum anderen Ufer ✎

4. **durchbrechen**
a) Ich habe den Stock ✎
b) Das Flugzeug hat die Schallmauer ✎

3 Verbzusammensetzung oder Wortgruppe? Schreibe auf und setze ein.

1. **schwerfallen** oder **schwer fallen**?
a) Das sollte dir nicht ✎
b) Vorsicht, dabei kannst du ✎

2. **freisprechen** oder **frei sprechen**?
a) Bei ihrem Vortrag muss sie ✎
b) Die Richterin muss den Angeklagten ✎

3. **dableiben** oder **da bleiben**?
a) Geht noch nicht, ihr sollt noch ein bisschen ✎
b) Ihr sollt ✎, wo ihr seid.

4. **gutgehen** oder **gut gehen**?
a) Lass es dir ✎
b) Nach dem Beinbruch kannst du doch schon wieder ✎

4 Verwende die folgenden Verben in Sätzen. Schreibe mit ihnen je einen Satz im Präsens und im Perfekt, z. B.:

kopfstehen → *In diesem Chaos steht sie kopf.*
→ *In diesem Chaos hat sie kopfgestanden.*

kopfstehen | nottun | stattfinden
leidtun | standhalten | teilnehmen

5 ... zusammen tragen oder zusammentragen?

Bedeutung:
- zusammen tragen = gemeinsam, miteinander etwas tragen
- zusammentragen = etwas an eine Stelle tun, in eins tun

Entscheide, ob die Wörter in den folgenden Sätzen zusammengeschrieben oder getrennt geschrieben werden müssen, z. B.:

1. Wir haben beschlossen, demnächst in einem Team zusammen zu spielen. (miteinander)

1. Wir haben beschlossen, demnächst in einem Team ✎ (zusammen zu spielen/zusammenzuspielen).
2. Wir sind an diesem Ort ✎ (zusammen gekommen/zusammengekommen).
3. Der Ball ist weit fortgeflogen, wir wollen ihn ✎ (zusammen suchen/zusammensuchen).
4. Um dieses Problem zu klären, müssen wir uns demnächst einmal ✎ (zusammen setzen/zusammensetzen).
5. Wie konnten die Fahrzeuge ✎ (zusammen stoßen/zusammenstoßen)?
6. Lasst uns ein Lied ✎ (zusammen singen/zusammensingen).
7. Ihm wurde übel, plötzlich ist er ✎ (zusammen gesunken/zusammengesunken).

6 ... wieder bringen oder wiederbringen?

Bedeutung:
- wieder bringen = etwas erneut, nochmals bringen
- wiederbringen = etwas zurückbringen

Entscheide, ob die Wörter in den folgenden Sätzen zusammengeschrieben oder getrennt geschrieben werden müssen, z. B.:

1. Ich kann dir das Geld morgen wiedergeben. (zurückgeben)

1. Ich kann dir das Geld morgen ✎ (wiedergeben/wieder geben).
2. Wenn du jetzt gehst, brauchst du nicht ✎ (wieder kommen/wiederkommen).
3. Ich werde das nicht ✎ (wieder tun/wiedertun).
4. Der Artikel wurde ✎ (wieder gedruckt/wiedergedruckt).
5. Kann ich meinen Stift bitte ✎ (wieder haben/wiederhaben)?
6. Da ist es mir ✎ (wieder eingefallen/wiedereingefallen).

12 Sehnsucht – Liebe – Abschied

Der erste Eindruck

Online-Link
Hörverstehen
313175-0150

Xavier Naidoo

Sie sieht mich nicht

Wenn sie vorbeigeht
Dann scheint es wie ein Feuerwerk
Vor einem Himmel ist es sie die ich bemerk'
Ihrer Königlichkeit ist nur ein König wert'

Und ich bin wenig königlich
Sie sieht mich einfach nicht

Wenn sie tanzt dann tanzt alles
Ihre Hüften und Arme
Alles erhellt sich im Licht dieser Dame
Sie hat die Anmut und die Reinheit
Die die anderen nicht haben

Sie hat all das was ich
Nicht hab' – Sie sieht mich einfach nicht

Je mehr ich mich ihr näher' desto
Ungeschickter bin ich
Mein Körper meine Stimme mein Gesicht
Es gibt Grenzen die man trotz
Millionen von Soldaten wegwischt
Aber unsere überwindet man nicht

Er hat Stil ist delikat bedient sich Gesten so zart
Das leichte Leben dieser Welt ist seine Art
Er ist so sehr auch das was er nicht zu
Sein vermag
Doch die Frauen wissen nicht
Von diesen Dingen wenn er spricht

Sie sieht mich einfach nicht

Man kann so vieles ändern
Wenn man zu kämpfen bereit ist – Aber nicht
diese Ungerechtigkeit

Wenn sie vorbeigeht dann scheint
Es wie ein Feuerwerk
Vor einem Himmel ist es sie die ich bemerk'
Ihrer Königlichkeit ist nur ein König wert

Ein anderer als ich
Ich bin wenig königlich
Sie sieht mich einfach nicht

Sie sieht mich einfach nicht
Sie sieht mich einfach nicht
Sieht mich einfach nicht

Eugen Roth

Gezeiten der Liebe

Ein Mensch schreibt mitternächtig tief
An die Geliebte einen Brief,
Der schwül und voller Nachtgefühl.
Sie aber kriegt ihn morgenkühl,
Liest gähnend ihn und wirft ihn weg.
Man sieht, der Brief verfehlt den Zweck.
Der Mensch, der nichts mehr von ihr hört,
Ist seinerseits mit Recht empört
Und schreibt am hellen Tag, gekränkt
Und saugrob, was er von ihr denkt.
Die Liebste kriegt den Brief am Abend,
Soeben sich entschlossen habend,
Den Menschen dennoch zu erhören –
Der Brief muss diesen Vorsatz stören.
Nun schreibt, die Grobheit abzubitten,
Der Mensch noch einen zarten dritten
Und vierten, fünften, sechsten, siebten
Der herzlos schweigenden Geliebten.
Doch bleibt vergeblich alle Schrift,
Wenn man zuerst danebentrifft.

Heinz Erhardt

Der Einsame

Einsam irr' ich durch die Gassen,
durch den Regen, durch die Nacht.
Warum hast du mich verlassen,
warum hast du das gemacht?
Nichts bleibt mir als mich zu
grämen!
Gestern sprang ich in den Bach,
um das Leben mir zu nehmen;
doch der Bach war viel zu flach.

Einsam irr' ich durch den Regen,
und ganz feucht ist mein Gesicht
nicht allein des Regens wegen,
nein, davon alleine nicht.
Wo bleibt Tod im schwarzen Kleide?
Wo bleibt Tod und tötet mich?
Oder besser noch: uns beide?
Oder besser: erst mal dich.

Online-Link
Hörverstehen
313175-0151

1 Lies die Gedichte mehrmals durch. Lass sie auf dich wirken.

2 Trage einer Partnerin oder einem Partner eines oder mehrere Gedichte vor.

→ **Seite 238,** Arbeitstechnik „Ein Gedicht wirkungsvoll vortragen"

3 Gebt eure ersten Eindrücke wieder:
- Um welches Thema geht es jeweils in den Gedichten?
- Worin ähneln sich die Gedichte?
- Wodurch unterscheiden sie sich?

→ **Seite 155, 238,** Arbeitstechnik „Ein Gedicht untersuchen und beschreiben"

4 Welche Gedichte gefallen dir, welche nicht? Begründe deine Entscheidung.

Genauer hinsehen

Marie Luise Kaschnitz

Am Strande

Heute sah ich wieder dich am Strand
Schaum der Wellen dir zu Füßen trieb
mit dem Finger grubst du in den Sand
Zeichen ein, von denen keines blieb.

Ganz versunken warst du in dein Spiel
mit der ewigen Vergänglichkeit,
Welle kam und Stern und Kreis zerfiel
Welle ging und du warst neu bereit.

Lachend hast du dich mir zugewandt
ahntest nicht den Schmerz, den ich erfuhr:
Denn die schönste Welle zog zum Strand
und sie löschte deiner Füße Spur.

Online-Link
Hörverstehen
313175-0152

1 Welche Gedanken gingen dir beim Lesen des Gedichts durch den Kopf? Notiere sie, z. B.: *etwas Trauriges geschieht, …*

2 Besprecht:
1. Wer spricht zu wem? Wo spielt das Geschehen? Was geschieht dort eigentlich?
2. In der Mitte des Gedichts taucht das Wort „Vergänglichkeit" auf. Was bedeutet das Wort für euch, wenn ihr an „Liebe" denkt? Welche Form (Verse, Strophen, Reime und Rhythmus) hat das Gedicht?

→ **Seite 238,** Arbeitstechniken „Ein Gedicht wirkungsvoll vortragen" und „Ein Gedicht auswendig lernen"

3 Bereite das Gedicht für einen Vortrag vor.

Merke

1. In vielen lyrischen Texten wird die Ich-Form verwendet. Sie wird dann als **lyrisches Ich** bezeichnet. Dieses **lyrische Ich** ist nicht mit dem Autor identisch. Ein erwachsener Autor kann z. B. ein kindliches Ich sprechen lassen.
2. Von **Personifizierung** spricht man, wenn Dinge oder Naturerscheinungen „vermenschlicht" werden, z. B. *die Sonne lacht.*
3. In Gedichten werden oft **sprachliche Bilder** „gezeichnet". Diese Bilder dienen der Veranschaulichung von Eigenschaften, z. B. *kaltes Herz* für *Gefühllosigkeit.*

Herbert Grönemeyer

Flugzeuge im Bauch

du hast 'n schatten im blick
dein lachen ist gemalt
deine gedanken sind nicht
mehr bei mir
streichelst mich mechanisch
völlig steril
eiskalte hand, mir graut vor dir

fühl mich leer und verbraucht
alles tut weh
hab flugzeuge in meinem bauch
kann nichts mehr essen
kann dich nicht vergessen
aber auch das gelingt mir noch
gib mir mein herz zurück
du brauchst meine liebe nicht

gib mir mein herz zurück
bevor es auseinanderbricht
je eher du gehst
um so leichter wird's für mich

ich brauch niemand, der mich quält
niemand, der mich zerdrückt
niemand, der mich benutzt, wann
er will
niemand, der mit mir redet nur aus
pflichtgefühl
der nur seine eitelkeit an mir stillt

niemand, der nie da ist
wenn man ihn am nötigsten hat
wenn man nach luft schnappt, auf
dem trocknen schwimmt
lass mich los, lass mich in ruhe
damit das ein ende nimmt

gib mir mein herz …

Online-Link
Hörverstehen
313175-0153

4 Besprecht:

1. Worum geht es in dem Gedicht? Welche Stimmung wird hier aufgebaut?
2. Wie werden das „Ich" und das „Du" beschrieben? Z. B.:
   „deine Gedanken sind nicht mehr bei mir …"
3. Versucht, die Bilder zu deuten. Übersetzt sie dazu in Alltagssprache, z. B.:
   „eiskalte hand, mir graut vor dir" → gefühllos
4. Warum verwenden Dichter sprachliche Bilder statt Beschreibungen in der Alltagssprache? Was erreichen sie damit?

→ **Seite 155, 238,** Arbeitstechnik „Ein Gedicht untersuchen und beschreiben"

Merke

4. Die Zeile eines Gedichts heißt **Vers**, ein Gedichtabschnitt aus mehreren Versen heißt **Strophe.**
5. In vielen Gedichten werden **Reime** verwendet, z. B. *Paarreim* (aabb), *Kreuzreim* (abab) oder *umarmender Reim* (abba). Ein Reim ist ein Gleichklang von Wörtern, z. B. *singen – klingen.*
6. Unter **Rhythmus** versteht man eine gleichmäßige Abfolge von betonten und unbetonten Silben beim Sprechen. Der Rhythmus wird auch durch Pausen und die Satzmelodie beeinflusst.

Ein Gedicht untersuchen und beschreiben

TIPP!
Orientiere dich an den Merkkästen auf Seite 152 f. und an der Arbeitstechnik auf Seite 155.

Online-Link
Hörverstehen
313175-0154

1 Sieh dir die Gedichte auf den Seiten 154 und 155 an und entscheide, welches du untersuchen willst. **Wähle A oder B:**

A:

Erich Kästner

Sachliche Romanze

Als sie einander acht Jahre kannten
(Und man darf sagen: sie kannten sich gut),
kam ihre Liebe plötzlich abhanden.
Wie andern Leuten ein Stock oder Hut.

Sie waren traurig, betrugen sich heiter,
versuchten Küsse, als ob nichts sei,
und sahen sich an und wussten nicht weiter.
Da weinte sie schließlich. Und er stand dabei.

Vom Fenster aus konnte man Schiffen winken.
Er sagte, es wäre schon Viertel nach vier
und Zeit, irgendwo Kaffee zu trinken.
Nebenan übte ein Mensch Klavier.

Sie gingen ins kleinste Café am Ort
und rührten in ihren Tassen.
Am Abend saßen sie immer noch dort.
Sie saßen allein, und sie sprachen kein Wort
und konnten es einfach nicht fassen.

B:

Heinrich Heine

Dass du mich liebst …

Dass du mich liebst, das wusst ich,
Ich hatt es längst entdeckt;
Doch als du mir's gestanden,
Hat es mich tief erschreckt.

Ich stieg wohl auf die Berge
Und jubelte und sang;
Ich ging ans Meer und weinte
Beim Sonnenuntergang.

Mein Herz ist wie die Sonne
So flammend anzusehn
Und in ein Meer von Liebe
Versinkt es groß und schön.

Online-Link
Hörverstehen
313175-0155

Arbeitstechnik

Ein Gedicht untersuchen und beschreiben

1. Stelle fest, um welches Thema es geht. Notiere deine ersten Gedanken beim Lesen der Überschrift und der einzelnen Strophen.
2. Lies das Gedicht mehrmals, auch laut. Verwende unterschiedliche Betonungen.
3. Kläre unbekannte oder ungewöhnlich gebrauchte Wörter aus dem Textzusammenhang.
4. Fasse den Inhalt (Strophe für Strophe) zusammen.
5. Beschreibe die Form des Gedichts (Verse, Strophen, Reime und Rhythmus).
6. Untersuche die rhetorischen Mittel (Personifizierungen, Vergleiche, Wiederholungen und sprachliche Bilder). Erschließe dabei jeweils den Bezug zum Inhalt, zur Aussage sowie die Wirkung des Gedichts.
7. Notiere, wie das Gedicht insgesamt wirkt und was damit beabsichtigt sein könnte.
8. Bewerte das Gedicht abschließend. Begründe dein Urteil.
9. Fasse deine Untersuchungsergebnisse schriftlich zusammen. Entwirf dafür zunächst eine Gliederung.

Vergleiche anstellen

Online-Link
zu Johann Wolfgang Goethe
313175-0156

Online-Link
Hörverstehen
313175-0156

Im Oktober 1770 lernte der 21-jährige Goethe die 18-jährige Friederike Brion kennen, Tochter eines Pfarrers in Sessenheim (Elsass), und verliebte sich in sie. Rasch gab sie seinem Werben nach, doch nach kurzen, heftigen Liebeswonnen begannen Goethes Gefühle zu erkalten und er verließ sie 1771, nicht ohne schlechtes Gewissen.
Goethe verarbeitete dieses Erlebnis in dem Gedicht „Willkommen und Abschied". 14 Jahre später überarbeitete er das Gedicht noch einmal.

Johann Wolfgang Goethe
Willkommen und Abschied
(Frühe Fassung, 1771)

Es schlug mein Herz. Geschwind, zu Pferde!
Und fort, wild wie ein Held zur Schlacht.
Der Abend wiegte schon die Erde,
Und an den Bergen hing die Nacht.
Schon stund im Nebelkleid die Eiche
Wie ein getürmter Riese da,
Wo Finsternis aus dem Gesträuche
Mit hundert schwarzen Augen sah.

Der Mond von einem Wolkenhügel
Sah schläfrig aus dem Duft hervor,
Die Winde schwangen leise Flügel,
Umsausten schauerlich mein Ohr.
Die Nacht schuf tausend Ungeheuer,
Doch tausendfacher war mein Mut,
Mein Geist war ein verzehrend Feuer,
Mein ganzes Herz zerfloss in Glut.

Ich sah dich, und die milde Freude
Floss aus dem süßen Blick auf mich.
Ganz war mein Herz an deiner Seite,
Und jeder Atemzug für dich.
Ein rosenfarbnes Frühlingswetter
Lag auf dem lieblichen Gesicht
Und Zärtlichkeit für mich, ihr Götter,
Ich hofft' es, ich verdient' es nicht.

Der Abschied, wie bedrängt, wie trübe!
Aus deinen Blicken sprach dein Herz.
In deinen Küssen welche Liebe,
O welche Wonne, welcher Schmerz!
Du gingst, ich stund und sah zur Erden
Und sah dir nach mit nassem Blick.
Und doch, welch Glück, geliebt zu werden,
Und lieben, Götter, welch ein Glück!

1 Vergleiche die frühe Fassung des Gedichts mit der späteren. Was wurde geändert? Notiere, welche Gründe du dafür vermutest.

2 Goethe hat viele Jahre später in seiner Autobiografie „Aus meinem Leben. Dichtung und Wahrheit" über die Begegnung mit Friederike Folgendes geschrieben:

Online-Link zu „Aus meinem Leben. Dichtung und Wahrheit" 313175-0157

Aus dem autobiografischen Text Goethes „Aus meinem Leben. Dichtung und Wahrheit" (1811–1813)

„In solchem Drang und Verwirrung konnte ich doch nicht lassen, Friederike noch einmal zu sehen. Es waren peinliche Tage, deren Erinnerung mir nicht geblieben ist. Als ich ihr die Hand noch vom Pferde reichte, standen ihr die Tränen in den Augen, und mir war sehr übel zu Mute."

Verfasse einen Brief, den Friederike als Antwort auf Goethes Abschied geschrieben haben könnte.

Johann Wolfgang Goethe

Willkommen und Abschied

(Spätere Fassung, etwa 1785)

Es schlug mein Herz. Geschwind, zu Pferde!
Es war getan fast eh gedacht.
Der Abend wiegte schon die Erde,
Und an den Bergen hing die Nacht;
Schon stund im Nebelkleid die Eiche
Ein aufgetürmter Riese, da,
Wo Finsternis aus dem Gesträuche
Mit hundert schwarzen Augen sah.

Der Mond von einem Wolkenhügel
Sah kläglich aus dem Duft hervor,
Die Winde schwangen leise Flügel,
Umsausten schauerlich mein Ohr;
Die Nacht schuf tausend Ungeheuer,
Doch frisch und fröhlich war mein Mut:
In meinen Adern welches Feuer!
In meinem Herzen welche Glut!

Dich sah ich, und die milde Freude
Floss von dem süßen Blick auf mich;
Ganz war mein Herz an deiner Seite
Und jeder Atemzug für dich.
Ein rosenfarbnes Frühlingswetter
Umgab das liebliche Gesicht,
Und Zärtlichkeit für mich – ihr Götter!
Ich hofft' es, ich verdient' es nicht!

Doch ach, schon mit der Morgensonne
verengt der Abschied mir das Herz:
In deinen Küssen welche Wonne!
In deinem Auge, welcher Schmerz!
Ich ging, du standst und sahst zur Erden
Und sahst mir nach mit nassem Blick:
Und doch, welch Glück, geliebt zu werden!
Und lieben, Götter, welch ein Glück!

Über berühmte Dichter

Johann Wolfgang Goethe

Johann Wolfgang Goethe wurde 1749 in Frankfurt am Main geboren. Er starb 1832 in Weimar. Goethe ist einer der bedeutendsten deutschen Dichter. Seine literarische Produktion ist sehr umfangreich. Sie umfasst Gedichte, Dramen, erzählende Werke, autobiografische, kunst- und literaturtheoretische sowie naturwissenschaftliche Schriften. Auch sein Briefwechsel ist von großer literarischer Bedeutung.

Online-Link
zu Johann Wolfgang Goethe (Biografie)
313175-0158

1 Tragt zusammen, was ihr bereits über Goethes Leben und Werk wisst.

2 Bestimme in den Sätzen jeweils das Subjekt.

3 Untersuche in den Sätzen die Prädikate. Erkläre, aus welchen Bestandteilen sie jeweils bestehen.

4 EXTRA Analysiere, wie das Prädikat in diesen Sätzen gebildet ist.

1. Johann Wolfgang Goethe war einer der wichtigsten Vertreter der literarischen Epoche des „Sturm und Drang".
2. Durch seinen Roman „Die Leiden des jungen Werther" wurde er in ganz Europa berühmt.
3. Später wandte er sich den Idealen der Antike zu.
4. Ab den 1790er Jahren wurde er gemeinsam mit Friedrich Schiller zum wichtigsten Vertreter der Weimarer Klassik.
5. Sein berühmtestes Werk ist sein Drama „Faust".
6. Im Alter galt Goethe auch im Ausland als Repräsentant des geistigen Deutschlands.
7. Viele seiner Gedichte gehören heute zum Schulstoff.

Merke

Prädikatsnomen
Bei einigen Verben (*bezeichnen, bleiben, gelten, heißen, sein, werden*) gehören auch Substantive/Nomen, Pronomen, Adjektive, Adverbien oder Wortgruppen mit einer Präposition zum **Prädikat**, z. B. *Er ist mein Freund. Er bleibt es. Er ist klug. Er erscheint ängstlich. Sie ist hier. Sie ist bei ihrem Freund.*

Heinrich Heine

Heinrich Heine wurde 1797 in Düsseldorf geboren. Er starb 1856 in Paris. Heine gehört zu den bedeutendsten Lyrikern des 19. Jahrhunderts. Ihm verdanken wir viele Gedichte, die zu den bekanntesten Werken der deutschen Literatur zählen. Aber auch als kritischer Journalist wirkte Heinrich Heine sehr erfolgreich. In seinen Schriften setzte er sich mit den gesellschaftlichen Verhältnissen in Deutschland auseinander. Wegen seiner politischen Haltung waren Heines Schriften zu seinen Lebzeiten in Deutschland verboten.

1 Tragt zusammen, was ihr bereits über Heines Leben und Werk wisst.

Online-Link zu Heinrich Heine (Biografie) 313175-0159

2 Übernimm die folgende Tabelle in dein Heft. Schreibe die Fragen, mit denen man die Satzglieder erfragen kann, in die zweite Spalte. Trage dann als Beispiele Satzglieder aus dem Text ein.

Satzglied	Frage	Beispiel aus dem Text
Subjekt	Wer oder was?	Heinrich Heine
Objekte		
– Dativobjekt	…	…
– Akkusativobjekt	…	…
– Präpositionalobjekt		
Adverbialbestimmungen		
– Lokalbestimmung (Ort)	…	…
– Temporalbestimmung (Zeit)	…	…
– Modalbestimmung (Art und Weise)	…	…
– Kausalbestimmung (Grund)	…	…

→ **Seite 221 f.,** Satzglieder

3 EXTRA Schreibe aus dem Text alle Präpositionalobjekte und das entsprechende Verb heraus. Ergänze jeweils die passende Frage, z. B.:
(gehört) zu den bedeutendsten Lyrikern des 19. Jahrhunderts
→ Zu wem gehört Heine?

Dichter, Daten und Geschichte

→ **Seite 221,** Umstellprobe

1 Wähle zwei Sätze aus und stelle sie so oft wie möglich um.

1. Heinrich Heine wurde 1797 in Düsseldorf als Sohn des Tuchhändlers Samson Heine geboren.

2. In seinen Schriften setzt sich Heinrich Heine mit den gesellschaftlichen Verhältnissen in Deutschland auseinander.

3. Wegen seiner politischen Haltung waren Heines Schriften zu seinen Lebzeiten in Deutschland verboten.

4. Weil er der Zensur in Deutschland überdrüssig war, zog er 1831 nach Paris, wo seine zweite Lebens- und Schaffensphase begann.

TIPP!
Auf den Seiten 150 bis 156 findest du Gedichte der genannten Autoren.

→ **Seite 221,** Präpositionalobjekt

2 Erfrage die unterstrichenen Satzglieder in folgenden Sätzen, z. B.:
1. Von wem mussten früher die Balladen Goethes und Schillers auswendig gelernt werden?

1. Die Balladen Goethes und Schillers mussten früher <u>von den Schülern</u> auswendig gelernt werden.
2. Johann Wolfgang Goethe verband eine enge Freundschaft <u>mit Friedrich Schiller</u>.
3. Heinrich Heine zählt <u>zu den meistübersetzten Dichtern deutscher Sprache</u>.
4. Erich Kästner (1899–1974) schrieb <u>für Kinder und Erwachsene</u>.
5. Wegen seines Wortwitzes wurde Eugen Roth (1895–1976) <u>von vielen Lesern</u> geliebt.
6. Xavier Naidoo (geb. 1971) entwickelte sich <u>zu einem der erfolgreichsten Pop-Soul-Sänger</u> in Deutschland.
7. Viele lyrische Texte Heines wurden <u>von bekannten Komponisten wie Robert Schumann und Franz Schubert vertont</u>.
8. Neue Vertonungen <u>von satirischen und nachdenklichen Versen</u> Erich Kästners bringen Kabarettisten <u>mit vielen aktuellen Anspielungen</u> auf die Bühne.

3 Erfrage die unterstrichenen Satzglieder auch in folgenden Sätzen, z. B.:
1. Viele Gedichte Heinrich Heines (1797–1856) gehören zu den bekanntesten Werken der deutschen Literatur. → 1. Wozu gehören viele Gedichte Heinrich Heines?

1. Viele Gedichte Heinrich Heines (1797–1856) gehören zu den bekanntesten Werken der deutschen Literatur.
2. Erich Kästner schrieb Gedichte, Glossen und Reportagen für verschiedene Tageszeitungen.
3. Durch seine witzigen Gedichte wurde Heinz Erhardt (1909–1979) zu einem der beliebtesten deutschen Humoristen.
4. Die Werke der Dichterin Marie Luise Kaschnitz (1901–1974) sind von einer humanistisch-christlichen Haltung geprägt.
5. Mit seinem Album „Bochum" gelang Herbert Grönemeyer (geb. 1956) der musikalische Durchbruch.
6. Mit seiner Gebrauchslyrik wurde Erich Kästner zum wichtigsten Vertreter einer neuen Richtung in der Literatur, die die „Neue Sachlichkeit" genannt wurde.
7. Goethe hat nicht nur Gedichte und Theaterstücke geschrieben. Er beschäftigte sich auch intensiv mit verschiedenen Wissenschaften.
8. Wegen seines schlechten Gesundheitszustandes musste Schiller 1791 sein Lehramt an der Universität in Jena aufgeben.

4 Erweitere die Sätze durch die in Klammern stehenden Adverbialbestimmungen, z. B.:
1. Friedrich Schiller wurde 1759 in Marbach am Neckar geboren.

1. Friedrich Schiller wurde 1759 geboren. (in Marbach am Neckar)
2. Er starb in Weimar. (1805)
3. Schiller siedelte nach Weimar über. (1799; um Goethe und dem Weimarer Theater näher zu sein)
4. Ihn verband eine Freundschaft mit Johann Wolfgang Goethe. (von 1794 bis zu seinem Tode)
5. Seine Balladen, z. B. „Der Handschuh", „Die Glocke" und „Die Bürgschaft" zählen zu den bedeutendsten deutschen Dichtungen. (noch heute)
6. Seine Theaterstücke, z. B. „Die Räuber" und „Wilhelm Tell", erfreuen sich großer Beliebtheit bei Alt und Jung. (auch in der Gegenwart)
7. Schiller gilt als einer der führenden Vertreter der deutschen Nationalliteratur. (unbestritten)
8. Schillers Wohnhaus in Weimar ist heute ein Museum. Es zieht Tausende Touristen an. (noch immer; jährlich)

13 Und was kann man daraus lernen?

Bewaffnet, doch als Friedensheld

Online-Link
Hörverstehen
313175-0162

Wilhelm Busch

Bewaffneter Friede

Ganz unverhofft an einem Hügel
sind sich begegnet Fuchs und Igel.

„Halt", rief der Fuchs, „du Bösewicht!
Kennst du des Königs Order nicht?
Ist nicht der Friede längst verkündigt,
und weißt du nicht, dass jeder sündigt,
der immer noch gerüstet geht?
Im Namen seiner Majestät
geh her und übergib dein Fell!"

Der Igel sprach: „Nur nicht so schnell!
Lass dir erst deine Zähne brechen,
dann wollen wir uns weiter sprechen!"
Und allsogleich macht er sich rund,
schließt seinen dichten Stachelbund
und trotzt getrost der ganzen Welt,
bewaffnet, doch als Friedensheld.

1 Erzählt den Text in der Ich-Form nach: Einmal aus der Sicht des Fuchses, einmal aus der Sicht des Igels. Ergänzt dabei, was der Fuchs und der Igel denken, befürchten und beabsichtigen könnten.

2 Der Sinn des Textes lässt sich auf das Zusammenleben der Menschen übertragen. Macht Vorschläge und nutzt dafür die folgenden Stichwörter.

Waffen des Fuchses | Waffen des Igels | Aggression | friedliche Verteidigung | übervorteilen | Vorsicht | Schlagfertigkeit | Schlauheit | Klugheit

3 Bei dem Gedicht auf Seite 162 handelt es sich um eine Fabel. Wiederholt, was eine Fabel ist, und tragt Merkmale von Fabeln zusammen.

4 Hier sind einige Fabeldichter abgebildet. Welche dieser Dichter kennst du? Welche Fabeln haben sie geschrieben? Tausche dich mit deinen Mitschülerinnen und Mitschülern darüber aus.

TIPP!
Ihr könnt dazu in Büchern nachlesen oder im Internet recherchieren. Nutzt auch den Online-Link.

Online-Link
zum Stichwort „Fabel“ und zu den abgebildeten Fabeldichtern
313175-0163

Äsop (um 600 v. Chr.)

Jean de La Fontaine (1621–1695)

Martin Luther (1483–1546)

Christian Fürchtegott Gellert (1715–1769)

Gotthold Ephraim Lessing (1729–1781)

Wilhelm Busch (1832–1908)

5 Wähle einen Fabeldichter aus. Verfasse eine Kurzbiografie und bereite dich darauf vor, den Dichter in der Klasse vorzustellen und eine Fabel von ihm vorzutragen.

Und wer ist schuld daran?

1 Die folgende Parabel wurde 1922 geschrieben. Lies sie und notiere dann innerhalb von zwei Minuten deine Gedanken und deine Fragen dazu.

Online-Link
Hörverstehen
313175-0164

Online-Link
zu Friedrich Wolf
313175-0164

Friedrich Wolf

Die Ordnungsbienen

Der Bienenstock Lindenreich wurde an einem Sommermorgen, da die meisten Arbeitsbienen schwärmten, von einer Schar Mordwespen überfallen. Zwar sausten alsbald so viele Arbeitsbienen heran, dass es gelang, der Räuber Herr zu werden und sie aus dem Stock zu werfen, aber die klugen Bienen wollten für alle Fälle gesichert sein.
So teilten sie die stärksten Bienen ab als Kampfbienen. Diese hatten keine weitere Arbeit zu verrichten, als in der Nähe des Stocks zu wachen, falls wieder einmal Mordwespen nahen sollten. Eine Schar weiterer, noch stärkerer Bienen – so genannte Spruchbienen – ward bestimmt, über die Kampfbienen Recht zu sprechen, falls sie ihre Waffen missbrauchen und aus Langeweile untereinander oder mit den Arbeitsbienen Händel bekämen. Um dieser Gefahr und Verrohung aber vorzubeugen, ward ein Trupp duftigster und kräftigster Honigbienen ernannt, so genannte Wohlgeruchsbienen; diese hatten lediglich die Aufgabe, täglich um den Frieden zu beten und im Fall des Krieges die Waffen der Kampfbienen zu segnen. Um aber den notwendigen Verkehr zwischen den einzelnen Dienststellen aufrechtzuerhalten, die abwesenden Arbeitsbienen zur schnellen Hilfe heranzuziehen, ward eine große Schar so genannter Nachrichten- oder Postbienen und ebenso viele Ersatzpostbienen und Bereitschaftsersatzpostbienen abgesondert. Die Zahl der Arbeitsbienen war somit um die Hälfte vermindert, und bald klagten alle Kampf-, Gerichts-, Bete- und Postbienen, dass ihre tägliche Honignahrung nicht ausreiche. Da ward, um dem Übel zu steuern, die Zahl der Arbeitsbienen nochmals um die Hälfte vermindert und eine sehr große Zahl so genannter Steuerbienen geschaffen; diese hatten lediglich die Aufgabe, darüber zu wachen, dass die Hälfte des Honigs auch pünktlich an die Kampf-, Gerichts-, Bete-, Post- und Steuerüberwachungsbienen abgeliefert wurde. Dennoch konnten die so genannten Ordnungsbienen nicht genug Nahrung herbeischaffen. Da beschloss man, einen Teil der Ordnungsbienen wieder in Arbeitsbienen umzuwandeln. Um dies aber ohne Härte zu ermöglichen, wurde der Rest der Arbeitsbienen zu so genannten Sparbienen ernannt. Dieser überprüfte drei Tage lang die Verhältnisse, fand jedoch sämtliche Einwände gegen die Ordnungsbienen übertrieben und nicht stichhaltig.
Am fünften Tage – da keine Nahrung mehr hereinkam – starb der ganze Bienenstaat. Schuld daran – rief die letzte Kampfbiene – sind die Mordwespen.

2 Schau dir den Text genauer an. Es werden darin verschiedene Arten von Bienen genannt. Notiere, z. B.:

→ **Seite 239,** Arbeitstechnik „Einen literarischen Text genau lesen und verstehen"

Arten von Bienen	Was tun sie?	Wozu werden sie eingesetzt?
Arbeitsbienen	sammeln Nektar	Nahrungsbeschaffung, Verteidigung
Kampfbienen	...	...

3 Fasse den Inhalt in Stichworten zusammen, z. B.:

Ausgangssituation:
Angriff der Mordwespen, Sieg über die Mordwespen, Bedürfnis nach Sicherheit
Entwicklung des Geschehens: ...
Schlusssituation: ...

4 Man kann das Zusammenleben der Bienen mit dem Zusammenleben der Menschen vergleichen. Überlege, wer mit den Arbeitsbienen, den Kampfbienen, den Spruchbienen usw. verglichen werden könnte. Schreibe deine Überlegungen auf, z. B.:

- Ich denke, man kann den Bienenstaat mit einem Menschenstaat vergleichen, denn ...
- Mit den Arbeitsbienen sind alle die gemeint, die ...

5 EXTRA Es gibt immer weniger Arbeitsbienen und immer mehr Bienen mit anderen Aufgaben. Stelle diese Entwicklung in einem Diagramm dar.

6 EXTRA Erkläre den Schlusssatz (Zeile 34 f.). Was meint die Kampfbiene? Wie denkst du darüber?

Merke

Gleichnisse sind meist kürzere literarische Texte. Um einen Sachverhalt zu veranschaulichen, wird ein Vergleich verwendet, z. B. wird das Zusammenleben der Bienen mit dem Zusammenleben der Menschen verglichen.
Wenn ein Gleichnis zu einer eigenständigen Erzählung erweitert wird, nennt man es **Parabel**.

Gefährliche Nachbarschaft

James Grover Thurber (1894–1961) war ein US-amerikanischer Schriftsteller und Zeichner. Er schrieb vor allem Satiren, Fabeln und Geschichten, in denen er sich kritisch mit der amerikanischen Gesellschaft seiner Zeit auseinandersetzte. Seine Texte illustrierte er meist selbst.

Online-Link
Hörverstehen
313175-0166

James G. Thurber

Die Kaninchen, die an allem schuld waren

Es war einmal – selbst die jüngsten Kinder erinnern sich noch daran – eine Kaninchenfamilie, die unweit von einem Rudel Wölfe lebte. Die Wölfe erklärten immer wieder, dass ihnen die Lebensweise der Kaninchen ganz und gar nicht gefalle. (Von ihrer eigenen Lebensweise waren die Wölfe begeistert, denn das war die einzig richtige.)

Eines Nachts fanden mehrere Wölfe bei einem Erdbeben den Tod, und die Schuld daran wurde den Kaninchen zugeschoben, die ja, wie jedermann weiß, mit ihren Hinterbeinen auf den Erdboden hämmern und dadurch Erdbeben verursachen. In einer anderen Nacht wurde einer der Wölfe vom Blitz erschlagen, und schuld daran waren wieder die Kaninchen, die ja, wie jedermann weiß, Salatfresser sind und dadurch Blitze verursachen. Die Wölfe drohten, die Kaninchen zu zivilisieren, wenn sie sich nicht besser benähmen, und die Kaninchen beschlossen, auf eine einsame Insel zu flüchten.

Die anderen Tiere aber, die weit entfernt wohnten, redeten den Kaninchen ins Gewissen. Sie sagten: „Ihr müsst eure Tapferkeit beweisen, indem ihr bleibt, wo ihr seid. Dies ist keine Welt für Ausreißer. Wenn die Wölfe euch angreifen, werden wir euch zu Hilfe eilen – höchstwahrscheinlich jedenfalls."

So lebten die Kaninchen weiterhin in der Nachbarschaft der Wölfe. Eines Tages kam eine schreckliche Überschwemmung, und viele Wölfe ertranken. Daran waren die Kaninchen schuld, die ja, wie jedermann weiß, Mohrrübenknabberer mit langen Ohren sind und dadurch Überschwemmungen verursachen. Die Wölfe fielen über die Kaninchen her – natürlich um ihnen zu helfen – und sperrten sie in eine finstere Höhle – natürlich um sie zu schützen.

Wochenlang hörte man nichts von den Kaninchen, und schließlich fragten die anderen Tiere bei den Wölfen an, was mit ihren Nachbarn geschehen sei. Die Wölfe erwiderten, die Kaninchen seien gefressen worden, und da sie gefressen worden seien, handele es sich um eine rein innere Angelegenheit.

Die anderen Tiere drohten jedoch, sich unter Umständen gegen die Wölfe zusammenzuschließen, wenn die Vernichtung der Kaninchen nicht irgendwie begründet würde. Also gaben die Wölfe einen Grund an. „Sie versuchten auszureißen“, sagten die Wölfe, „und wie ihr wisst, ist dies keine Welt für Ausreißer.“

1 Stelle fest, welche Vorwürfe die Wölfe in der Geschichte den Kaninchen machen.

2 Überlege: Sind diese Vorwürfe deiner Ansicht nach ernst zu nehmen oder haben sie einen ganz anderen Sinn und Zweck?

3 Als die anderen Tiere fragen, was mit den Kaninchen geschehen sei, antworten die Wölfe, das gehe sie nichts an, es handle sich um eine „rein innere Angelegenheit“ (Zeile 34 bis 38). Worauf spielt der Autor hier vermutlich an? Wo spielt diese Formulierung in unserer Welt eine Rolle? Schreibe deine Meinung in Stichworten auf.

4 Wie findest du das Verhalten
1. der Wölfe,
2. der Kaninchen,
3. der anderen Tiere?

Schreibe deine Meinung dazu auf.

5 Was für eine Art Text ist die Geschichte? Was soll sie uns Menschen zeigen? Notiere deine Gedanken.

6 Kennst du aus der Menschenwelt ähnliche Vorgänge wie die, die in dem Text geschildert werden?

Wörter und Unwörter

Die Gesellschaft für deutsche Sprache beobachtet seit längerer Zeit, wie sich der Wortschatz in der deutschen Sprache verändert. In diesem Zusammenhang wird jedes Jahr das „Wort des Jahres“ sowie das „Unwort des Jahres“ ermittelt und in der Öffentlichkeit diskutiert.

Finanzkrise
Herdprämie
Geborgenheit
Reformstau
Motschekiepchen
Abwrackprämie

1 Lies den Endlostext einer Partnerin oder einem Partner laut vor. Stellt fest, worum es darin geht.

„habseligkeiten“ schlug im Jahr 2004 „geborgenheit“

diegesellschaftfürdeutschesprachewolltedasschönstedeutschewortermitteln,undmehrals20.000menschenbeteiligtensichandersuche.amendegewannendie„habseligkeiten“.das„schönste“deutschewortwaralso„habseligkeiten“:derbegriffundseinebegründungwurdenvonderjuryzumgewinnerdesinternationalenwettbewerbsgekürt.beiderwahlwarnichtentscheidend,wieofteinwortgenanntwurde,sondernwiedieeinsenderihrewahlbegründeten.diejuryhattesichfür„habseligkeiten“entschieden,weilesdengegensatzdesmenschlichenstrebensnachbesitzmitdem„unerreichbarenziel“derseligkeitvereine.„geborgenheit“landeteaufplatzzwei,gefolgtvon„lieben“.zum„coolsten“deutschenwortwurde„rhabarbermarmelade“gewählt.imwettbewerbum„dasschönstewortderkinder“siegtedie„libelle“.diemeistgenanntenwörterwaren:„gemütlichkeit“,„sehnsucht“und „heimat“.

→ **Seite 225,** Rechtschreibstrategie „Großschreibung von Wörtern“

TIPP!
Helft euch gegenseitig. Nutzt ein Wörterbuch, wenn ihr Wörter nicht versteht.

2 Schreibe den Text aus Aufgabe 1 richtig auf.

3 Suche aus dem Text von Aufgabe 1 alle Substantive/Nomen heraus. Schreibe sie im Nominativ mit dem passenden Artikel auf, z. B.:
die Gesellschaft, die Habseligkeiten, die Geborgenheit, …

4 Lies den folgenden Text. Stelle fest, worum es darin geht. Erkläre dann die Groß- oder Kleinschreibung der unterstrichenen Wörter.

Stau

Bereits im 18. Jahrhundert kannte man das Substantiv *Stau* in der Bedeutung „angestautes, zum Stehen gebrachtes Wasser". Das Wort ist verwandt beispielsweise mit *stehen, Stadt, Stadel* und *Staude*. Sie alle haben etwas zu tun mit dem Verharren auf einer Stelle.
Zum Jahrhundertwort wurde *Stau* in der allgemeineren Bedeutung „Hemmung, Stillstand von Fließendem, Bewegtem", insbesondere im Straßenverkehr.
Eine unangenehme Begleiterscheinung der enorm gewachsenen Automobilproduktion sind seit Jahren kilometerlange Autoschlangen, die sich im Schritttempo oder überhaupt nicht mehr fortbewegen.
Nicht nur Unfälle sind Stauursache – bei hohem Verkehrsaufkommen kann oft auch der berüchtigte *Stau aus dem Nichts* entstehen. Seit 1982 sind auf deutschen Straßen Stauberater mit Motorrädern unterwegs, die den Stauteilnehmern mit Rat und Tat zur Seite stehen sollen.
Zum Wort des Jahres 1997 wählte die Gesellschaft für deutsche Sprache z. B. einen Ausdruck, der eine der Hauptursachen für Politikverdrossenheit benennt: Reformstau.

5 Erkläre die Bedeutung folgender Wörter bzw. Wortgruppen: „Beförderungsstau", „Megastau", „Stau in den Köpfen".

6 Schreibt den Text von Aufgabe 4 je zur Hälfte als Partnerdiktat.

7 Lest Korrektur: Prüft gegenseitig, ob ihr in dem Diktat aus Aufgabe 6 alle Wörter richtig geschrieben habt.

→ **Seite 226,** Arbeitstechnik „Korrektur lesen"

8 EXTRA Schaut im Internet nach, welche Wörter die aktuellen „Wörter und Unwörter des Jahres" sind. Schreibt sie mit ihrer Bedeutung auf.

Online-Link zu Wörtern/ Unwörtern des Jahres 313175-0169

Groß oder klein?

1 Der folgende Text enthält 15 Fehler. Findet sie heraus, berichtigt sie und begründet die Groß- oder Kleinschreibung der Wörter.

Datenverarbeitung

Datenverarbeitung (DV) ist ein Wort vom anfang der sechziger des 20. Jahrhunderts. Es steht für bedeutende änderungen, denen die Informationsstrukturen in den Vergangenen Jahrzehnten unterworfen waren. Nicht ohne grund Schätzen wir uns Heute als Informationsgesellschaft ein. Die DV, d.h. das speichern, übermitteln, verändern von Daten, wird in unserer zeit mit Technischen Mitteln vorgenommen. Die Datenübertragung kann Überörtlich vor sich gehen, und so entstand ein Weltumspannendes Computernetzwerk, das internet.

→ **Seite 215 f.,** Übersicht über die Wortarten

2 Schreibe den folgenden Text in der richtigen Groß- und Kleinschreibung auf und setze die Satzzeichen.

DIESPRACHEBESTEHTAUSWÖRTERNDIEWÖRTERWERDEN
ZUSÄTZENZUSAMMENGEFÜGTINDERSCHRIFTLÄSSTMAN
ZWISCHENDENWÖRTERNEINELÜCKEAMENDEEINESSATZES
SETZTMANEINSATZSCHLUSSZEICHENTEILSÄTZEWERDEN
DURCHEINKOMMAABGETRENNTSINDDIELÜCKENNICHT
VORHANDENUNDFEHLENDIESATZZEICHENDANNISTESNICHT
GERADEEINFACHDENSINNZUVERSTEHEN

3 Vervollständige die folgenden Sätze:

Der Text aus Aufgabe 1 besteht aus ✎ Sätzen und hat ✎ Wörter. Außer ✎ Punkten als Satzschlusszeichen muss man auch ✎ Kommas setzen, um Teilsätze voneinander abzutrennen.

→ **Seite 225,** Rechtschreibstrategie „Großschreibung von Wörtern"

4 Schreibe auch diesen Text in der richtigen Groß- und Kleinschreibung auf.

durch die großschreibung unterscheidet sich die deutsche schriftsprache von den meisten anderen sprachen. wörter, die mit großbuchstaben beginnen, fallen im text gleich auf und erleichtern sowohl das textverständnis als auch das sinnbetonende vorlesen eines unbekannten textes. es gibt mehrere bestimmungen, die die großschreibung regeln. so schreibt man zum beispiel das erste wort im satz und in einer überschrift immer groß.

5 Unterstreiche in deinem Text aus Aufgabe 4 alle Substantive/Nomen. Wie viele sind es?

6 Der Text enthält sechs kleingeschriebene Substantive/Nomen. Suche sie heraus und schreibe sie mit dem Artikel richtig auf.

→ **Seite 225,** Rechtschreibstrategie „Großschreibung von Wörtern“

Das Wort des Jahres

Mit dem Wort des Jahres wird ein schlagwort bezeichnet, das für ein charakteristisches gesellschaftliches ereignis oder eine bezeichnende öffentliche diskussion des abgelaufenen Jahres steht und aus diesem grund besonders hervorgehoben wurde. Die Wörter des Jahres werden seit 1971 regelmäßig von der gesellschaft für deutsche Sprache in wiesbaden bestimmt und publiziert. So wurden in den letzten Jahren zum Beispiel folgende Wörter als *Wörter des Jahres* ausgewählt: *Teuro*, *Klimakatastrophe*, *Finanzkrise*, *Abwrackprämie*.

7 In diesem Text wurden sechs Wörter großgeschrieben, obwohl es sich nicht um Substantive/Nomen handelt. Suche sie heraus und schreibe sie richtig auf. Bestimme die Wortart, z. B.: jährlich → Adjektiv, Adverb

→ **Seite 215 f.,** Übersicht über die Wortarten

Das Unwort des Jahres

Außer dem Wort des Jahres wird Jährlich von einer Jury an der Universität Frankfurt Am Main das Unwort des Jahres bestimmt. Als geeignet gelten Ausdrücke aus der Aktuellen öffentlichen Diskussion, Die nach Ansicht der Juroren sachlich grob unangemessen sind und möglicherweise sogar die Menschenwürde Verletzen. Solche Unwörter der letzten Jahre waren zum Beispiel *Rentnerschwemme*, *Diätenanpassung*, *Herdprämie* und *notleidende Banken*. Zusätzlich wurde von der Jury *Menschenmaterial* als Unwort Des 20. Jahrhunderts gewählt.

14 Geistesgegenwärtig handeln

Die Polizei veröffentlicht jedes Jahr einen Bericht über die unterschiedlichen Straftaten, die im Vorjahr begangen wurden, über die Aufklärungsrate und über die Anzahl der Täter und Opfer. In diesem Bericht werden auch Straftaten gegen die sexuelle Selbstbestimmung aufgeführt.

TIPP!
Ihr könnt dazu den Online-Link nutzen.

Online-Link
zur Kriminalstatistik
313175-0172

→ **Seite 239,** Arbeitstechnik „Ein Diagramm verstehen und auswerten"

1 Klärt gemeinsam, was man unter dem Begriff „Straftat gegen die sexuelle Selbstbestimmung" versteht.

2 Arbeitet in Gruppen. Gebt mit eigenen Worten wieder, welche Aussagen das Diagramm und die Tabelle enthalten. Es handelt sich dabei um Auszüge aus der polizeilichen Kriminalstatistik.

Straftaten gegen die sexuelle Selbstbestimmung
(Verteilung der Opfer nach Altersgruppen)

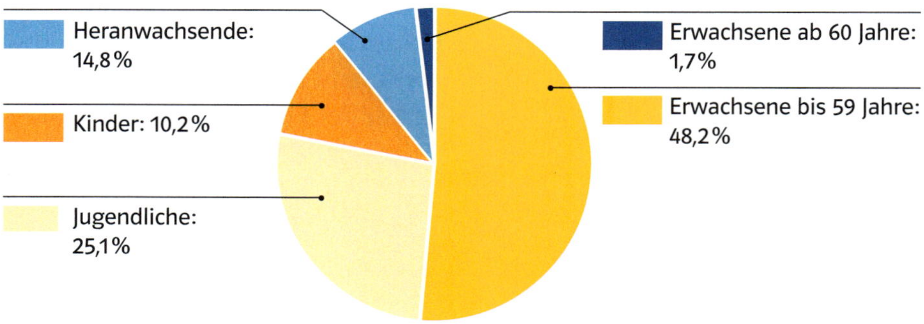

Polizeiliche Kriminalstatistik 2005 bis 2008

Straftaten gegen die sexuelle Selbstbestimmung	Opfer			Jugendliche 14 bis unter 18		
	insges.	männlich	weiblich	insges.	männlich	weiblich
2005	34251	6638	27613	8323	1613	6710
2006	26758	3719	23039	6194	861	5333
2007	32386	5190	27196	7627	1222	6405
2008	30795	4742	26053	6544	1008	5536

3 Oft wird empfohlen, sich durch Selbstverteidigung gegen Übergriffe zu schützen. Besprecht, wie diese Empfehlung durch die Auszüge aus der polizeilichen Kriminalstatistik bekräftigt wird.

4 Erschließe den folgenden Text. Gehe dabei so vor:
1. Überfliege den Text und sieh dir dabei Überschriften und Hervorhebungen an. Was wirst du vermutlich aus dem Text erfahren?
2. Lies die einzelnen Abschnitte kurz an. Verschaffe dir so einen Überblick über die wesentlichen Aussagen.
3. Lies Abschnitt für Abschnitt genau und erfasse den Inhalt. Notiere zu jedem Abschnitt die wesentliche Aussage (z. B. in Form einer Überschrift).
4. Kläre unbekannte Begriffe und schwierige Textstellen.
5. Gib den Inhalt des Textes mit eigenen Worten wieder.

TIPP!
Beim Klären unbekannter Begriffe: Textzusammenhang beachten, nachschlagen, eventuell den Text mehrmals laut lesen, sich Textstellen gegenseitig erklären.

Selbstverteidigungswaffen

Die zunehmende Gewalt in der Bundesrepublik Deutschland stellt viele Menschen vor die Frage, wie sie sich selbst wirksam vor direkten Angriffen schützen können. Besonders Frauen wird oft empfohlen, sich mit *Selbstverteidigungswaffen* gegen eine drohende Vergewaltigung zu schützen. Hat man sich für den Kauf einer Selbstverteidigungswaffe entschieden, ist es trotzdem nicht leicht, die passende auszuwählen, weil der Handel viele unterschiedliche technische Hilfsmittel anbietet.

Welche Selbstverteidigungswaffen sind im Handel erhältlich?
- Gaspistolen,
- Gas in Spraydosen unterschiedlicher Größe,
- Elektroschockgeräte verschiedener Bauart mit unterschiedlicher Voltstärke,
- Schrillalarmgeräte,
- Rapel, ein künstliches Stinktiersekret.

Gegen alle diese *Selbstverteidigungswaffen* werden *starke Bedenken* geäußert. Sie gelten vor allem dann, wenn man im Umgang damit ungeübt ist.

Allen technischen Hilfsmitteln der Selbstverteidigung ist *gemeinsam*, dass sie einen trügerischen Selbstschutz versprechen und der Trägerin/dem Träger Sicherheit vor gewalttätigen Übergriffen vortäuschen. Leider führt dies oft dazu, dass sich Selbstvertrauen und Selbstbewusstsein allein auf einem solchen Hilfsmittel aufbauen.

5 Spricht sich der Autor für oder gegen den Einsatz von Selbstverteidigungswaffen aus? Belege deine Ansicht mit Textstellen.

→ **Seite 115,** Zitieren

6 Überlege, was mit dem Begriff „trügerischer Selbstschutz" (Zeile 20) gemeint sein könnte. Erkläre ihn mit eigenen Worten.

Waffenlose Selbstverteidigung

1 Erschließe den folgenden Text. Gehe dabei so vor:

1. Überfliege den Text. Beantworte danach für dich die Frage: Worüber informiert er?
2. Gliedere den Text in Abschnitte. Notiere zu jedem Abschnitt die wesentlichen Aussagen.

Unbewaffneter Widerstand

Vieles spricht dafür, der waffenlosen Selbstverteidigung den Vorzug unter allen anderen Möglichkeiten des Selbstschutzes zu geben. Das Hauptargument für eine solche Entscheidung liegt in der „Verhältnismäßigkeit der Mittel". Im Vergleich zu anderen Möglichkeiten der Selbstverteidigung lässt die waffenlose Verteidigung eine angemessene, wirkungsvolle Handlungsweise zu. Die waffenlose Selbstverteidigung erfordert die kritische Auseinandersetzung mit dem Thema Gewalt. Sie verlangt, dass man sich die Täter-Opfer-Beziehung bewusst macht mit dem Ziel, präventive Verhaltensstrategien zu erlernen. Unbewaffneter Widerstand ist neben der körperlichen Abwehr besonders auch die geistige Abwehr. Der unbewaffnete Widerstand setzt eine selbstsichere und selbstbewusste Verhaltens- und Handlungsweise voraus sowie ein Gespür für mögliche Gefahrenquellen. Darüber hinaus benötigt man zur Selbstverteidigung ein Repertoire an Techniken, das nur durch ein intensives und ausdauerndes Training zu erreichen ist. Unter fachkundiger Anleitung sollten Mittel und Wege eingeübt werden, die es ermöglichen, im Falle einer akuten Bedrohung angemessen zu reagieren. Die Stärkung der Selbstsicherheit und des Selbstbewusstseins sowie das Erlernen bestimmter Techniken bereiten Mühe und kosten Zeit und Ausdauer. Unbewaffneter Widerstand schöpft seine Kraft aus dem Willen, niemals aufzugeben und nach allen nur erdenklichen Möglichkeiten zu suchen und diese auszunutzen. Dazu gehören auch die zahlreichen Dinge des täglichen Bedarfs, die man mit sich trägt oder die in greifbarer Nähe liegen. Sie alle eignen sich zum Stoßen oder Schlagen, um den Täter unmittelbar abzuwehren oder um ihn zu verunsichern und zu verwirren.

2 Erkläre die Bedeutung der markierten Wortgruppen.

3 EXTRA Gib den Inhalt des Textes mit eigenen Worten wieder.

Online-Link
zu dem Begriff
„Selbstverteidigung"
313175-0174

Wann handelt man in Notwehr?

1 Überlegt gemeinsam: Wann ist es erlaubt, Notwehrtechniken anzuwenden, bei denen die Gefahr besteht, dass man den Angreifer verletzen könnte? Lest dazu auch den hier abgedruckten Gesetzestext.

Auszug aus dem Strafgesetzbuch

§ 32 Notwehr

(1) Wer eine Tat begeht, die durch Notwehr geboten ist, handelt nicht rechtswidrig.

(2) Notwehr ist die Verteidigung, die erforderlich ist, um einen gegenwärtigen rechtswidrigen Angriff von sich oder einem anderen abzuwenden.

§ 33 Überschreitung der Notwehr

Überschreitet der Täter die Grenzen der Notwehr aus Verwirrung, Furcht oder Schrecken, so wird er nicht bestraft.

2 Lest den Text noch einmal und klärt die folgenden Fragen:

1. Was bedeutet, dass der Angriff „gegenwärtig" sein muss (§ 32, 2)?
2. Was bedeutet, dass der Angriff „rechtswidrig" sein muss (§ 32, 2)?
3. Ist es nach diesem Gesetz möglich, eine Vergeltung zu einem späteren Zeitpunkt als „Notwehr" auszugeben (sich also später zu rächen)?
4. Was ist damit gemeint, dass jemand „die Grenzen der Notwehr" überschreitet (§ 33)?

3 Besprecht, ob es erlaubt ist,

- auf eine Beleidigung mit einem Fußtritt zu reagieren,
- dass ein Opfer einem Angreifer, der schon auf dem Boden liegt, einen Tritt ins Gesicht verpasst,
- dass eine Frau, die auf dem Nachhauseweg plötzlich von hinten an der Schulter gefasst wird und dadurch erschrickt, nach dem Unbekannten sticht und ihn dabei ins Auge trifft.

4 EXTRA Begründe, warum die folgende Warnung berechtigt ist.

Notwehrtechniken zur Abwehr eines gewaltsamen Übergriffs können schwerste gesundheitliche Schädigungen hervorrufen.
Wer diese Techniken einsetzt, muss besonders aufmerksam und verantwortungsbewusst sein. Sei deshalb immer rücksichtsvoll und wachsam und bedenke die möglichen Folgen deiner Handlungen.

Online-Link
zu dem Begriff
„Notwehr"
313175-0175

Nicht passiv, sondern aktiv sein!

TIPP!
Nutze ein Wörterbuch.

1 Erschließe den folgenden Text. Gehe dabei so vor:

1. Überfliege den Text. Beantworte danach für dich die Frage: Worüber informiert der Text?
2. Sieh dir das Schaubild zu Beginn des Textes genauer an, sodass du es mit eigenen Worten erklären kannst.
3. Gliedere den Text in Abschnitte. Notiere zu jedem Abschnitt die wesentlichen Aussagen.
4. Bereite dich darauf vor, deine Mitschülerinnen und Mitschüler mithilfe eines Kurzreferats über den Inhalt des Textes zu informieren.

→ **Seite 37,** Arbeitstechnik „Ein Referat halten"

→ **Seite 239,** Arbeitstechnik „Ein Diagramm verstehen und auswerten"

→ **Seite 239,** Arbeitstechnik „Einen Sachtext lesen und verstehen"

Was in dem Opfer bei einem Überfall vorgeht:

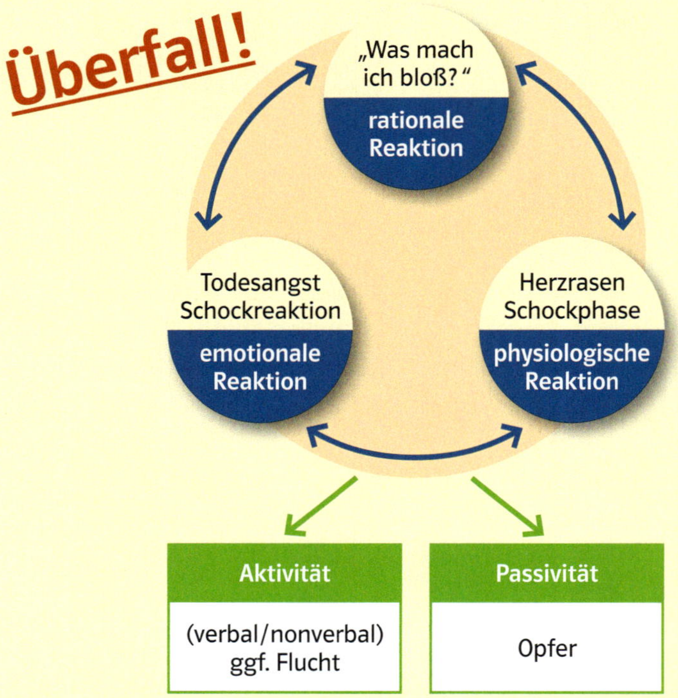

Bedeutung der Distanz[1] in der Selbstverteidigung

„Bleib mir vom Leib!", „Rück mir nicht so dicht auf die Pelle!", mit diesen Redewendungen aus der Alltagssprache machen wir meist unbewusst deutlich, welche Bedeutung die Distanzzonen im zwischenmenschlichen Kontakt haben.

Jeder Mensch besitzt und beansprucht, ob bewusst oder unbewusst, eine bestimmte Zone. Damit ist ein individueller Raum um uns

[1] Distanz, die: der Abstand zu einer Person oder Sache

herum gemeint, ein Revier, welches wir mit ganz bestimmten Verhaltensweisen (meist durch unsere Körpersprache) im Kontakt mit anderen öffnen oder bewachen und verteidigen.
Auch die Art und Weise, wie wir selbst in andere, fremde Reviere eindringen, beruht auf Verhaltenstechniken und -vorgängen, die Teile der Körpersprache sind. Für den Bereich der Selbstverteidigung, den Schutz unseres individuellen Raumes, sind zwei unterschiedliche Gradmessungen der Revier- und Raumeinteilung von Bedeutung:
Die erste Aufteilung der Distanzzonen stammt von dem amerikanischen Wissenschaftler Edward T. Hall, der sich mit Körpersprache beschäftigt hat.

Aufteilung nach Edward T. Hall:
1. die **intime Distanz**: Nahbereich (bis zu 60 cm)
2. die **persönliche Distanz**: Nahbereich (40 cm bis 1,50 m)
3. die **gesellschaftliche Distanz**: Fernbereich (1,50 m bis 4 m)
4. die **öffentliche Distanz**: Fernbereich (4 m bis 8 m und mehr)

Die zweite Gradmessung der Distanzzonen entspringt dem Bereich der Kampfsportarten, wie Boxen oder Karate:

1. die **Nahdistanz**: direkter Körperkontakt
2. die **Halbdistanz**: Entfernung auf Armlänge
3. die **Distanz**: Entfernung auf Länge von Tritttechniken
4. die **Hyperdistanz**: außerhalb der Reichweite des Angreifers

Ähnlich wie die „gesellschaftliche“ und „öffentliche“ Distanz ermöglicht die „Hyperdistanz“ in der Selbstverteidigung einen gewissen Schutz vor unmittelbaren Übergriffen.
In einer bedrohlichen Situation muss, wenn es die äußeren Umstände erlauben, die Maxime[2] lauten: „Bis hierher und nicht weiter!“
In der Selbstverteidigung lernt man durch unterschiedliche Übungs- und Trainingsformen eine individuelle „kritische Distanzlinie“ kennen und verinnerlicht sie. Diese Distanzlinie erzielt man durch die Reichweite seiner Tritttechniken.
Überschreitet ein potenzieller Täter diese Linie in der Absicht, sein Opfer anzugreifen, sind ein oder mehrere schnelle Selbstverteidigungstechniken, die durch Tritte eingeleitet werden, ein wirkungsvolles Mittel, den Angriff abzuwehren. Denn die Tritttechniken stellen eine Distanz her, die größer als die Reichweite der Arme des Angreifers ist. Diesen Vorteil gilt es auszunutzen.

[2] Maxime, die: Leitspruch (Aussage, von deren Inhalt sich jemand in seinem Denken und Handeln leiten lässt)

Online-Link
zu dem Begriff „Distanz“
313175-0177

Siegen durch Nachgeben

Online-Link
zu den Begriffen „Yin-Yang“ und „Tai Chi“
313175-0178

Tai Chi Chuan (auch chinesisches Schattenboxen oder verkürzend nur Tai Chi) genannt, ist eine im alten Kaiserreich China entwickelte Kampfkunst.

Die Legende behauptet, dass ein taoistischer Mönch namens Chang San Feng den Tai-Chi-Stil begründet hat. Er soll bei der Beobachtung eines Kampfes zwischen einem Kranich und einer Schlange das Tai-Chi-Prinzip von Yin und Yang entdeckt haben. Vor allem die Tatsache, dass der Kranich jedes Mal vor einem Angriff innehalten musste, während die Schlange so geschmeidig war, dass sie jedem Angriff ausweichen, aber im Ausweichen auch sofort angreifen konnte, faszinierte ihn. Natürlich gewann das vermeintlich schwache Tier, die Schlange, den Kampf. Nachdem er diese Entdeckung gemacht hatte, bemerkte Chang San Feng überall in der Natur dieses Prinzip des Nachgebens, z. B. wie Bäume einem starken Sturm standhalten, indem sie sich dem Wind beugen. So wurde Weichheit und Nachgeben zur Grundlage des Tai Chi.

So viel zur Legende. Öffentlich bekannt wurde Tai Chi in China allerdings erst im 18. Jahrhundert. Vorher war es als Geheimnis nur an bestimmte Personen, meist innerhalb einer Familie, weitergegeben worden. Erst in den fünfziger Jahren dieses Jahrhunderts gelangte Tai Chi in den Westen.

Die taoistische Beschreibung für diese Art der Bewegung klingt für westliche Ohren sicherlich ein wenig merkwürdig: In der Bewegung soll Ruhe sein, und jede Ruhe enthält Bewegung. Damit wird das sogenannte Yin-Yang-Prinzip angesprochen. Es bedeutet Passivität in der Aktivität und Aktivität in der Passivität. Dieser scheinbare Widerspruch lässt sich nicht erklären, sondern nur durch aktives Üben des Tai Chi erfahren. Nach der traditionellen Überlieferung sind Ausdauer, volle Aufmerksamkeit und beständiges Üben beim Tai Chi von großer Bedeutung.

Das Erlernen einer vollständigen Bewegungsserie benötigt geraume Zeit. Es kann nämlich keine neue Bewegung dazugelernt werden, solange nicht alle vorangehenden Bewegungen beherrscht werden. Eine vollständige Übungsreihe umfasst je nach Form zwischen 30 und 120 Einzelbewegungen. Die Solo-Form kann allein ausgeführt werden. Es gibt jedoch auch Partner- bzw. Paarformen.

TIPP!
Lies im Text nach, wenn du die Frage nicht beantworten kannst.

1 In den Bewegungsabläufen des Tai Chi sehen die Chinesen das Yin-Yang-Prinzip verwirklicht. Erkläre, was damit gemeint ist.

AIKIDO ist eine noch sehr „junge“ BUDO[1]-Disziplin. In seiner heutigen Form wurde es in den 40er Jahren durch Morihei Uyeshiba entwickelt, der Elemente aus verschiedenen BUDO-Disziplinen (JUDO, JU-JUTSU) mit den Techniken des Schwertkampfes (KENJUTSU, KENDO) verband.

[1] Budo: Oberbegriff für alle japanischen Kampfkünste

2 Erschließe den folgenden Text.

Uyeshiba entschied sich damals gegen die in anderen BUDO-Arten allgegenwärtige Anwendung von Gewalt in Form aggressiver Angriffstechniken. Er schuf mit dem AIKIDO eine Art der Selbstverteidigung, die Rücksicht nimmt auf das Recht der körperlichen Unversehrtheit eines jeden Menschen – auch auf die eines Angreifers!
Sowohl von der Zielsetzung her als auch in der Praxis des AIKIDO bestehen wesentliche Unterschiede zu anderen BUDO-Disziplinen. So werden im sportlichen AIKIDO keine Wettkämpfe durchgeführt; es gibt keine Gegner, die es zu besiegen gilt. Aikidokas sind immer Partner, die einen gemeinsamen Weg beschreiten und sich dabei gegenseitig helfen. Auf diese Weise betrieben, wird AIKIDO zu einem Weg (DO), bei dem körperliche und geistige Kraft (KI) harmonisch (AI) zu einer Einheit zusammengeführt werden. Das AIKIDO wird oft auch als „Lehre des harmonischen Weges“ oder „Kunst der gewaltlosen Selbstverteidigung“ bezeichnet. Somit steht die Verteidigung von Körper und Geist und das Erlernen einer wirksamen und zugleich rücksichtsvollen Selbstverteidigung im Mittelpunkt des AIKIDO.
Das Grundprinzip des AIKIDO besteht in einer Form der Widerstandslosigkeit, die entgegengesetzt gerichtete Kräfte bei einem Angriff harmonisch zusammenführt und in eine vom Verteidiger bestimmte Richtung führt. Ziel dabei ist es, den Partner so zu beherrschen, dass er durch verschiedene Wurf- und Hebeltechniken neutralisiert werden kann. Kennzeichnend für das AIKIDO sind dynamische Ausweichbewegungen, bei denen sich der Verteidiger an die Bewegungen des angreifenden Partners anpasst.
Durch den Schwung des Angriffs, der kein Ziel findet, verliert der Partner sein Gleichgewicht und durch die sich unmittelbar anschließende Technik lässt er sich ohne Gewaltanwendung oder Kraftaufwand zu Boden bringen und dort mit einem Hebel festlegen. AIKIDO ist – zusammengefasst – eine angemessene Form der Selbstverteidigung, bei der die in anderen Kampfsportarten geförderte Aggressivität fehlt. Sie ist für Frauen und Männer gleichermaßen geeignet.

3 Fasse stichwortartig zusammen, was du über AIKIDO erfahren hast. Konzentriere dich dabei auf das, was du für wichtig hältst.

Lebensrettende Sofortmaßnahmen

Um Opfern eines Überfalls oder eines Unfalls helfen oder gar das Leben retten zu können, muss man sich mit Erster Hilfe auskennen.

Online-Link
zu dem Begriff
„Erste Hilfe“
313175-0180

1 Besprecht, was ihr über Erste Hilfe wisst.
Lest den Artikel aus dem Strafgesetzbuch und diskutiert darüber, warum hier theoretisches Wissen nicht ausreicht.

> **§ 323c des Strafgesetzbuches:**
> Wer bei Unglücksfällen oder gemeiner Gefahr oder Not nicht Hilfe leistet, obwohl dies erforderlich und ihm den Umständen nach zuzumuten, insbesondere ohne erhebliche eigene Gefahr oder ohne Verletzung anderer wichtiger Pflichten möglich ist, wird mit Freiheitsstrafe bis zu einem Jahr oder mit Geldstrafe bestraft.

2 Wer wird in den folgenden Sätzen angesprochen oder zu etwas aufgefordert? Untersuche die unterschiedlichen Sprachformen.

> **1** Bewusstlose Personen, bei denen Atmung festgestellt werden konnte, sind unverzüglich in die stabile Seitenlage zu bringen.

> **2** Wenn du bei bewusstlosen Personen noch Atmung feststellst, so musst du – eventuell mithilfe von andern – diese unverzüglich in eine stabile Seitenlage bringen.

3 Welcher der beiden Texte stammt eurer Meinung nach aus einer Anleitung für das Verhalten bei Unfällen? Begründet.

→ **Seite 218 f.,**
Aktiv und Passiv

4 Untersuche den Gesetzestext am Anfang dieser Seite. Hier wurde die Passiv-Form *wird bestraft* verwendet. Warum?

Merke

Das Passiv kommt häufig in beschreibenden Texten vor, in denen z. B. ein Vorgang im Vordergrund steht:

Es Jemand Sie	wird wird wird/werden	gerettet.

5 Lest den folgenden Text und versucht, die Anweisungen auszuführen.

Die stabile Seitenlage

1. Der dem Helfer zugewandte Arm des Patienten wird in Hüfthöhe unter dessen Körper geschoben.
2. Das dem Helfer abgewandte Bein wird angehoben und am Knie abgewinkelt.
3. Der dem Helfer abgewandte Arm wird angehoben und das Handgelenk auf das Knie gelegt. Dadurch entsteht ein stabiles Dreieck zwischen Schulter, Becken und Handgelenk/Knie.
4. Ohne Handgelenk und Knie loszulassen, wird der Patient umgedreht. Optimal wäre es, wenn von einem zweiten Helfer der Kopf gehalten und gleichmäßig mitgedreht würde.
5. Der Kopf wird vorsichtig nach hinten überstreckt.

6 Schreibe die Anweisung zur stabilen Seitenlage im Aktiv auf.
Entscheide dich für eine der folgenden Ansprachen:
1. unpersönliche Ansprache mit *man*: Man schiebt zunächst … Nun muss man …
2. persönliche Ansprache mit *du*: Du schiebst zunächst … Nun musst du …

7 EXTRA Formuliere die farbig markierten Anweisungen im Passiv, z. B.:
1. Zuerst wird der Unfallort abgesichert, …

→ **Seite 218 f.,** Aktiv und Passiv

Die goldenen Regeln der Ersten Hilfe

❶ **Sicherheit:**
Zuerst Unfallort absichern, um die Sicherheit des Ersthelfers zu gewährleisten!

❷ **Ansprechbarkeit:**
Dann Unfallopfer laut ansprechen oder fest rütteln, um zu prüfen, ob es bei Bewusstsein ist!

❸ **Hilferuf:**
Als Nächstes Hilfe herbeirufen und Rettungsdienst (112) verständigen.

❹ **Atemwege kontrollieren:**
Danach den Mund des Unfallopfers öffnen, um auszuschließen, dass sich Fremdkörper in der Mundhöhle befinden!

❺ **Atmung prüfen:**
Im Anschluss den Brustkorb des Opfers beobachten, um festzustellen, ob das Opfer bewusstlos (es atmet) oder leblos (es atmet nicht) ist!

❻ **Erstversorgung:**
Einen Bewusstlosen in die stabile Seitenlage bringen! Bei einem Leblosen sofort Herzdruckmassage durchführen!

❼ **Beatmen:**
Den Verunfallten gegebenenfalls künstlich in Mund oder Nase beatmen, bis dieser wieder ein Lebenszeichen von sich gibt oder bis der Notarzt eintrifft!

Rund um die Erste Hilfe

1 Lies den Text über die Wasserwacht. Beantworte die folgenden Fragen.
1. Wird die Arbeit der Wasserwachtler bezahlt?
2. Wo ist die Wasserwacht im Einsatz?
3. Warum wurde die Wasserwacht gegründet?
4. Welche Aufgaben hat sie heute?

Die Aufgaben der Wasserwacht
Über ganz Deutschland verteilt sind die Ehrenamtlichen der Wasserwacht im Einsatz. Ursprünglich wurde die Wasserwacht gegründet, um Menschen vor dem Ertrinken zu retten. Inzwischen wurde ihr Aufgabengebiet erheblich ausgebaut.

Die Wasserwachtler
1. retten Menschen vor dem Ertrinken,
2. bewachen die Wasserflächen auf großen Gewässern,
3. leisten Erste Hilfe für Verletzte,
4. bergen Verunglückte,
5. transportieren Verletzte in die Rettungsstationen,
6. bereiten Menschen auf Notsituationen vor,
7. bilden Schwimmer und Rettungsschwimmer aus,
8. führen Kurse zur Wasserrettung und Ersten Hilfe durch,
9. sammeln Unrat aus Gewässern,
10. pflegen geschützte Biotope.

→ Seite 218, Aktiv und Passiv

2 Schreibe aus dem ersten Abschnitt des Textes die beiden Passivformen heraus und bestimme jeweils die Zeitform.

3 Forme die Aktivsätze 1 bis 10 in Passivsätze um, z. B.:
1. *Von den Wasserwachtlern werden Menschen vor dem Ertrinken gerettet.*

4 Tausche dich mit deinen Mitschülern darüber aus, was man unter Atemspende versteht und wozu diese Erste-Hilfe-Maßnahme dient.

Was wird durch die Atemspende bewirkt?
1. Durch die Atemspende (wird/werden) alle Zellen des Körpers mit lebensnotwendigem Sauerstoff (versorgen).
2. Gleichzeitig (wird/werden) Kohlendioxid aus dem Körper (ausscheiden).
3. Durch das Atemzentrum (wird/werden) die Ein- und Ausatmung (steuern).
4. Bei der Einatmung (wird/werden) Sauerstoff mit der Einatmungsluft (aufnehmen), über den Kreislauf zu den Zellen (transportieren) und an diese (abgeben).
5. Teile des eingeatmeten Sauerstoffs (wird/werden) aber bei der Ausatmung wieder (ausatmen).
6. Durch den Sauerstoffanteil der Ausatmungsluft (wird/werden) andere bei der Atemspende mit Sauerstoff (versorgen) und (retten).

Formuliere im Passiv, was durch die Atemspende bewirkt wird, z. B.:
1. Durch die Atemspende werden alle Zellen des Körpers mit lebensnotwendigem Sauerstoff versorgt.

5 Setze in die Sätze die richtigen Verbformen ein, z. B.:
1. Wunden können durch Gewalt, Hitze, Kälte und chemische Stoffe verursacht werden.

→ **Seite 220,** Modalverben

Erste Hilfe bei Wunden

1. **verursachen:** Wunden ✎ durch Gewalt, Hitze, Kälte und chemische Stoffe ✎.
2. **zerstören:** Die Haut ✎ dabei teilweise oder vollständig ✎.
3. **aufheben:** Die Schutzfunktion der Haut ✎ dadurch ✎.
4. **hervorrufen:** Infektionen ✎ dadurch schnell ✎.
5. **mitverletzen:** Je nach Art der Wunden ✎ größere Blutgefäße sowie Nerven, Knochen, Muskeln und Organe ✎.

kann/ können

1. **lagern:** Die betroffene Person ✎ je nach Zustand liegend oder sitzend ✎.
2. **beobachten:** Der/Die Verletzte ✎ während der Wundversorgung ständig ✎.
3. **tragen:** Grundsätzlich ✎ vom Ersthelfer Handschuhe ✎.
4. **bedecken:** Alle Wunden ✎ vom Ersthelfer keimfrei ✎.
5. **impfen:** Man ✎ gegen Tetanuserreger ✎.

sollte/ sollten

15 Vorsicht, Freiheit!

1 Verschaffe dir einen ersten Überblick über die Sage aus der Schweiz.

Online-Link
Hörverstehen
313175-0184

2 Lies den Text anschließend ganz durch, auch wenn du noch nicht alle Einzelheiten vollständig verstehst.

Brüder Grimm

Die Sage von Wilhelm Tell

Es fügte sich, dass des Kaisers Landvogt, genannt der Geßler, gen Uri[1] fuhr. Als er da eine Zeit wohnte, ließ er eine Stange unter der Linde, da jedermann vorbeigehen musste, stülpte einen Hut drauf und hatte einen Knecht zur Wacht dabeisitzen. Darauf gebot er durch öffentlichen Aufruf: Wer der wäre, der da vorüberginge, sollte sich vor dem Hut verneigen, als ob der Herr selber zugegen sei; und übersähe es einer und täte es nicht, den wollte er mit schweren Bußen strafen.

Nun war ein tapferer Mann im Lande, hieß Wilhelm Tell, der ging am Hut vorüber und verneigte sich nicht; da verklagte ihn der Knecht, der den Hut bewachte, bei dem Landvogt. Der ließ den Tell vor sich bringen und fragte, warum er sich vor dem Hut nicht verneige, wie doch geboten sei? Wilhelm Tell antwortete: „Lieber Herr, es ist aus Versehen geschehen; dachte nicht, dass es Euer Gnad so streng nehme würde." Nun war der Tell gar ein guter Schütze, wie man sonst keinen im Lande fand, hatte auch hübsche Kinder, die ihm lieb waren. Da sandte der Landvogt, ließ die Kinder holen, und als sie gekommen waren, fragte er Tell, welches Kind ihm das allerliebste wäre. „Sie sind mir alle gleich lieb." Da sprach der Herr: „Wilhelm, du bist ein guter Schütz, und man findet nicht deinesgleichen; das wirst du mir jetzt beweisen; denn du sollst einem deiner Kinder einen Apfel vom Haupte schießen. Tust du das, so will ich dich für einen guten Schützen achten." Der gute Tell erschrak, flehte um Gnade und dass man ihm solches erließe, denn es wäre unnatürlich; was er ihm sonst befehle, wolle er gerne tun. Der Vogt aber zwang ihn mit seinen Knechten und legte dem Kinde den Apfel selbst aufs Haupt. Nun sah Tell, dass er nicht ausweichen konnte, nahm den Pfeil und steckte ihn hinten in seinen Kragen, den andern Pfeil nahm er in die Hand, spannte die Armbrust und bat Gott, dass er sein Kind behüte, zielte und schoss glücklich ohne Schaden den Apfel von des Kindes Haupt. Da sprach der Herr, das wäre ein Meisterschuss: „Aber eines wirst du mir sagen: Was bedeutet, dass du den ersten Pfeil hinten in deinen Kragen stecktest?" Tell sprach: „Das ist so Schützengewohnheit." Der Landvogt

[1] Uri: Gründungskanton der Schweiz (Eidgenossenschaft, Schwur auf der Rütliwiese 1291)

ließ aber nicht ab und wollte es wissen; zuletzt sagte Tell, der sich fürchtete, wenn er die Wahrheit offenbarte: Wenn er ihm das Leben verspreche, wolle er's sagen. Als das der Landvogt getan, sprach Tell: „Hätte ich den Apfel verfehlt und mein Kindlein erschossen, so hätte ich Euch mit dem andern Pfeil gewiss nicht verfehlt."

Da das der Landvogt vernahm, sprach er: „Dein Leben ist dir zwar zugesagt; aber an einen Ort will ich dich legen, da dich Sonne und Mond nimmer bescheinen", ließ ihn fangen und binden und in dasselbe Boot legen, auf dem er über den Vierwaldstätter See wieder heimfahren wollte. Wie sie nun auf dem See fuhren, kam ein starker Wind auf, so dass das Boot schwankte und sie elend zu verderben meinten, denn keiner wusste mehr das Fahrzeug durch die Wellen zu steuern. Da sprach einer der Knechte zum Landvogt: „Herr, lasst den Tell losbinden, der ist ein starker, mächtiger Mann und versteht sich wohl auf das Wetter. So möchten wir wohl aus der Not entrinnen." Da ward Tell losgebunden und stand an dem Steuer und fuhr ruhig dahin; doch dabei schaute er immer auf seine Armbrust, die nah bei ihm auf dem Boden lag. Da er nun gegen eine große Felsplatte kam – die man noch heute die Tellsplatte nennet –, glaubte er die Zeit zur Flucht gekommen; er rief allen munter zu, fest anzuziehen, bis sie zu der Platte kämen, dann hätten sie das Böseste überwunden. Also fuhren sie zur Platte hin, da wendete er mit Gewalt das Boot, griff seine Armbrust, sprang auf die Platte und lief, bis er gen Küssnacht in eine hohle Gasse kam; da kam er vor dem Herrn hin und wartete auf ihn. Und als der Landvogt mit seinen Dienern geritten kam, stand Tell hinter einem Busch, spannte die Armbrust und schoss einen Pfeil in den Herrn, dass der tot umfiel. Dann lief Tell über die Gebirge gen Uri, fand seine Gesellen und sagte ihnen, wie es ihm ergangen war.

3 Stelle fest, was du schon verstanden hast und was noch unklar ist. Beantworte dazu die folgenden W-Fragen:

1. Was hat der Landvogt angeordnet?
2. Was antwortet Tell, als ihn der Knecht beschuldigt, er habe den Hut nicht gegrüßt?
3. Was befiehlt der Landvogt, nachdem man Tells Kinder geholt hatte?
4. Warum hat Tell einen zweiten Pfeil hinten in seinen Kragen gesteckt?
5. Warum wird Tell auf dem Vierwaldstätter See losgebunden?

4 EXTRA Erläutere und beurteile die Reaktion Tells auf den Befehl des Landvogts, einen Apfel vom Kopf seines Sohnes zu schießen:
„Der gute Tell erschrak, flehte um Gnade und dass man ihm solches erließe, denn es wäre unnatürlich; was er ihm sonst befehle, wolle er gerne tun."

Platz dem Landvogt

1 Lies den Auszug aus Schillers Drama „Wilhelm Tell“.

Tell-Denkmal in Altdorf

Auszug: Dritter Aufzug, dritte Szene
Wiese bei Altdorf. Im Vordergrund Bäume. Hinten der Hut auf einer Stange.
Daneben die Knechte des Landvogts, Frießhardt und Leuthold.

Rudolf der Harras Platz dem Landvogt!

Geßler Was läuft das Volk zusammen? *(zu Friesshart)* Was hältst du diesen Mann?

Friesshart Gestrenger Herr, ich bin dein Waffenknecht und wohlbestellter Wächter bei dem Hut. Diesen Mann ergriff ich auf frischer Tat, wie er dem Hut den Ehrengruß versagte. Verhaften wollt ich ihn, wie du befahlst, und mit Gewalt will ihn das Volk entreißen.

Geßler *(nach einer Pause)* Verachtest du so deinen Kaiser, Tell, und mich, der hier an seiner statt gebietet, dass du die Ehr' versagst dem Hut, den ich zur Prüfung des Gehorsams aufgehangen?

Tell Aus Unbedacht, nicht aus Verachtung ist's geschehn. Ich bitt um Gnad, es soll nicht mehr vorkommen.

Geßler *(nach einigem Stillschweigen)* Du bist ein Meister auf der Armbrust, Tell, man sagt, du nimmst es auf mit jedem Schützen?

Walter Tell Und das muss wahr sein, Herr – 'nen Apfel schießt der Vater dir vom Baum auf hundert Schritte.

Geßler Ist das dein Knabe, Tell?

Tell Ja, Herr.

Geßler Nun, Tell! Weil du den Apfel triffst vom Baume auf hundert Schritte, so wirst du deine Kunst vor mir bewähren müssen. – Nimm die Armbrust. Und mach dich fertig, einen Apfel von des Knaben Kopf zu schießen. Doch will ich raten, ziele gut, dass du den Apfel treffest auf den ersten Schuss, denn fehlst du ihn, so ist dein Kopf verloren.

(Alle geben Zeichen des Schreckens von sich.)

Tell Herr – ich soll vom Haupte meines Kindes –

Geßler Du wirst den Apfel schießen von dem Kopf des Knaben. – Ich begehr's und will's.

Tell Ich soll mit meiner Armbrust auf das liebe Haupt des eigenen Kindes zielen?

Geßler Du schießest oder stirbst mit deinem Knaben.

Tell Ich soll der Mörder werden meines Kindes!

Geßler Ei, Tell, du bist ja plötzlich so besonnen! Man sagte mir, dass du ein Träumer seist und dich entfernst von andrer Menschen Weise. Du liebst das Seltsame. – Drum hab ich jetzt ein eigen Wagstück für dich ausgesucht.

Berta Scherzt nicht, o Herr, mit diesen armen Leuten!

Geßler Wer sagt Euch, dass ich scherze? – Hier ist der Apfel. Man mache Raum. – Er nehme seine Weite. Achtzig Schritte geb ich ihm – nicht weniger, noch mehr. – Er rühmte sich auf hundert seinen Mann zu treffen. – Jetzt, Schütze, triff und fehle nicht das Ziel.

Freilichtaufführung auf dem Rütli am Vierwaldstädter See

Walter Fürst *(zu Melchtal, der unruhig wird)* Ich fleh Euch drum, bleibt ruhig.

Berta *(zum Landvogt)* Unmenschlich ist's, mit eines Vaters Angst also zu spielen. Entlasst ihn ungekränkt in seine Hütte. Er hat Euch kennengelernt: Dieser Stunde wird er und seine Kindeskinder denken.

Geßler Frisch! Was zauderst du? Dein Leben ist verwirkt, ich kann dich töten, und sieh, ich lege gnädig dein Geschick in deine eigne kunstgeübte Hand. Der kann nicht klagen über harten Spruch, den man zum Meister seines Schicksals macht.

Walter Fürst Herr Landvogt, wir erkennen Eure Hoheit, doch lasset Gnad' vor Recht ergehn. Dies Grässliche erlasset einem Vater!

Walter Tell Der Vater trifft den Vogel ja im Flug, er wird nicht fehlen auf das Herz des Kindes.

Stauffacher Herr Vogt, rührt Euch nicht des Kindes Unschuld?

Rösselmann O denk er, dass ein Gott im Himmel ist, dem Ihr müsst Rede stehn für Eure Taten.

Geßler *(zeigt auf den Knaben)* Man bind ihn an die Stange dort.

Walter Tell Ich will nicht gebunden sein. Ich will stillhalten wie ein Lamm und auch nicht atmen.

Rudolf der Harras Die Augen nur lass dir verbinden, Knabe.

Freilichtaufführung auf dem Rütli am Vierwaldstädter See

Walter Tell Denket Ihr, ich fürchte den Pfeil von Vaters Hand? Ich will ihn fest erwarten und nicht zucken mit den Wimpern.

(Er geht an die Stange, man legt ihm den Apfel auf.)

Geßler *(zu Tell)* Ans Werk! Man führt die Waffen nicht vergebens. Gefährlich ist's, ein Mordgewehr zu tragen, und auf den Schützen springt der Pfeil zurück. Gewaffnet sei niemand, als wer gebietet.

Tell *(spannt die Armbrust und legt den Pfeil auf)* Mir schwimmt es vor den Augen!

Armgard Gott im Himmel.

Tell *(zum Landvogt)* Erlasset mir den Schuss. Hier ist mein Herz! *(Er reißt die Brust auf.)* Ruft Eure Knechte und stoßt mich nieder.

Geßler Ich will dein Leben nicht, ich will den Schuss. – Du kannst ja alles, Tell, an nichts verzagst du. Jetzt, Retter, hilf dir selbst – du rettest alle!

(Tell steht in fürchterlichem Kampf, die Augen bald auf den Landvogt, bald zum Himmel gerichtet. – Plötzlich nimmt er einen zweiten Pfeil und steckt ihn in seinen Jackenkragen. Der Landvogt bemerkt diese Bewegungen.)

Walter Tell Vater, schieß zu, ich fürcht mich nicht.

Tell Es muss! *(Er rafft sich zusammen und legt an.)*

Rudenz *(der die ganze Zeit mit Gewalt an sich gehalten, tritt hervor)* Herr Landvogt, weiter werdet Ihr's nicht treiben. Ihr werdet nicht – es war nur eine Prüfung – den Zweck habt Ihr erreicht – zu weit getrieben verfehlt die Strenge ihres weisen Zwecks, und allzu straff gespannt zerspringt der Bogen.

Geßler Ihr schweigt, bis man Euch aufruft.

Rudenz Ich w i l l reden, ich darf 's. – Solche Grausamkeiten verdient mein Volk nicht, dazu habt Ihr keine Vollmacht. Länger schweigen wär' Verrat an meinem Vaterland.

Geßler Verwegner, diese Sprache deinem Herrn?

Rudenz Frei bin ich wie Ihr geboren. Und stündet Ihr hier nicht in Kaisers Namen, den ich verehre, selbst wo man ihn schändet, Ihr sollet nach ritterlichem Brauch mir Antwort geben. – Ja, winkt nur Euren Reisigen – ich stehe nicht wehrlos da wie die (auf das Volk zeigend), und wer mir naht –

Stauffacher *(ruft)* Der Apfel ist gefallen!

(Während sich alle zu Geßler und Rudenz gewendet haben und Berta sich zwischen beide geworfen hat, hat Tell den Pfeil abgedrückt.)

Rösselmann Der Knabe lebt.

Armgard Der Apfel ist getroffen.

Geßler *(erstaunt)* Er hat geschossen!

Walter Tell *(kommt mit dem Apfel gesprungen)* Wusst' ich's ja, du würdest deinen Knaben nicht verletzen.

(Tell eilt ihm mit ausgebreiteten Armen entgegen und hebt ihn mit heftiger Inbrunst zu seinem Herzen hinauf.)

Leuthold Das war ein Schuss! Davon wird man noch reden in den spätsten Zeiten.

Rudolf der Harras Erzählen wird man von dem Schützen Tell, solang' die Berge stehn auf ihrem Grunde.

Geßler Es war ein Meisterschuss, ich muss ihn loben.

Rösselmann Der Schuss war gut, doch wehe dem, der ihn dazu getrieben, dass er Gott versuchte.

Walter Fürst Kommt und bringt der Mutter ihren Sohn.

(Sie wollen ihn wegführen.)

Geßler Tell, du stecktest noch einen zweiten Pfeil zu dir, ich sah es wohl. Was es auch sei, dein Leben sicher ich dir.

Tell Mit diesem Pfeil durchschoss ich – Euch, wenn ich mein Kind getroffen hätte. Und Euer – wahrlich hätt' ich nicht gefehlt.

Geßler Wohl, Tell! Des Lebens hab ich dich gesichert. Ich gab mein Wort, das will ich halten. – Doch, damit ich sicher sei vor deinen Pfeilen, ergreift ihn, Knechte! Bindet ihn! *(Tell wird gebunden.)*

Stauffacher Herr? So könntet Ihr an einem Manne handeln, an dem sich Gottes Hand sichtbar verkündigt?

Geßler Man bring' ihn auf mein Schiff. Ich selbst will ihn in den Kerker führen.

2 Beantworte die folgenden Fragen schriftlich in jeweils ein bis zwei Sätzen.

→ **Seite 115,** Zitieren

1. Wie lautet die Anordnung des Landvogts Geßler in Bezug auf den Hut? Schreibe die Textstelle als Beleg heraus.
2. Der Landvogt erfährt, dass bei einem Fehlschuss der zweite Pfeil für ihn gedacht war. Was ordnet er an?

3 Lest die Szene mit verteilten Rollen und versucht, durch euer Lesen die Gefühle der Personen auszudrücken.

4 In der Szene sagt der Landvogt Geßler, warum er den Hut aufgehängt hat (Seite 186, Zeile 19 ff.). Sucht die Textstelle heraus. Diskutiert in der Klasse über die Begründung.

Online-Link
zu einer Filmsequenz dieser Szene
313175-0190

Tells Geschoss

1 In der folgenden Szene reitet Geßler nach Küssnacht. Lies, was weiter geschieht.

Auszug: Vierter Aufzug, dritte Szene.
Die hohle Gasse bei Küssnacht. Man steigt von hinten zwischen Felsen herunter und die Wanderer werden, ehe sie auf der Szene erscheinen, schon von der Höhe gesehen. Felsen umschließen die ganze Szene, auf einem der vordersten ist ein Vorsprung mit Gesträuch bewachsen. Geßler und Rudolf der Harras zu Pferd.

Geßler Sagt, was Ihr wollt, ich bin des Kaisers Diener und muss drauf denken, wie ich ihm gefalle. Er hat mich nicht ins Land geschickt, dem Volk zu schmeicheln und ihm sanft zu tun – Gehorsam erwartet er, der Streit ist, ob der Bauer soll Herr sein in dem Lande oder der Kaiser.
Armgard Jetzt ist der Augenblick! Jetzt bring ich's an! … Barmherzigkeit, Herr Landvogt! Gnade! Gnade!
Geßler Was dringt Ihr Euch auf offner Straße mir in Weg – Zurück!
Armgard Mein Mann liegt im Gefängnis, die armen Waisen schrein nach Brot – habt Mitleid gestrenger Herr, mit unserm großen Elend. …
Ein armer Wildheuer, guter Herr, vom Rigiberge, der überm Abgrund weg das freie Gras abmähet von den schroffen Felsenwänden, wohin das Vieh sich nicht getraut zu steigen –
Rudolf der Harras *zum Landvogt* Bei Gott, ein elend und erbärmlich Leben! Ich bitt' Euch, gebt ihn los den armen Mann, was er auch Schweres mag verschuldet haben, Strafe genug ist sein entsetzlich Handwerk. *Zu der Frau* Euch soll Recht werden – drinnen auf der Burg nennt Eure Bitte – hier ist nicht der Ort.
Armgard Nein, nein, ich weiche nicht von diesem Platz, bis mir der Vogt den Mann zurückgegeben! Schon in den sechsten Mond liegt er im Turm und harret auf den Richterspruch vergebens.
Geßler Weib, wollt Ihr mir Gewalt antun, hinweg.
Armgard Gerechtigkeit, Landvogt! Du bist der Richter im Lande an des Kaisers statt und Gottes. Tu deine Pflicht! So du Gerechtigkeit vom Himmel hoffest, so erzeig sie uns.
Geßler Fort, schafft das freche Volk mir aus den Augen.
Armgard *greift in die Zügel des Pferdes* Nein, nein, ich habe nichts mehr zu verlieren. – Du kommst nicht von der Stelle, Vogt, bis du mir Recht gesprochen – Falte deine Stirne, rolle die Augen, wie du willst – wir sind so grenzenlos unglücklich, dass wir nichts nach deinem Zorn mehr fragen –
Geßler Weib, mach Platz, oder mein Ross geht über dich hinweg.
Armgard Lass es über mich dahingehn – da –
Sie reißt ihre Kinder zu Boden und wirft sich mit ihnen ihm in den Weg.

Hier lieg ich mit meinen Kindern – lass die armen Waisen von deines Pferdes Huf zertreten werden, es ist das Ärgste nicht, was du getan –

Rudolf der Harras Weib, seid Ihr rasend?

Armgard *heftiger fortfahrend* Tratest du doch längst das Land des Kaisers unter deine Füße! – O, ich bin nur ein Weib! Wär' ich ein Mann, ich wüsste wohl was Besseres, als hier im Staub zu liegen –

Man hört die vorige Musik wieder auf der Höhe des Wegs, aber gedämpft.

Geßler Wo sind meine Knechte? Man reiße sie von hinnen oder ich vergesse mich und tue, was mich reuet.

Rudolf der Harras Die Knechte können nicht hindurch, o Herr, der Hohlweg ist gesperrt durch eine Hochzeit.

Geßler Ein allzu milder Herrscher bin ich noch gegen dieses Volk – die Zungen sind noch frei, es ist noch nicht ganz, wie es soll, gebändigt – doch es soll anders werden, ich gelob' es, ich will ihn brechen, diesen starren Sinn, den kecken Geist der Freiheit will ich beugen. Ein neu Gesetz will ich in diesen Landen verkünden – ich will –

Ein Pfeil durchbohrt ihn, er fährt mit der Hand ans Herz und will sinken.

Mit matter Stimme

Gott sei mir gnädig!

Rudolf der Harras Herr Landvogt – Gott was ist das? Woher kam das?

Armgard *auffahrend* Mord! Mord! Er taumelt, sinkt! Er ist getroffen! Mitten ins Herz hat ihn der Pfeil getroffen!

Rudolf der Harras *springt vom Pferde* Welch grässliches Ereignis – Gott – Herr Ritter – ruft die Erbarmung Gottes an – Ihr seid ein Mann des Todes! –

Geßler Das ist Tells Geschoss.

Gemälde zu „Geßlers Tod" aus Wilhelm Tell

2 Überlege, warum Schiller an dieser Stelle Armgard mit ihren Kindern auftreten lässt (Seite 190, Zeile 11 ff.). Notiere deine Gedanken dazu.

3 Schreibe eine Inhaltsangabe zu dieser Szene.

→ **Seite 234,** Arbeitstechnik „Eine Inhaltsangabe schreiben"

Der Rütli-Schwur

1 Lies den Text und erarbeite, was an der Tell-Sage historisch belegt ist.

Online-Link
Hörverstehen
313175-0192

„Wir wollen sein ein einig Volk von Brüdern"

Kein anderer Schweizer ist so bekannt wie Wilhelm Tell, der Nationalheld der Schweiz. Ein Bild von ihm findet sich auf der Rückseite jedes 5-Franken-Stücks der Schweizer Währung.
Für die meisten Europäer ist er ein Symbol der schweizerischen Unabhängigkeit und Freiheit und das vor allem dank Friedrich Schiller (1759–1805), der den Sagenstoff für das Theater bearbeitet hat. In seinem Drama „Wilhelm Tell" greift Schiller sein Lieblingsmotiv „Freiheit" auf.
Friedrich Schiller wollte eigentlich Pfarrer werden. Im absolutistischen Staat des Landesfürsten, Herzog Carl Eugen von Württemberg, wurde aber jedem Untertanen diejenige Laufbahn zugewiesen, mit der er dem Ansehen und Nutzen des Staates nach dem Plan des Fürsten am besten dienen würde. So musste Schiller zuerst Recht, später Medizin studieren. Anschließend wurde ihm befohlen, Regimentsarzt zu werden, obwohl er selbst nur Dichter sein wollte. Nachdem der Herzog ihm 1782 das Schreiben von Theaterstücken verboten hatte, floh Schiller aus Stuttgart ins „Ausland" nach Mannheim, um endlich in Freiheit schreiben zu können. In seinen frühen Werken kommen seine Wut und sein Freiheitsdrang noch direkter und ungestümer zum Ausdruck als in seinem letzten Drama „Wilhelm Tell".
Im „Wilhelm Tell" bezieht sich Schiller auf die Zeit nach 1273 und auf die Gebiete der heutigen Schweiz. Die Kantone Uri, Schwyz und Unterwalden gehörten zu dieser Zeit zum Heiligen Römischen Reich Deutscher Nation. Als Rudolf von Habsburg König wurde, wollte er diese Kantone, die eine verkehrspolitische Schlüsselstellung hatten, zur Einnahme und Ablieferung von Zöllen zwingen. Er setzte Landvögte ein, die brutal und herrisch regierten. Die Empörung über die Willkür dieser habsburgischen Besatzungsmacht wird im Drama „Wilhelm Tell" geschildert.
Im ersten Teil wird erzählt, wie es zu dem Rütli-Schwur der Eidgenossen aus den drei Urkantonen Uri, Schwyz und Unterwalden kam:
„Wir wollen sein ein einig Volk von Brüdern, in keiner Not uns trennen und Gefahr.
Wir wollen frei sein wie die Väter waren, eher den Tod, als in der Knechtschaft leben. Wir wollen trauen auf den höchsten Gott und uns nicht fürchten vor der Macht der Menschen."

Im weiteren Verlauf des Dramas stehen dann das Handeln und der Gewissenskonflikt Tells im Mittelpunkt. Er weigert sich, den aufgesteckten Hut des Reichsvogtes Hermann Geßler zu grüßen. Geßler zwingt ihn

Online-Link
zur Biografie Schillers
313175-0193

daraufhin, einen Apfel vom Kopf des eigenen Kindes zu schießen, und verspricht, Tell dann freizulassen. Tell gelingt der Schuss, doch er gesteht, dass sein nächster Pfeil Geßler gegolten hätte, wenn er seinen Sohn getroffen hätte. Geßler bricht sein Wort und führt Tell als Gefangenen auf einem Schiff fort. Während der Seeüberfahrt zieht ein Sturm auf und Tells Häscher kommen in Bedrängnis. Sie überlassen ihm das Steuer und er kann schließlich mit einem Sprung ans Ufer entkommen. Nun beschließt Tell, Geßler zu töten. In der hohlen Gasse bei Küssnacht lauert er ihm auf, tötet ihn durch einen meisterlichen Pfeilschuss und verhilft so den Bewohnern der Schweiz zu neuer Freiheit.

Gemälde von Moritz Retzsch (1779–1857): Tell wird von den Wachen angehalten, weil er den Hut des Herrschers nicht grüßen will; Aquarell, Schiller Nationalmuseum, Marbach

2 Tausche dich mit einem Lernpartner darüber aus, welchen Zusammenhang es zwischen dem Leben Schillers und dem Stoff, den er in diesem Drama verarbeitet hat, gibt. Lest dazu nach, wie Schiller gelebt hat und für welche Ideen er sich einsetzte.

3 Bearbeite eine der Aufgaben. **Wähle A, B oder C:**

A: Wilhelm Tell ist geflohen. Er wartet in einem Hinterhalt auf den Landvogt und will den Tyrannen töten. Schreibe in einem inneren Monolog[1] die Gedanken auf, die ihm während des Wartens durch den Kopf gehen.

B: Wilhelm Tell – ein Mörder?
Fälle ein Urteil über Tell und begründe es.

C: Schreibe jeweils einen kurzen Text zu den folgenden Zitaten aus dem Drama „Wilhelm Tell" von Friedrich Schiller:
1. „Schrecklich immer, auch in gerechter Sache, ist Gewalt."
2. „Wer gar zu viel bedenkt, wird wenig leisten."
3. „Es kann der Frömmste nicht in Frieden leben, wenn es dem bösen Nachbarn nicht gefällt."

[1] innerer Monolog: eine Form des Erzählens; wird oft zur Vermittlung von Gedankenvorgängen gebraucht

→ **Seite 115,** Zitieren

Sprachen in der Sprache

Friedrich Schiller wurde 1759 in Marbach am Neckar geboren. Bei ihm zu Hause wurde schwäbisch gesprochen. Das Schwäbische ist eine der vielen Mundarten/Dialekte, die es in Deutschland gibt.
Seine Gedichte und Dramen hat Schiller jedoch in Hochdeutsch geschrieben.

Online-Link zu Dialekten in Deutschland 313175-0194

1 Versucht, den Text in der Sprechblase ins Hochdeutsche zu übersetzen. Hierbei handelt es sich übrigens um ein Zitat aus Friedrich Schillers Drama „Wilhelm Tell".

2 Tragt zusammen, welche Mundarten/Dialekte ihr kennt. Welche Mundart wird in eurer Heimatregion gesprochen? Welche könnt ihr selbst sprechen?

3 Bei welchen Gelegenheiten sprecht ihr Mundart und bei welchen Hochdeutsch? Tauscht euch darüber aus.

4 EXTRA Es gibt auch viele Sänger und Bands, die ihre Lieder in Mundart singen. Bringt Beispiele mit und hört sie euch gemeinsam an. Besprecht, wie sie auf euch wirken.

5 EXTRA Wie bewertest du die Tatsache, dass sich heute viele Menschen bemühen, die Mundarten/Dialekte wieder neu zu beleben? Notiere deine Überlegungen.

6 Neben dem Hochdeutschen und den Mundarten gibt es weitere Sprachformen. Informiere dich darüber in der folgenden Übersicht.

Online-Link
zu dem Begriff „Jugendsprache"
313175-0195

→ **Seite 76 f.,**
Portfolio zum Thema „Das Rätsel der Sprache"

Standardsprache
Hochsprache; überregionale Sprachform, die in Grammatiken und Wörterbüchern geregelt ist. Sie kommt meist geschrieben, aber auch gesprochen vor, z. B. in den Medien und auf dem Theater.

Dialekt
Mundart; Sprachform, die nur in einem Ort oder in einer bestimmten Gegend verwendet und verstanden wird. Der Dialekt wird meist nicht geschrieben und oft im persönlichen Bereich verwendet, z. B. Obersächsisch, Pfälzisch, Nordbayerisch, Ripuarisch, Schwäbisch.

Umgangssprache
Sprachform des Alltags unter vertrauten Gesprächspartnern. Die Umgangssprache wird in einer bestimmten Region gesprochen, wird aber auch anderswo verstanden, z. B. „Da hab' ich keine Ahnung von. Da ham' wir den Salat!"

Fachsprache
Sprachform zur Verständigung unter Fachleuten in einem Beruf oder auf einem Fachgebiet. Fachsprachen haben einen besonderen Fachwortschatz, z. B. Fachsprachen der Bergleute, der Informatik, der Medizin.

Jugendsprache
Sprechweisen, die Jugendliche untereinander verwenden. Sie dienen oft der Verständigung und der Abgrenzung in Gruppen. Dabei bekommen die Wörter oft eine neue Bedeutung, z. B. *anbaggern* – „ein Mädchen/einen Jungen ansprechen".

gesprochene Sprache/ geschriebene Sprache
Sprachformen, die sich nicht nur durch den Übertragungskanal (akustisch/schriftlich) unterscheiden, sondern auch durch Aufbau und Ausdrucksweise. Die geschriebene Sprache folgt meist der Standardsprache.

7 Tausche dich mit deinen Mitschülern darüber aus, wo euch die aufgeführten Sprachformen begegnen und wann ihr sie verwendet.

8 EXTRA Überlege, wo man der folgenden Aussage begegnen könnte. Schreibe den Text weiter und übersetze ihn danach ins Hochdeutsche.

Der Gong zum Break! Das dämliche Mathe ist endlich over. Völlig zugetextet, macht sich die Posse auf in die Aula, um zehn Minuten zu chillen. …

16 Ausgegrenzt?

Klappentext

Thomas, fünfzehn, ist gehbehindert. Seinen Vater sieht er kaum, die Mutter schwankt ständig zwischen Bevormundung und Fürsorge und bisweilen fehlt ihr auch das Verständnis für seine Situation. Auch Thomas' jüngerer, sensibler Bruder, dem das Lernen schwerfällt, hat unter der dominanten[1] Mutter zu leiden.
Eines Tages nimmt er sich das Leben. Nun droht die Beziehung zwischen Thomas und seiner Mutter völlig zu zerbrechen.

[1] dominant: vorherrschend, bestimmend

Das Buch wurde mit dem Janusz-Korczak-Preis ausgezeichnet. Dieser Preis wird unter anderem für herausragende Leistungen auf dem Gebiet der Literatur für Kinder und Jugendliche verliehen.
Korczak war ein polnischer Arzt, Schriftsteller und Pädagoge. Er wurde am 22. Juli 1878 in Warschau geboren. Korczak trat für Kinder und ihre Rechte ein. Er starb 1942 im Konzentrationslager Treblinka, in das er zusammen mit den Kindern des von ihm geleiteten Waisenhauses verbracht worden war.

Online-Link
zu Janusz Korczak
313175-0196

→ **Seite 240,** Arbeitstechnik „Sich schnell über den Inhalt eines Buches informieren"

1 Lies die Auszüge aus dem Buch „Stolperschritte" von Mirjam Pressler. Notiere, worum es jeweils geht.

[…] Unsere Schule ist eine der ganz wenigen modernen Schulen, die von Gesunden und Behinderten gemeinsam besucht wird. Das klappt auch ganz gut. Wir kommen pünktlich an.
Wolfgang trägt zuerst den Rollstuhl hinaus, dann hebt er Jan aus dem Auto und setzt ihn in den Stuhl. Friederike geht an Krücken, so wie ich, sie ist in meiner Klasse. Klaus und Elvira sind Spastiker.
Lena sieht man gar nicht an, dass sie behindert ist. Aber sie bekommt manchmal aus heiterem Himmel Krämpfe und muss deshalb unter Aufsicht sein. Unser Klassenzimmer ist im zweiten Stock. Aber die Schule ist, so wie unser Haus auch, behindertengerecht gebaut. Es gibt im ganzen Haus keine Schwellen, und neben der Eingangstreppe ist auch eine Rampe, die man mit dem Rollstuhl hinauffahren kann. Die Aufzüge haben

Bedienungsknöpfe, die so tief angebracht sind, dass man sie auch im Sitzen drücken kann.
[…]
Gestern war ich mit Wolfgang und Susi in einem Konzert. Ich konnte mich kaum auf die Musik konzentrieren, weil ich so aufgeregt war und so neugierig. Ich betrachtete die Leute um mich herum.
[…]
Im Gang neben den Sitzreihen saß ein junger Mann in einem Rollstuhl. Ich ertappte mich dabei, dass ich ihn heimlich musterte, neugierig, aber nicht ohne Mitleid, so wie ich es den Gesunden immer vorwerfe, dass sie es bei mir tun. Er saß ganz versunken da, achtete nicht auf das, was um ihn vorging. Er war verkrümmt, seine Brust war eingefallen und seine Schultern unnatürlich schmal. Unwillkürlich setzte ich mich aufrecht hin und dehnte meine Schultern. Mir geht es trotz allem nicht so schlecht, dass es nicht noch schlimmer sein könnte.
[…]
Ich gebe mir Mühe, zu Mama nicht mehr so abweisend zu sein. Aber das ist es: Ich muss mir Mühe geben. Wenn ich mir vorstelle, wie leicht und ohne zu überlegen ich mit Susi und Wolfgang reden kann! Das ist ganz anders als mit Mama, …
Es ist ein eigenartiges Gefühl zu sagen: Ich habe Freunde … Es hat sich viel geändert für mich, das stimmt. Aber ich weiß, dass meine Behinderung immer eine Schwelle zwischen mir und meinen Freunden sein wird. Keine Mauer mehr, nur eine Schwelle, die man überschreiten kann. Bis jetzt gelingt mir das nur zeitweise.
Und dann bekomme ich wieder Angst … Wenn es mir gut geht, schiebe ich diese Gedanken einfach weg, aber manchmal kann ich das nicht. Bis jetzt habe ich noch nicht den Mut gehabt, darüber zu sprechen. […]

2 Erweitere den Klappentext auf S. 196 oben durch Informationen, die du den Textausschnitten entnommen hast, z. B.:
- *Thomas' Schule,*
- *…*

Online-Link
zu Mirjam Pressler
313175-0197

3 Informiere dich über die Autorin Mirjam Pressler.

→ **Seite 240,** Arbeitstechnik „Ein Buch vorstellen"

4 Überlege, wie du Schüler einer anderen Klasse über das Buch informieren könntest. Notiere die Gliederung, z. B.:
- *Autorin vorstellen,*
- *kurze Inhaltsangabe,*
- *einen Ausschnitt vorlesen,*
- *…*

→ **Seite 37,** Arbeitstechnik „Ein Referat halten"

Behinderung – was ist das eigentlich?

→ **Seite 239,** Arbeitstechnik „Einen Sachtext lesen und verstehen“

1 Lies zunächst die beiden Lexikonartikel.

Behinderte Menschen sind nach dem Bundessozialhilfegesetz solche Personen, die körperlich, geistig oder seelisch so schwer geschädigt sind, dass ihre Erwerbsfähigkeit dauernd und nicht nur vorübergehend als vermindert anzusehen ist.
Als behindert gelten Personen, welche so weit beeinträchtigt sind, dass ihre unmittelbaren Lebensverrichtungen oder die Teilnahme am Leben der Gesellschaft erschwert werden.
Im deutschen Sprachraum wird der Begriff Behinderung in folgende Untergruppen aufgeteilt: geistige Behinderung, Hörschädigung (Gehörlosigkeit und Schwerhörigkeit), Körperbehinderung, Lernbehinderung, Mehrfachbehinderung, Schwerbehinderung, Schwerstbehinderung, Sehschädigung (Blindheit und Sehbehinderung), Sprachbehinderung und Verhaltensstörung.
Die Gesetze der Sozialversicherungen sehen zur gesellschaftlichen Eingliederung behinderter Menschen medizinische und psychologische sowie andere berufsfördernde Maßnahmen vor.
1994 wurde das Grundgesetz um eine Schutzklausel für Menschen mit Behinderungen ergänzt (Art. 3, Abs. 3).

Online-Link
zu dem Begriff „Behinderte Menschen“
313175-0198

Behinderte Menschen sind durch angeborene oder später erlittene Schädigungen (Geburtsfehler, Krankheiten, Unfälle) in ihrer Daseinsentfaltung und körperlichen bzw. geistigen Leistungsfähigkeit stark beeinträchtigt. Sie benötigen besondere Hilfe bzw. Betreuung, um am gemeinschaftlichen Leben teilnehmen zu können (Sonderpädagogik, Hilfe bei der Eingliederung ins Berufsleben etc.).

2 Notiere Aussagen, die dir für eine eigene Erklärung des Begriffs „Behinderte Menschen“ wichtig erscheinen, z. B.:
- *körperlich, geistig, seelisch geschädigt, …*

3 Erkläre den Begriff „Behinderte Menschen“ mit eigenen Worten und stelle deine Erklärung in der Klasse vor.

Die Arbeit planen

In diesem Kapitel setzt ihr euch mit den Problemen von Menschen mit Behinderungen in unserer Gesellschaft auseinander. Ihr könnt selbst entscheiden, wie ihr das Kapitel bearbeitet. Wählt A oder B:

A: als Projekt in Gruppen
Ihr bildet Gruppen, jede Gruppe bearbeitet ein Arbeitsblatt; nach Absprache auch zusätzlich eine Plusaufgabe.

→ **Seite 240,** Regeln für Projektarbeit

B: als Klasse gemeinsam
Ihr sucht euch ein oder mehrere Arbeitsblätter oder Plusaufgaben aus und bearbeitet diese gemeinsam.

→ **Seite 240,** Regeln für Projektarbeit

1 Verschafft euch zunächst einen Überblick über
- die Arbeitsblätter S. 200 bis 205,
- die Plusaufgaben, siehe auf dieser Seite unten.

2 Jeder entscheidet sich für ein Arbeitsblatt, arbeitet es genauer durch und erläutert es anschließend der Klasse.

3 Stellt euch Arbeitsblätter und Plusaufgaben gegenseitig vor. Entscheidet anschließend, wie ihr eure Arbeit gestalten wollt.

4 Auswertung
Besprecht, ob ihr die Ergebnisse eurer Arbeit anderen Menschen präsentieren wollt und wie ihr dabei vorgehen könntet, z. B.:
- *Ausstellung mit Plakaten,*
- *Ausstellung von Textsammlungen,*
- *einen Büchertisch mit Sachbüchern und Romanen vorbereiten,*
- *Reportage für die Lokal- oder die Schülerzeitung,*
- *Vortrag, dabei Einsatz von Folien zur Veranschaulichung,*
- *...*

TIPP!
Achtet darauf, dass alle Arbeitsblätter vorgestellt werden können. Einige von euch sollten sich auch die Plusaufgaben vornehmen.

5 Plusaufgaben
1. Einen Film zum Thema ausleihen und vorstellen
2. Einen Büchertisch mit Sachbüchern und Romanen zum Thema herrichten
3. Vorbereitungen zu einem Besuch in einer Werkstatt für Behinderte treffen
4. Mit einem prominenten Behinderten, z. B. Rainer Schmidt, online in Kontakt treten
5. Informationen bei besonderen Einrichtungen anfordern und auswerten, z. B. beim Blinden- oder beim Hörgeschädigtenverband

Arbeitsblatt 1

1 Drei Bücher, die sich zu lesen lohnen Lies die Kurzinformationen und beschaffe dir dann weitere Informationen zu einem der Bücher.

Cornelia Kurth
„Ein Jahr mit 90 Tagen"
Rowohlt TB, 2001
Palma leistet ein freiwilliges soziales Jahr ab und arbeitet in einem Schwesternwohnheim. Dort soll sie eine schwerbehinderte junge Frau betreuen. Palma steht der Arbeit sehr kritisch gegenüber, sie scheint der Überbelastung nicht gewachsen.

Ursula Wölfel
„Ein Haus für alle"
Carlsen, 2004
Ein spannender Roman, der im nationalsozialistischen Deutschland spielt. Paul, Anhänger der arischen Rassenideologie, verleugnet seinen Sohn Robbi, der das Down-Syndrom[1] hat. Robbi muss versteckt werden.

[1] Down-Syndrom, das: auch als Trisomie bezeichnet

Online-Link zu Rainer Schmidt 313175-0200

Rainer Schmidt
Lieber Arm ab als arm dran

Der Autor dieses Buches ist mehrfacher Weltmeister und Paralympic-Goldmedaillengewinner im Tischtennis. Er schreibt über sein Buch:

Der Titel ist provokant[2] und doppeldeutig. Das Zitat „Lieber Arm ab als arm dran" ist von meinem Bruder Edgar. Es passt in mehrfacher Hinsicht zu meinem Leben und zu diesem Buch.
Zum einen lehnt der Titel einen zwingenden Zusammenhang zwischen meiner Behinderung und meinem Befinden ab. Ja, beide Unterarme fehlen mir seit meiner Geburt, doch hat dies nicht (und schon gar nicht automatisch) dazu geführt, dass ich ‚arm dran' bin. […]
In diesem Buch vertrete ich die These[3], dass es keinen grundsätzlichen Unterschied von Menschen mit Behinderung und Menschen ohne Behinderung gibt. […] Stattdessen meine ich, alle Menschen sitzen im gleichen Boot. Wir sind einerseits begrenzt, d.h. wir haben Hindernisse, und sind andererseits begabt, d. h. wir haben Möglichkeiten. Behinderung verstehe ich als ein Hindernis unter vielen anderen, mit denen Menschen leben müssen und leben können. […]

[2] provokant: herausfordernd; ein Verhalten, das andere zu Abwehrreaktionen veranlassen kann oder soll

[3] These, die: Behauptung; Gedanke, Satz, dessen Wahrheitsgehalt bewiesen werden muss

2 Überlege, wie du andere über das Buch informieren könntest, z. B.:
- Autor oder Autorin vorstellen,
- kurze Inhaltsangabe,
- einen Ausschnitt vorlesen …

→ Seite 240, Arbeitstechnik „Ein Buch vorstellen"

Arbeitsblatt 2

Eine Untersuchung über behindertengerechte Einrichtungen

Hindernisfreies Einkaufen

Hindernisfreie Bauten stellen insbesondere für behinderte Menschen eine wichtige Voraussetzung dar, um am aktiven Leben teilnehmen zu können. Für zahlreiche behinderte und betagte Kundinnen und Kunden sind der Besuch und der Einkauf in unseren Läden und Einkaufszentren sowie Fachmärkten und Restaurants allerdings immer noch mit der Überwindung von unnötigen und vermeidbaren Hindernissen und Störfaktoren verbunden.

1 Schreibt auf, wo der Autor des Textes Hindernisse für Menschen mit Behinderungen im öffentlichen Leben sieht.

2 Ergänzt die Liste durch eigene Überlegungen.

3 Geht durch euer Schulgebäude und stellt in einer Tabelle zusammen, welche Orte behindertengerecht eingerichtet sind und welche nicht, z. B.:

behindertengerecht eingerichtet	noch nicht behindertengerecht eingerichtet
Eingangsbereich	…
…	…

4 Überlegt gemeinsam, in welchen Einrichtungen eures Wohnortes ihr eine ähnliche Untersuchung durchführen könntet, z. B.:
Supermarkt, Theater, Stadion, …

5 Verteilt die Aufgaben und legt einen Zeitpunkt fest, zu dem die Untersuchung abgeschlossen sein soll.

6 Tragt die Ergebnisse zusammen. Überlegt anschließend, wie ihr sie den anderen präsentieren könntet, z. B.:
- auf Plakaten und Bildern
- mit einer PC-Präsentation
- …

TIPP!
So kannst du die Ergebnisse berechnen:
Zahl der untersuchten Orte = 100
- davon sehr gut …
- weniger gut …

Du kannst die Daten auch in einem Diagramm darstellen.

Arbeitsblatt 3

Fachleute zu einem Gespräch in den Unterricht einladen

1 Ladet jemanden in eure Klasse ein, der in einer Einrichtung arbeitet, die mit Menschen mit Behinderungen zu tun hat, z. B.:
- integrativer Kindergarten
- integrative Schulen
- Behörde …

So könnt ihr das Gespräch vorbereiten:

→ **Seite 232,** Arbeitstechnik „Ein Interview vorbereiten“

1. Arbeitet einen Fragenkatalog aus. Stellt nicht nur reine Informationsfragen, sondern fragt auch nach der persönlichen Meinung eures Gesprächspartners, z. B.:
   - Können Sie uns Ihre Einrichtung etwas genauer vorstellen?
   - Welche Behinderungen …
   - Wo liegen aus Ihrer Sicht …
2. Bestimmt jemanden, der zu der Einrichtung Kontakt aufnimmt und
   - sich erkundigt, wer zuständig ist,
   - erklärt, worum es geht,
   - nach einem Besuchstermin fragt.
3. Überlegt, wie ihr den Besuch empfangen wollt, z. B.:
   - Begrüßung und Vorstellung
   - Sitzordnung …
4. Verabredet, wer das Gespräch leitet und wann eventuell gewechselt werden soll.

→ **Seite 235,** Arbeitstechniken „Ein Protokoll schreiben“ und „Etwas mitschreiben“

5. Besprecht, wie ihr die Informationen festhalten wollt, um sie anschließend leichter auswerten zu können, z. B.:
   - Stichwortprotokoll
   - auf Band aufnehmen …
6. Vergesst nicht, die Schulleitung von eurem Vorhaben zu informieren.

2 Diskutiert nach dem Gespräch mit der Klasse:
- Was war neu?
- Was war besonders interessant?
- Wo wurde etwas, das ihr vermutet hattet, bestätigt?
- Wo wurde etwas völlig anders dargestellt?

→ **Seite 235,** Arbeitstechnik „Einen Bericht schreiben“

3 Fasst die Ergebnisse des Gespräches und der anschließenden Diskussion in einem Bericht zusammen.

Arbeitsblatt 4 A

1 Lies den Text über die Gebärdensprache und beantworte die folgenden Fragen:
- Was erfährt man über die Entwicklung der Gebärdensprache?
- Welchen Problemen sahen sich Gehörlose früher ausgesetzt?
- Welche Sichtweise haben wir heute?

Gebärdensprache

Unter Gebärdensprache versteht man eine systematische, zeichenhafte Verwendung von Gestik und Mimik, die von Menschen anstelle einer gesprochenen Sprache benutzt wird. Diese Menschen besitzen entweder keine gemeinsame Sprachgrundlage oder sind körperlich nicht in der Lage zu hören. Eine einheitliche Gebärdensprache gibt es weltweit nicht, sondern z. B. die deutsche (DGS), amerikanische (ASL) oder chinesische (CSL). Man unterscheidet in der Gebärdensprache natürliche Zeichen (Darstellung von Objekten oder Vorstellungen) und systematische Zeichen (Fingeralphabet). Als wichtiger Beitrag zur Entwicklung der Gebärdensprache gilt die Gründung der ersten Gehörlosenschule der Welt im Jahre 1760 in Paris. 1775 führte Charles Michel l'Epee die Gebärdensprache in der Schule ein. Der Abbé hatte die Gebärden von den Gehörlosen gelernt. L'Epees System wurde in vielen Ländern übernommen. Wer nicht hören bzw. sprechen konnte, hatte in der Gesellschaft schon seit alters her mit Vorurteilen zu rechnen. […] Unter dem Nazi-Regime galten Gehörlose als „lebensunwert" und wurden nach Beendigung der Schule oft als „Erbkranke" zwangssterilisiert. Viele wurden auch als „Schwachsinnige" im Rahmen des „Euthanasie-Programms"[1] umgebracht. In den letzten Jahrzehnten hat sich dieses Bild grundlegend gewandelt. Aber auch in Bezug auf die Gebärdensprache: Es besteht kein Zweifel mehr, dass sie eine vollwertige Sprache ist, denn sie erfüllt alle Kriterien – nur werden ihre Elemente eben mit Händen, Mimik und Körper ausgedrückt und nicht mit Mund, Kehlkopf und Nasenrachenraum. Die Deutsche Gebärdensprache ist aber nicht nur eine Sprache, und Gehörlosigkeit bedeutet nach wie vor mehr als nur ein Leben ohne Hören. Weil die Kommunikation in einer hörenden Mehrheit fast ausschließlich über gesprochene Worte abläuft, werden Gehörlose oft ausgeschlossen, auch wenn dies unabsichtlich geschieht. Gehörlose suchen daher oft den Kontakt zu ihresgleichen, wo sie ungehindert losgebärden können und auch alles mitbekommen.

[1] Euthanasie [griech. „schöner Tod"], Sterbehilfe. Das so genannte „Euthanasie-Programm" war jedoch ein Programm zur systematischen Tötung „unwerten Lebens", das ab 1938 offen von der nationalsozialistischen Regierung in Deutschland propagiert wurde.

Arbeitsblatt 4 B

Sich vorstellen

Gebärdensprache ist mehr als eine Sammlung von Zeichen, die man mit den Händen macht. Mit der Mimik des Gesichtes kann dir ein Erzähler klarmachen, ob er etwas mag oder nicht. Die Handbewegungen sind gleich, den Unterschied machen Augen, Mund und die Stirn. „Wie heißen Sie?“ und „Mein Name ist …“ sind oft die ersten Sätze, die man in einer neuen Sprache erlernt. „Was heißt du?“, fragen die Dänen, „Wie ruft man dich?“, möchten die Russen wissen. Die Franzosen antworten: „Ich mich rufe…“

„Du Name was?“, fragt man in der Gebärdensprache:

Du
Mit dem Zeigefinger auf den Gesprächspartner zeigen. Mit dem Mund das Wort „Du“ formen.

Bewegungsbahn/
Bewegungsrichtung

Wiederholung der
Bewegung

Drehpunkt der
Bewegung

Name
Mit Zeige- und Mittelfinger zweimal an der Wange (auf Mundhöhe) auf- und abstreichen. Der Mund sollte das Wort „Name“ formen.

Was?
Das Fragewort „was“ wird mit offenen Händen gebärdet. Die Handflächen zeigen nach oben. Die Hände schwingen ein bisschen hin und her. Der Mund bildet „was“; das Ganze wird mimisch unterstrichen: Augenbrauen nach oben und weit geöffnete Augen!

Arbeitsblatt 4 C

Die Antwort lautet:
„Ich Name ...“

Online-Link
zum Thema
„Gebärdensprache“
313175-0205

Auch Gehörlosen „fehlen“ manchmal die Worte bzw. die Gebärden.
In solchen Fällen buchstabieren sie mit dem *Fingeralphabet*.

Online-Link
Arbeitsblatt
„Gebärdensprache
(Fingeralphabet)“
313175-0205

TIPP!
Im Internet findest du weitere Informationen, z. B. auch die Adresse eines Gehörlosenvereins in der Nähe deines Wohnorts.
Nutze den Online-Link.
Über Chats lernst du schnell Gehörlose kennen, von denen du einiges über ihr Leben erfahren kannst.

2 Mit welchem Namen antwortet die Frau auf den Fotos?

3 Übe, wie du dich einer gehörlosen Person vorstellen und sie nach ihrem Namen fragen kannst.

4 Bereite ein Referat zum Thema „Gebärdensprache“ vor:
- Stelle kurz die geschichtlichen Hintergründe dar,
- weise auf Probleme im Leben von Gehörlosen hin,
- erläutere die Grundlagen der Gebärdensprache,
- zeige den Zuhörern, wie man sich vorstellt,
- fordere sie auf, sich dir in Gebärdensprache vorzustellen.

→ **Seite 233,**
Arbeitstechnik
„Ein Referat vorbereiten und halten“

Unterschiedliche Zukunftsvorstellungen

Hier findest du einen Ausschnitt aus der autobiografischen Erzählung „Abschied von den Eltern". Darin schreibt der Schriftsteller Peter Weiss (1916 – 1982) über Erfahrungen aus seiner Jugendzeit.

Peter Weiss

Der Ernst des Lebens

[…]
In der lethargischen[1] Stunde zwischen zwei und drei lag ich auf dem Sofa im Wohnzimmer, die Hände unterm Kopf verschränkt, hinüberstarrend auf den Farbdruck an der Wand. […]
Schon wollte ich aufstehen, da stand meine Mutter vor mir, nie merkte ich, wie sie ins Zimmer kam, immer erschien sie plötzlich mitten im Zimmer, wie aus dem Boden emporgewachsen, den Raum mit ihrer Allmacht beherrschend. Hast du deine Hausaufgaben gemacht, fragte sie und ich sank zurück in meine Müdigkeit. Noch einmal fragte sie, bist du schon fertig mit deinen Aufgaben? Aus meiner dumpfen Lage heraus antwortete ich, ich mache sie später. Sie aber rief, du machst sie jetzt. Ich mache sie nachher, sagte ich, in einem schwachen Versuch des Widerspruchs. Da hob sie, wie in einem Wappenschild, die Faust und rief ihren Wappenspruch: Ich dulde keinen Widerspruch. Dicht trat sie an mich heran, und ihre Worte fielen wie Steine auf mich herab, du musst büffeln und wieder büffeln, du hast noch ein paar Jahre, dann wirst du ins Leben hinaustreten, und dazu musst du etwas können, sonst gehst du zugrunde. Sie zog mich an meinen Schreibtisch zu den Schulbüchern. Du darfst mir keine Schande machen, sagte sie. Ich leide schlaflose Nächte deinetwegen, ich bin verantwortlich für dich, wenn du nichts kannst, dann fällt das auf mich zurück, leben heißt arbeiten, arbeiten und arbeiten und immer wieder arbeiten. Dann ließ sie mich allein. Neben mir auf einem Brett stand das Modell einer Stadt, das ich mir aus Papier und Zellophan, aus Drähten und Stäbchen erbaut hatte. Nach meinen zerstörerischen Spielen war dies der erste konstruktive Versuch. Es war eine Zukunftsstadt, eine utopische Metropole, doch sie war unvollendet, skeletthaft, ich wusste plötzlich, dass ich nicht daran weiterbauen würde, ich sah nur noch zerknittertes, leimdurchbrökkeltes Papier, und alles war verbogen und zerbrechlich, man konnte es in einem Atemzug umblasen. Ich musste nach anderen Mitteln des Ausdrucks suchen.
Während ich über meinem Tagebuch brütete, öffnete sich die Tür, und mein Vater trat ein. Er sah mich am Schreibtisch hocken, bei irgendwelchen Beschäftigungen, an denen er nie teilhaben durfte, er sah, wie hastig etwas in der Schublade verschwand. Was treibst du denn da, fragte er.

[1] lethargisch: untätig, teilnahmslos

Ich mache meine Schulaufgaben, sagte ich. Ja, darüber wollte ich gern mit dir sprechen, sagte er. Eine peinliche Spannung trat ein, wie immer bei solchen Gesprächen.
Du bist jetzt alt genug, sagte er, dass ich einmal mit dir über Berufsfragen sprechen muss. Wie denkst du dir eigentlich deine Zukunft? Ich konnte auf diese quälende Frage nichts antworten. Mit einer Stimme, die verständnisvoll sein wollte und die etwas von einem Gespräch von Mann zu Mann hatte, sagte er, ich schlage vor, dass du in die Handelsschule eintrittst und dann in mein Kontor kommst.
Ich murmelte etwas davon, dass ich erst noch die Schule absolvieren wollte, damit konnte ich immerhin Zeit gewinnen. Mein Vater sagte, jetzt mit wachsender Ungeduld, dazu scheinst du doch kaum zu taugen, ich glaube nicht, dass du begabt genug dazu bist, und zum Studieren fehlt dir jede Ausdauer, du gehörst ins praktische Berufsleben. Sein Gesicht war grau und vergrämt. Wenn man vom Leben sprach, musste man grau und vergrämt sein.
Leben war Ernst, Mühe, Verantwortung. Mein Gesicht, das Gesicht eines Nichtskönners und Tagediebs, verzog sich zu einem verlegenen, stereotypen Grinsen. Gekränkt sagte mein Vater, du brauchst gar nicht zu lachen, das Leben ist kein Spaß, es wird Zeit, dass du einmal wirklich arbeiten lernst. Vielleicht spürte er eine Regung von Zärtlichkeit für mich, doch als er meinen schiefen, feindlichen Blick sah, musste er sich hart machen und seinen festen Willen zeigen. Mit der flachen Hand schlug er auf den Tisch und rief, wenn dieses Schuljahr zu Ende ist, dann ist es Schluss mit den Träumereien, dann wirst du dich endlich der Realität des Daseins widmen.
[…]

1 Notiere, welches Thema in diesem Text aufgegriffen wird.

2 Beschreibe mit eigenen Worten, was Vater und Mutter unter dem „Ernst des Lebens“ verstehen.

3 Welche Sichtweise vermutest du bei dem Jungen? Begründe deine Meinung.

4 Stell dir vor, du wärst zu einem Vorstellungsgespräch in einem Unternehmen eingeladen. Beantworte die Fragen des Personalleiters:

1. Worin sehen Sie Ihre Stärken und worin Ihre Schwächen?
2. Warum haben Sie sich für diese Ausbildung und diesen Beruf entschieden? (Begründe deine Berufswahl.)
3. Wie stellen Sie sich Ihr Berufsleben vor?
4. Welche Fragen haben Sie an uns? (Formuliere drei Fragen.)

→ **Seite 19 ff.,** Fragen und Antworten im Vorstellungsgespräch

Fühlen und Denken – Bilder und Texte

In Prüfungen wird oft verlangt, dass man seine Gedanken und Gefühle zu einem Bild äußert oder dass man seine Meinung zu einem Problem oder zu einem Sachverhalt darlegt.

Wähle A oder B:

A: Du schreibst einen Text zu einem der drei Bilder.

1 Sieh dir die Bilder genau an. Wähle ein Bild aus und schreibe einen Text dazu. Drücke darin deine Gedanken und Gefühle sowie Erinnerungen und Vorstellungen aus.

2 Gib dem Bild auch eine Überschrift.

1

2

3

B: Du betrachtest ein Problem von mehreren Seiten und legst deine Meinung dazu dar.

1 Lies den Text und bearbeite dann die Aufgaben 2 bis 4.

In einer Zeitung wurde Folgendes berichtet:

Schulleitung greift durch – bauchfreie Shirts verboten

Nach dem Willen einer niedersächsischen Gesamtschule sollen die Schüler in Zukunft nicht mehr mit bauchfreien T-Shirts, tiefen Dekolletees oder kurzen Röcken und Hosen zum Unterricht erscheinen. Diese Kleidung lenke vom Lernen ab. Manche Schülerinnen und Schüler legten es sogar darauf an. In verschiedenen Schulen gebe es sehr gute Erfahrungen mit einheitlichen Pullovern oder T-Shirts.
In einem Brief an Schüler und Eltern forderte die Schulleitung, auf eine „angemessene Kleidung“ der Kinder zu achten. „Wir möchten nicht, dass Mädchen oder Jungen während der Schulzeit mit Strand- oder Diskobekleidung auftreten“, schrieb man. Zur Begründung hieß es: „Wir sind der Auffassung, dass dies die Lernsituation beeinträchtigt.“ Deshalb seien bauch- und rückenfreie T-Shirts oder zu kurze Röcke und Shorts in der Schule nicht angebracht.
Nun ist ein Streit um den bauchfreien Nabel ausgebrochen: Die meisten Schüler der Schule seien gegen die neue Kleiderordnung, berichtet die Zeitung. Auch einige Eltern protestierten. Man sehe sich in seiner persönlichen Freiheit eingeschränkt, das zu tragen, was modern ist und was gefällt. Außerdem fragten sie sich, wer darüber befinden sollte, was angemessen sei und wie kurz die Hosen und Röcke sein dürften, was von wem zu tragen sei.
Die Situation sei völlig übertrieben dargestellt. Es sei kein einziger Fall bekannt, dass Schüler in Badebekleidung in die Schule gekommen wären. Einheitliche Schulkleidung sei das Letzte, was man wolle. Wer sollte festlegen, wie diese aussehen dürfe?

2 Fasse den Inhalt des Artikels kurz mit eigenen Worten zusammen.

3 Trage deine eigenen Argumente zum Thema zusammen. Stelle dafür in einer Tabelle die Behauptungen aus dem Text deinen eigenen Fragen, Bemerkungen, Argumenten und Gegenargumenten gegenüber.

4 Nimm Stellung zu dem Vorhaben, in der Schule eine neue Kleiderordnung einzuführen.

Kinder und Eltern

Reiner Kunze

Fünfzehn*

* Aus lizenzrechtlichen Gründen ist dieser Text nicht in reformierter Rechtschreibung gedruckt.

Sie trägt einen Rock, den kann man nicht beschreiben, denn schon ein einziges Wort wäre zu lang. Ihr Schal dagegen ähnelt einer Doppelschleppe: Lässig um den Hals geworfen, fällt er in ganzer Breite über Schienbein und Wade. (Am liebsten hätte sie einen Schal, an dem mindestens drei Großmütter zweieinhalb Jahre gestrickt haben – eine Art Niagara-Fall aus Wolle. Ich glaube, von einem solchen Schal würde sie behaupten, daß er genau ihrem Lebensgefühl entspricht. Doch wer hat vor zweieinhalb Jahren wissen können, daß solche Schals heute Mode sein würden.) Zum Schal trägt sie Tennisschuhe, auf denen jeder ihrer Freunde und jede ihrer Freundinnen unterschrieben haben. Sie ist fünfzehn Jahre alt und gibt nichts auf die Meinung uralter Leute – das sind alle Leute über dreißig.

Könnte einer von ihnen sie verstehen, selbst wenn er sich bemühen würde? Ich bin über dreißig.

Wenn sie Musik hört, vibrieren noch im übernächsten Zimmer die Türfüllungen. Ich weiß, diese Lautstärke bedeutet für sie Lustgewinn. Teilbefriedigung ihres Bedürfnisses nach Protest. Überschallverdrängung unangenehmer logischer Schlüsse. Trance. Dennoch ertappe ich mich immer wieder bei einer Kurzschlußreaktion: Ich spüre plötzlich den Drang in mir, sie zu bitten, das Radio leiser zu stellen. Wie also könnte ich sie verstehen – bei diesem Nervensystem?

Noch hinderlicher ist die Neigung, allzu hochragende Gedanken erden zu wollen.

Auf den Möbeln ihres Zimmers flockt der Staub. Unter ihrem Bett wallt er. Dazwischen liegen Haarklemmen, ein Taschenspiegel, Knautschlacklederreste. Schnellhefter, Apfelstiele, ein Plastikbeutel mit der Aufschrift „Der Duft der großen weiten Welt“, angelesene und übereinandergestülpte Bücher (Hesse, Karl May, Hölderlin). Jeans mit in sich gekehrten Hosenbeinen, halb und dreiviertel gewendete Pullover, Strumpfhosen, Nylon und benutzte Taschentücher. (Die Ausläufer dieser Hügellandschaft erstrecken sich bis ins Bad und in die Küche.) Ich weiß: Sie will sich nicht den Nichtigkeiten des Lebens ausliefern. Sie fürchtet die Einengung des Blicks, des Geistes. Sie fürchtet die Abstumpfung der Seele durch Wiederholung! Außerdem wägt sie die Tätigkeiten gegeneinander ab nach dem Maß an Unlustgefühlen, das mit ihnen verbunden sein könnte, und betrachtet es als Ausdruck persönlicher Freiheit, die unlustintensiveren zu ignorieren.

Doch nicht nur, daß ich ab und zu heimlich ihr Zimmer wische, um ihre Mutter vor Herzkrämpfen zu bewahren – ich muß mich auch der Versuchung erwehren, diese Nichtigkeiten ins Blickfeld zu rücken und auf die Ausbildung innerer Zwänge hinzuwirken.

Einmal bin ich dieser Versuchung erlegen.

Sie ekelt sich schrecklich vor Spinnen. Also sagte ich: „Unter deinem Bett waren zwei Spinnennester."

Ihre mit lila Augentusche nachgedunkelten Lider verschwanden hinter den hervortretenden Augäpfeln, und sie begann „Iix! Äax! Uh!" zu rufen, so daß ihre Englischlehrerin, wäre sie zugegen gewesen, von soviel Kehlkopfknacklauten – englisch „glottal stops" – ohnmächtig geworden wäre. „Und warum bauen die ihre Nester gerade bei mir unterm Bett?"

„Dort werden sie nicht oft gestört." Direkter wollte ich nicht werden, und sie ist intelligent.

Am Abend hatte sie ihr inneres Gleichgewicht wiedergewonnen. Im Bett liegend, machte sie einen fast überlegenen Eindruck. Ihre Hausschuhe standen auf dem Klavier.

„Die stelle ich jetzt immer dorthin", sagte sie. „Damit keine Spinnen hineinkriechen können."

1 Lies die Kurzgeschichte von Reiner Kunze und bearbeite die Aufgaben:

1. Schreibe, wo und wann die Handlung spielt und aus wessen Sicht erzählt wird.
2. Von welchen Personen ist in der Kurzgeschichte die Rede? Stelle diese kurz vor.
3. Die 15-jährige Tochter provoziert[1] ihre Eltern. Nenne Beispiele, worin sich das zeigt. Gib jeweils die Textstellen (Zeilen) an.
4. Der Vater hat Verständnis für seine Tochter. Beschreibe, woran man das erkennen kann.
5. Was will der Vater mit der Spinnengeschichte erreichen? Schreibe deine Vermutungen auf.
6. Als Leser erhält man eine lebendige Vorstellung von dem Zustand des Zimmers und vom Ordnungssinn der Tochter. Nenne mindestens fünf Details, die genannt werden. Gib die Textstellen (Zeilen) jeweils an.
7. Gib mit eigenen Worten wieder, was mit dem Satz, Zeile 34 ff., „… und (sie) betrachtet es als Ausdruck persönlicher Freiheit, die unlustintensiveren (Tätigkeiten) zu ignorieren" gemeint ist.
8. Deute die Überschrift der Kurzgeschichte.

[1] provozieren: herausfordern

2 Wähle eine der folgenden Aufgaben und bearbeite sie:

1. Schreibe eine Inhaltsangabe.
2. Beschreibe in einem Text, wie ein verständnisloser Vater auf das Verhalten seiner Tochter reagieren würde.
3. Charakterisiere die Tochter und den Vater.

Generationen

1 Lies das Märchen der Brüder Grimm und bearbeite anschließend die zehn Aufgaben.

Brüder Grimm

Der alte Großvater und der Enkel

Es war einmal ein steinalter Mann, dem waren die Augen trüb geworden, die Ohren taub, und die Knie zitterten ihm. Wenn er nun bei Tische saß und den Löffel kaum halten konnte, schüttete er Suppe auf das Tischtuch, und es floss ihm auch etwas wieder aus dem Mund. Sein Sohn und dessen Frau ekelten sich davor, und deswegen musste sich der alte Großvater endlich hinter den Ofen in die Ecke setzen, und sie gaben ihm sein Essen in ein irdenes Schüsselchen und noch dazu nicht einmal satt; da sah er betrübt nach dem Tisch, und die Augen wurden ihm nass. Einmal auch konnten seine zitterigen Hände das Schüsselchen nicht festhalten, es fiel zur Erde und zerbrach. Die junge Frau schalt, er sagte aber nichts und seufzte nur. Da kaufte sie ihm ein hölzernes Schüsselchen für ein paar Heller, daraus musste er nun essen. Wie sie da so sitzen, so trägt der kleine Enkel von vier Jahren auf der Erde kleine Brettlein zusammen. „Was machst du da?“, fragte der Vater. „Ich mache ein Tröglein“, antwortete das Kind, „daraus sollen Vater und Mutter essen, wenn ich groß bin.“

Da sahen sich Mann und Frau eine Weile an, fingen endlich an zu weinen, holten alsofort den alten Großvater an den Tisch und ließen ihn von nun an immer mitessen, sagten auch nichts, wenn er ein wenig verschüttete.

1. **Welches Wort kann in dem Satz „Die junge Frau schalt, er sagte aber nichts und seufzte nur“ (Zeile 10 f.) das Wort „schalt“ am besten ersetzen?**

   a) tadelte b) kritisierte c) fluchte d) schimpfte

2. **Welches der folgenden Wörter kann in dem Gesamtzusammenhang des Textes das Wort „irdenes“ („ein irdenes Schüsselchen“ – Zeile 7) am wenigsten sinnvoll ersetzen?**

   a) gläsernes b) hölzernes c) tönernes d) metallenes

3. **Setze den Satz sinnvoll fort.**

   Der Großvater war ein steinalter Mann, der …

4. Welches Wort ist nicht nach dem Muster der anderen drei Wörter gebildet?

   a) zerbrechen b) festhalten c) zusammentragen d) mitessen

   Begründe deine Entscheidung.

5. Wie lauten die fehlenden Verbformen? Übernimm die Tabelle in dein Heft und fülle sie aus.

Infinitiv/ Grundform	**Präsens**	**Präteritum**	**Partizip II**
setzen	setzt	…	…
…	…	fiel	–
…	zerbricht	…	…
…	…	…	geflossen
sitzen	…	…	…
…	…	ließ	…
…	läuft	…	…
…	…	trank	…

6. Wie lauten diese Sätze, wenn die direkte/wörtliche Rede als indirekte Rede wiedergegeben wird?

   Der Vater fragte das Kind: „Was machst du da?"
   „Ich mache ein Tröglein", antwortete das Kind.

7. Wie lautet dieser Satz, wenn das Verb im Passiv gebraucht wird?

   Sie holten den alten Großvater an den Tisch.

8. Welche grammatische Funktion hat der unterstrichene Ausdruck in dem Satz (Zeile 2 ff.) „Wenn er nun <u>bei Tische</u> saß und …" ?

   a) Präpositionalobjekt b) Temporalbestimmung
   c) Lokalbestimmung

9. Welche drei verschiedenen Modalverben kommen in dem Text auf Seite 212 vor?

10. Ergänze zu den folgenden Substantiven/Nomen je ein sinnvolles Attribut: *Enkel, Großvater, Eltern.*

Grammatik, Rechtschreibung und Sprachbetrachtung

Wörter

→ Seite 27, 146 ff.

Woraus bestehen Wörter? (Wortbildung)

- Wörter bestehen aus Sprachlauten. Man unterscheidet Vokale (*Selbstlaute: a, ä, e, i, …*) und Konsonanten (*Mitlaute: b, c, d, f, g, h, …*).
- Wörter bestehen aus Sprechsilben (*Bü - cher - schrän - ke, Klei - dun - gen, le - sen, schö - ner*).
- Wörter bestehen aus einem oder mehreren Wortbausteinen. Man unterscheidet zwischen den Wortstämmen (***schön** + er, **Kleid** + ung + en, ich **les** + e*), den Vorbausteinen (***ver** + stehen, **be** + stehen, **ent** + stehen*), den Endbausteinen (*Kleid + **ung**, Krank + **heit**, ess + **bar***) und verschiedenen Endungen (*ich les + **e**, schön + **er**, Kleid + ung + **en***).

Die beiden wichtigsten Verfahren der Wortbildung sind die **Zusammensetzung** und die **Ableitung**. Bei der Zusammensetzung werden zwei oder mehrere Wörter zu einer Einheit verbunden.

- Zusammengesetzte Substantive/Nomen bestehen aus einem Grundwort (*Berufs**schule**, Bücher**tasche**, Fuß**ball***) und einem Bestimmungswort (***Berufs**schule, **Bücher**tasche, **Fuß**ball*).

→ Seite 146 ff.

- Zusammengesetzte Verben bestehen aus einem vorangestellten Wortbaustein und dem Verb; sie können trennbar (*herkommen – du kommst her; weitersprechen – du sprichst weiter; abschreiben – du schreibst ab*) oder nicht trennbar sein (*übersetzen – du übersetzt; vollbringen – du vollbringst; wetteifern – du wetteiferst*).
- Bei der Ableitung wird ein Wortstamm mit Vorbausteinen oder/und Endbausteinen verbunden (*unverständlich:* Vorbausteine *un-, ver-;* Endbaustein *-lich*). Der letzte Endbaustein bestimmt die Wortart.

→ Seite 28 f.

Wortfamilien – Wortfelder

- Wörter, die denselben Wortstamm enthalten, gehören zur selben Wortfamilie (***lehr**en, **Lehr**er, **Lehr**e, **lehr**haft, **Lehr**ling, **Lehr**buch, …*).
- Wörter mit ähnlicher Bedeutung bilden ein Wortfeld (*gehen, laufen, rennen, schlendern, spazieren, schleichen, …*).
- Die einzelnen Wörter eines Wortfeldes gehören in der Regel ein und derselben Wortart an.

- Der übergeordnete Begriff eines Wortfeldes heißt **Oberbegriff** (z. B. Obst), die darunter stehenden Begriffe heißen **Unterbegriffe** (z. B. Äpfel, Birnen, Pflaumen ...).
- Synonyme sind Wörter mit gleicher (oder ähnlicher) Bedeutung (z. B. Apfelsine – Orange).
- Antonyme sind Wörter mit gegensätzlicher Bedeutung (z. B. sprechen – schweigen, arm – reich).

Wortarten

→ **Seite 26 ff., 61, 170 f.**

Die wichtigsten Wortarten sind Substantiv/Nomen, Verb, Adjektiv, Adverb, Artikel, Pronomen, Präposition und Konjunktion.
Sie sind einzeln in der Tabelle auf den folgenden zwei Seiten erläutert.

Wortarten	Beispiele	Merkmale
Substantive/Nomen	Kind, Hund, Tisch, Feuer, Beginn, Idee, Rechnung, Freude, Energie	- bezeichnen Lebewesen, Dinge, Gedanken, Zustände - stehen im Singular (Einzahl) ➜ *Hund* oder im Plural (Mehrzahl) ➜ *Hunde* - werden im Satz oft von Artikeln begleitet (***der** Hund, **ein** Hund*) - haben ein Genus (grammatisches Geschlecht): maskulin (männlich) ➜ *der Hund*; feminin (weiblich) ➜ *die Rechnung*; neutral (sächlich) ➜ *das Feuer* - stehen im Satz in einem bestimmten Kasus (Fall): Nominativ (erster Fall) ➜ *der Tisch*; Genitiv (zweiter Fall) ➜ *des Tisches*; Dativ (dritter Fall) ➜ *dem Tisch*; Akkusativ (vierter Fall) ➜ *den Tisch* - können von einem Adjektiv begleitet werden (*der **neue** Tisch, ein **kleines** Kind*)
Verben	lachen, schwimmen, regnen, liegen, lassen, vergessen, können, haben	- bezeichnen Tätigkeiten, Vorgänge oder Zustände - Hilfsverben (*haben, sein, werden*) und Modalverben (*wollen, sollen, können, müssen, dürfen, mögen*) (siehe Seite 12 ff.) treten überwiegend in Verbindung mit Vollverben (*geben, helfen, sehen usw.*) auf - werden konjugiert (gebeugt): *ich lach**e**, du lach**st**, er/sie/es lach**t**, wir lach**en**, ihr lach**t**, sie lach**en*** - können verschiedene Zeitformen bilden: *ich lache, ich lachte, ich habe gelacht, ich hatte gelacht, ich werde lachen* (siehe Seite 40 ff., 217, 228) - viele Verben können Aktiv- und Passivformen bilden (siehe Seite 180 ff., 218 f.): man unterscheidet zwischen Indikativ-, Konjunktiv- und Imperativformen (siehe Seite 12 ff., 55 ff., 219)
Adjektive	süß, ängstlich, spät, afrikanisch, heiter, rot, quadratisch, essbar	- bezeichnen Eigenschaften oder Merkmale - können zwischen Artikel und Substantiv/Nomen stehen: *der **süße** Apfel, ein **heiterer** Film* - haben Beugungsendungen: *der süß**e** Apfel, ein heiter**er** Film* - können meist gesteigert werden: Grundform/Positiv: *klein*; erste Vergleichsform/Komparativ: *klein**er***; zweite Vergleichsform/Superlativ: *der klein**ste** (Baum), am klein**sten***

Wortarten	Beispiele	Merkmale
Adverbien	heute, immer, dort, gestern, einmal, gern, mittwochs, darauf	- sind nicht veränderbar - können an den Anfang eines Satzes gestellt werden: *Sie kommt **heute**.* ➜ ***Heute** kommt sie.* - können mit einem W-Fragewort erfragt werden: *Wann kommt sie? Sie kommt **heute**.*
Artikel	der, die, das, dem, den, ein, eine, einen, einem	- begleiten ein Substantiv/Nomen: ***der** Hund, **einem** Hund* - können bestimmt (*der, die, das*) oder unbestimmt sein (*ein, eine …*) - passen sich dem Geschlecht, der Zahl und dem Fall des Substantivs/Nomens an
Pronomen	ich, du, mein, alle, man, Wer? Was? Welcher?	**Es gibt verschiedene Arten von Pronomen.** Manche Pronomen stehen für ein Substantiv/Nomen: - Personalpronomen (*der Hund* ➜ ***er***) - Anredepronomen (*Kommst **du** mit? Kommen **Sie** mit? Ist das **Ihr** Hund?*) - Fragepronomen (*der Hund* ➜ ***Wer?***) - Relativpronomen (*der Hund, **der** dort bellt; der Hund, **welcher** dort bellt*) - Indefinitpronomen (unbestimmte Pronomen): *manche, alle, etwas, nichts* Manche Pronomen begleiten ein Substantiv/Nomen: - Demonstrativpronomen (hinweisendes Pronomen): *der, die, das, dieser, diese, dieses; **dieser** Hund, **dieses** Jahr, **diese** Straße* - Indefinitpronomen (unbestimmte Pronomen): ***manche** Kinder, **alle** Spieler, **etwas** Besonderes, **nichts** Neues* - Possessivpronomen (besitzanzeigende Pronomen): ***mein** Hund, **unser** Verein*
Präpositionen	in, auf, nach, von, mit, wegen, bis, statt	**Präpositionen** (Verhältniswörter) fordern einen bestimmten Kasus (Fall), vergleiche Seite 230 f. „Verben mit festen Präpositionen". Es gibt: - Präpositionen, die immer den Akkusativ fordern: ***für** die Klasse, **durch** das Gebäude, **ohne** seine Eltern, **wider** (gegen) das Vergessen, **bis** nächste Woche, **um** die Ecke* - Präpositionen, die immer den Dativ fordern: ***aus** der Stadt, **bei** meinem Freund, **mit** dem Fahrrad, **nach** dem Spiel, **seit** unserem Fest, **von** diesem Tag an, **zu** deinem Geburtstag* - Präpositionen, die mal den Akkusativ (Frage: „Wohin?"), mal den Dativ (Frage: „Wo?") fordern: **Akkusativ** ➜ *Ich gehe **in** unseren Jugendklub.* (Wohin gehe ich?) **Dativ** ➜ *Ich bin **in** unserem Jugendklub.* (Wo bin ich?) Ebenso: an, auf, hinter, neben, über, unter, vor, zwischen
Konjunktionen	und, aber, denn, sondern, weil, wenn, dass, damit, sodass, bevor	- **Die nebenordnenden Konjunktionen** können Hauptsätze oder gleichrangige Satzteile miteinander verbinden: *Ich suche ein Hemd **und** ein T-Shirt. Ich lerne Englisch **und** ich gehe in den Fußballverein.* - Die **unterordnenden Konjunktionen** können einen Hauptsatz und einen Nebensatz miteinander verbinden: *Unterbrechen Sie die Stromversorgung, **bevor** Sie die Rückwand öffnen.*

Zeitformen des Verbs

→ Seite 40

Verben haben verschiedene Formen:
- einen Infinitiv (eine Grundform): *fragen, springen, heimkommen*
- ein Partizip I und ein Partizip II: *fragend/gefragt; springend/gesprungen; heimkommend/heimgekommen*
- eine Personalform: *ich frage, du springst, er kam heim, …*

Verben bilden Zeitformen:

Präsens	**Perfekt**	**Präteritum**
ich frage du fragst …	ich habe gefragt du hast gefragt …	ich fragte du fragtest …
ich springe du springst …	ich bin gesprungen du bist gesprungen …	ich sprang du sprangst …
ich komme heim du kommst heim …	ich bin heimgekommen du bist heimgekommen …	ich kam heim du kamst heim …

Plusquamperfekt	**Futur I**
ich hatte gefragt du hattest gefragt …	ich werde fragen du wirst fragen …
ich war gesprungen du warst gesprungen …	ich werde springen du wirst springen …
ich war heimgekommen du warst heimgekommen …	ich werde heimkommen du wirst heimkommen …

Eine heute selten gebrauchte Zeitform ist das **Futur II**. Es wird verwendet, wenn man etwas ausdrücken möchte, das in der Zukunft erwartet wird und da schon abgeschlossen ist:
Ich werde das Referat dann schon ausgearbeitet haben.
Er wird am Ziel angekommen sein.

Im **Präsens** und **Präteritum** bilden die Verben einfache Formen:

(ich) frag-	e	(ich) frag-	te
Verbstamm	Endung	Verbstamm	Endung
(du) frag-	st	(du) frag-	test
Verbstamm	Endung	Verbstamm	Endung

Im **Perfekt, Plusquamperfekt** und **Futur** bilden die Verben zusammengesetzte Formen:

(ich) habe/bin	gefragt/gesprungen
Präsens von haben/sein	Partizip II
(ich) hatte/war	gefragt/gesprungen
Präteritum von haben/sein	Partizip II
(ich) werde	fragen/springen
Präsens von werden	Infinitiv

→ Seite 40 ff.

Zeitstufen

Man kann über Ereignisse auf den Zeitstufen Gegenwart, Zukunft und Vergangenheit sprechen:

Gegenwart:
- *Manuel* ***kauft*** *gerade eine CD.* (Präsens)

Zukunft:
- *Manuel* ***kauft*** *morgen die CD.* (Präsens)
- *Manuel* ***wird*** *morgen die CD* ***kaufen****.* (Futur I)
- *Manuel* ***wird*** *morgen die CD* ***gekauft haben****.* (Futur II)

Vergangenheit:
- *Manuel* ***hat*** *gestern die CD* ***gekauft****.* (Perfekt)
- *Manuel* ***kaufte*** *gestern die CD.* (Präteritum)
- *Manuel* ***hatte*** *die gleiche CD, die Moritz ihm gestern zum Geburtstag schenken wollte, vorgestern schon* ***gekauft****.* (Plusquamperfekt)

→ Seite 180 ff.

Aktiv und Passiv

Ereignisse und Vorgänge können im Aktiv und im Passiv ausgedrückt werden:

- Wenn man im **Passiv** formuliert, steht der Vorgang oder die Tätigkeit im Mittelpunkt.
- Wenn man im **Aktiv** formuliert, stehen die ausführenden Personen, Dinge oder Instanzen im Mittelpunkt.

Aktiv	Passiv
Die Kosmetikerin **reinigt** die Haut.	Die Haut **wird** von der Kosmetikerin **gereinigt**.
Die Kosmetikerin **reinigte** die Haut.	Die Haut **wurde** von der Kosmetikerin **gereinigt**.
Die Kosmetikerin **hat** die Haut **gereinigt**.	Die Haut **ist** von der Kosmetikerin **gereinigt worden**.
Man **reinigt** die Haut fachgerecht.	Die Haut **wird** fachgerecht **gereinigt**.

Indikativ und Konjunktiv

→ Seite 12 f., 7 ff., 55 ff.

Verbformen können im **Indikativ** (Wirklichkeitsform) und im **Konjunktiv** (Möglichkeitsform) gebildet werden. Indikativ und Konjunktiv sind **Aussageweisen** (Modi) des Verbs. Es gibt zwei verschiedene Konjunktivformen, den Konjunktiv I und den Konjunktiv II.

Indikativ	Konjunktiv		
	Konjunktiv I	Konjunktiv II	Man kann auch so formulieren:
er kommt er liest er sucht	er komme er lese er suche	er käme er läse er suchte	er würde kommen er würde lesen er würde suchen

Der **Konjunktiv I** wird vom Infinitivstamm des Verbs gebildet, z. B.:
er ***komm*** *- e,* ***werd*** *- e,* ***geh*** *- e,* ***wiss*** *- e.*
Der **Konjunktiv II** wird vom Präteritumstamm des Verbs gebildet, z. B.:
er ***kam*** *➜ er käme, er* ***ging*** *➜ er ginge, er* ***wusst*** *- e ➜ er wüsst - e.*

So kann man Indikativ und Konjunktiv verwenden:
- *Er liest die Gebrauchsanweisung.* (Indikativ, Wirklichkeitsform)
- *Er sagt, er lese die Gebrauchsanweisung.* (Konjunktiv I, indirekte Rede)
- *Wenn ich sie fände, läse ich die Gebrauchsanweisung.* (Konjunktiv II, Möglichkeitsform, Bedingung)
- *Ich würde mal in der Gebrauchsanleitung nachlesen.* (Möglichkeit, Formulierung mit „würde")

Außer dem Indikativ und dem Konjunktiv gibt es noch eine dritte Aussageweise des Verbs, den **Imperativ** (Aufforderungsform/Befehlsform), z. B.: *Komm! Lies! Steht auf!*

→ Seite 7, 12 ff., 183

Modalverben

Es gibt sechs Modalverben: *dürfen, können, mögen, müssen, sollen* und *wollen*. Das Modalverb *mögen* wird heute meist ohne Vollverb verwendet *(Ich mag dich.)*. Wenn ein Bedürfnis ausgedrückt werden soll, wird heute anstelle von *mögen* die Form *möchten* verwendet; *möchten* ist eigentlich Konjunktiv II von *mögen*, wird heute aber im Präsens als eigenständiges Modalverb (für die Vergangenheitsformen wird *wollen)* verwendet.
Modalverben verändern (modifizieren) den Inhalt eines Vollverbs, dabei wird das Vollverb im Infinitiv gebraucht, z. B.:

1. Du *kannst* ins Kino gehen. (Möglichkeit)
2. Ich *will* mit dir reden. (Bestreben)
3. Sie *sollen* nicht so viel Lärm machen. (Forderung)
4. Er *darf* nicht fehlen. Sie *darf* abends weggehen. (Verbot/Erlaubnis)
5. Ihr *mögt/möchtet* den Salat nicht essen? (Bedürfnis)
6. Wir *müssen* das diskutieren. (Verpflichtung)

→ Seite 54 ff., 111

Direkte/wörtliche Rede und indirekte Rede

Wenn man ausdrücken möchte, dass eine andere Person etwas meint oder gesagt hat, kann man wählen: direkte/wörtliche Rede oder indirekte Rede.

Direkte/wörtliche Rede: Die Fee sagt: „Du darfst dir etwas wünschen."

→ Seite 56

Indirekte Rede:
Die Fee sagt, er dürfe sich etwas wünschen. (Konjunktiv I)
Die Fee sagt, er dürfte sich etwas wünschen. (Konjunktiv II)
Die Fee sagt, dass er sich etwas wünschen darf/dürfe/dürfte. (Nebensatz mit der Konjunktion *dass*)
Der Fee zufolge darf er sich etwas wünschen. (Formulierung mit Ausdrücken wie: der Fee zufolge, nach Meinung der Fee, wie die Fee sagt)

Bei der Umwandlung der direkten Rede in eine indirekte Rede werden die Pronomen sowie die Zeit- und Ortsangaben der Perspektive des Sprechers/Schreibers angepasst, z. B.: *Der Freund sagt: „Ich komme morgen zu dir."* → *Der Freund sagte gestern, er komme heute zu mir.*

→ Seite 57, 111

Wenn man einen **Fragesatz** in die indirekte Rede umformt, leitet man den Satz entweder mit dem Fragewort ein (*„Was ist passiert?"* → *Sie fragte mich, **was** passiert sei.*) oder, bei Entscheidungsfragen, mit dem Wort ***ob*** (*„Willst du mitkommen?"* → *Wir fragten, **ob** sie mitkommen wolle.*).

Bei einem **Aufforderungssatz** kann man in der indirekten Rede eine Form des Modalverbs **sollen** verwenden (*Wir baten ihn: „Erzähl uns alles!"* → *Wir baten ihn, dass er uns alles erzählen **solle**. Wir baten ihn, er **solle** uns alles erzählen.*).

Für die Zeichensetzung bei der direkten/wörtlichen Rede gelten folgende Regeln: → Seite 56, 58

„~~~~~“, ______.	______: „~~~~~.“
direkte Rede Begleitsatz	Begleitsatz direkte Rede
„~~~~~?“, ______.	______: „~~~~~?“
direkte Rede Begleitsatz	Begleitsatz direkte Rede
„~~~~~!“, ______.	______: „~~~~~!“
direkte Rede Begleitsatz	Begleitsatz direkte Rede
„~~~~~“, ______, „~~~~~.“	
direkte Rede Begleitsatz direkte Rede	

Satzglieder

→ Seite 135

Die Wörter im Satz, die beim Umstellen zusammenbleiben, bilden ein Satzglied. Mithilfe der **Umstellprobe** kann man herausfinden, was alles zu einem Satzglied gehört. Danach kann man durch Fragen bestimmen, um welches Satzglied es sich handelt:

Der Kfz-Meister	erklärt	dem Praktikanten	dessen Aufgaben	am ersten Arbeitstag.
Subjekt **Wer** oder **was?**	Prädikat	Dativobjekt **Wem?**	Akkusativobjekt **Wen** oder **was?**	Adverbial-bestimmung **Wo? Wohin? Woher? Wann? Seit wann? Wie lange? Wie? Warum? Wozu?**

Das Prädikat wird in der Regel durch ein Verb besetzt. Es kann daher auch mehrteilig sein:
Der Kfz-Meister <u>hat</u> dem Praktikanten dessen Aufgaben am ersten Arbeitstag <u>erklärt</u>. → Seite 158 ff.

Prädikatsnomen
Bei einigen Verben (*bezeichnen, bleiben, gelten, heißen, sein, werden*) gehören auch Substantive/Nomen, Pronomen, Adjektive, Adverbien oder Wortgruppen mit einer Präposition zum **Prädikat**, z. B. *Er <u>ist</u> <u>mein Freund</u>. Er <u>bleibt</u> <u>es</u>. Er <u>ist</u> <u>klug</u>. Er <u>erscheint</u> <u>ängstlich</u>. Sie <u>ist</u> <u>hier</u>. Sie <u>ist</u> <u>bei ihrem Freund</u>.* Diese Bestandteile des Prädikats werden Prädikatsnomen genannt.

Objekte ergänzen das Prädikat. Dabei bestimmt das Verb die Art der Objekte. Man unterscheidet: → Seite 159 ff.

- **Akkusativobjekt** – Objekt im 4. Fall (Wen oder was?), z. B.: *Er liest <u>die Zeitungsanzeige</u>.*
- **Dativobjekt** – Objekt im 3. Fall (Wem?), z. B.: *Sie antwortet <u>dem Personalchef</u>.*
- **Präpositionalobjekt** – Objekt mit Präposition (Zu wem? Wozu? Über wen? Worüber?), z. B.: *Er bewirbt sich <u>um einen Praktikumsplatz</u>.*

→ Seite 159 ff., 221

Adverbialbestimmungen erklären das Verb durch Angabe genauer Umstände näher. Man unterscheidet u. a.

- **Adverbialbestimmung des Ortes/Lokalbestimmung** (Wo? Woher? Wohin?), z. B.: *Ich möchte ein Praktikum in Ihrer Firma absolvieren.*
- **Adverbialbestimmung der Zeit/Temporalbestimmung** (Wann? Wie lange?), z. B.: *Heute begann unser Praktikum.*
- **Adverbialbestimmung des Grundes/Kausalbestimmung** (Warum? Wieso? Weshalb?), z. B.: *Wegen der Krankheit des Meisters durfte ich früher nach Hause gehen.*

→ Seite 106 ff., 223

- **Adverbialbestimmung der Art und Weise/Modalbestimmung** (Wie? Auf welche Art und Weise?), z. B.: *Geduldig erklärte sie mir alle Vorgänge.*

Adverbialbestimmungen können auch die Form von **Nebensätzen** (Adverbialsätzen) haben, z. B.: *Ich durfte früher nach Hause gehen, weil der Meister krank war.* (Kausalsatz)

Attribute

→ Seite 134 ff.

Mit **Attributen** (Beifügungen) kann man die Bedeutung eines Substantivs/Nomens genauer bestimmen: *Der kleinste Spieler hat das Tor geschossen.*
Attribute sind **Teile von Satzgliedern**. Sie ergänzen ein Substantiv/Nomen, das in jedem Satzglied stehen kann. Man erfragt sie mit der Frage ***Was für ein/eine?*** oder ***Welcher/welche/welches?***

Attribute stehen entweder vor oder nach **dem Bezugsnomen**, z. B.:
*die erfolgreichen **Spieler**; die **Spieler** der Mannschaft*

Attribute können auftreten als
- Adjektive (*die besten Spieler*)
- Substantive/Nomen im Genitiv (*die Spieler des Vereins*)
- Substantive/Nomen mit Präposition (*der Spieler im blauen Shirt*)
- Adverbien (*der Spieler dort*)
- Pronomen (*unsere Spieler*)
- Zahlwörter (*vier Spieler*)
- Attributsätze/Relativsätze (*die Spieler, die eingesetzt waren, …*)
- Infinitivgruppen (*Beim Versuch, ihn zu überholen, stürzte er und verletzte sich am Knie. Er hatte keine Lust mehr, in dem Team mitzuspielen.*)

Zusammengesetzte Sätze

→ Seite 41, 106 ff., 112 f., 135 ff.

Man unterscheidet **Satzreihen** und **Satzgefüge**.
Satzreihen bestehen aus zwei oder **mehreren Hauptsätzen.** Jeder Hauptsatz könnte auch für sich allein stehen, z. B.:

- *In den Sommermonaten werden die Vorräte an Blutkonserven oft knapp, das Rote Kreuz sucht dann intensiv nach Spendern.*
- *In den Sommermonaten werden die Vorräte an Blutkonserven oft knapp. Das Rote Kreuz sucht dann intensiv nach Spendern.*
- *In den Sommermonaten werden die Vorräte an Blutkonserven oft knapp und das Rote Kreuz sucht dann intensiv nach Spendern.*

→ Seite 106 ff., 112 f.

Satzgefüge bestehen aus einem **Hauptsatz** und einem **Nebensatz** oder mehreren Nebensätzen.
Der Nebensatz könnte nicht für sich allein stehen, er ist unselbstständig, z. B.: *Das Rote Kreuz sucht intensiv nach Spendern, da die Vorräte an Blutkonserven knapp sind.*

Nebensätze beginnen meist mit einem Einleitewort. In eingeleiteten Nebensätzen steht am Ende die gebeugte (finite) Verbform. Eingeleitete Nebensätze können **Konjunktionalsätze** oder **Relativsätze** sein.

1. Konjunktionalsätze

→ Seite 108 ff.

Konjunktionalsätze werden durch Konjunktionen eingeleitet (dass, weil, ob, ...). Konjunktionalsätze sind ein Satzglied des Hauptsatzes. Man nennt sie deshalb auch Gliedsätze. Es gibt Subjekt-, Objekt- und Adverbialsätze, z. B.:

NS ~~~~, HS ____. **Subjektsatz** – Wer oder was?

→ Seite 106 Satzstrukturen, Zeichensetzung

Dass die Jugendmannschaft so erfolgreich war, hat zu Beginn der Saison den sportlichen Durchbruch bedeutet.

HS ____, NS ~~~~. **Objektsatz** – Wen oder was?

Der Erfolg der Jugendmannschaft hat zu Beginn der Saison bedeutet, dass die Aufstiegschancen deutlich gestiegen sind.

HS ____, NS ~~~~, HS ____. **Adverbialsatz** – Wann?

Der Erfolg der Jugendmannschaft hat, als die Saison begann, den sportlichen Durchbruch bedeutet.

→ Seite 109

2. Relativsätze

Relativsätze werden durch Relativpronomen eingeleitet (welche, welcher, welches, welchen, der, die, das, dem, den, ...). Vor dem Relativpronomen kann eine Präposition stehen. Relativsätze sind Teil eines Satzgliedes und bestimmen ein Substantiv/Nomen näher. Relativsätze sind Attributsätze, z. B.:

- *Die Biologin fand eine **Korallenschlange**, **welche** nicht besonders groß wird, und brachte sie ins Institut.*
- *Das **Gift** der Korallenschlange, **das** die Biologen erforschen, ist sehr gefährlich.*
- *Das Gift der **Korallenschlange**, **die** durch ihre auffällige Färbung gut zu erkennen ist, bedeutet eine tödliche Gefahr für das Opfer.*
- *Der **Biss** einer Korallenschlange, gegen **den** man sich durch festes Schuhwerk schützen kann, führt zu ernsten gesundheitlichen Problemen.*

→ Seite 57 ff., 111

3. Indirekte Fragesätze

Nebensätze, die durch ein Fragepronomen (wer, was, welcher, welche, welches), ein Fragewort (wo, wohin, wann, wie, warum) oder durch die Konjunktion *ob* eingeleitet werden, nennt man indirekte Fragesätze. Sie werden durch ein Komma vom Hauptsatz abgetrennt, z. B.:

- *Er erkundigte sich, wie man Schäden vermeiden kann.*
- *Die Verkäuferin wollte wissen, welches T-Shirt der Kunde kaufen wolle.*
- *Der Polizist fragte die Motorradfahrerin, ob sie das Verkehrsschild nicht gesehen hätte.*

→ Seite 135, 222

4. Infinitivgruppen

Infinitivgruppen werden vom Hauptsatz durch Komma getrennt,
- wenn sie mit ***um, ohne, statt, anstatt, außer, als*** eingeleitet werden,
- wenn sie von einem Substantiv/Nomen abhängig sind (*Mein Wunsch, dich zu sehen, ging in Erfüllung.*)
- wenn sie von einem Verweiswort abhängen (*Ich freue mich darauf, dich zu sehen.*)
- um Missverständnissen vorzubeugen.

Rechtschreibstrategien und Rechtschreibregeln

Beim Schreiben mitsprechen

→ Seite 78 ff.

1. Schreibe bewusst leserlich.
2. Sprich beim Schreiben Laut für Laut und Silbe für Silbe wie ein Roboter mit.
3. Lies nach jeder Silbe und nach jedem Wort, was da steht.
4. Berichtige Verschreibungen.

Ableiten

→ Seite 78 ff.

1. Am Wortende b – p?, d – t?, g – k? → verlängern:
   - Bei Nomen hilft: Plural bilden (*Kind – Kin der, Gruß – Grü ße*).
   - Bei Adjektiven hilft: durch ein e verlängern (*gelb – gel be*).
   - Bei Verben hilft: Grundform (Infinitiv) bilden (*du legst – lie gen*).
2. t-Signal beim Verb → Grundform bilden, in Silben sprechen (*kippt* ←→ *kippen*)
3. ä – e?, äu – eu? → im Wortstamm a/au suchen (*täglich – Tag; Bäume – Baum*)
4. h? → h am Silbenanfang hörbar machen (*zieh* ← *h* → *ziehen; dreh* ← *h* → *drehen*)

Großschreibung von Wörtern

→ Seite 80 ff., 94 f., 168 ff.

So kann man testen, ob ein Wort großgeschrieben wird:

- Kann man es im Satzzusammenhang mit einem Artikel kombinieren?
- Endet das Wort auf *-heit, -keit, -ung, -schaft, -nis* oder *-tum*?
- Steht vor dem Wort eine Präposition (*auf* Biegen und Brechen)?
- Lässt sich direkt vor das Wort ein Adjektiv setzen, welches sich dabei verändert (*schöner* Baum, *langes* Leben)?
- Stehen vor dem Wort Wörter wie *alles, wenig, nichts, etwas, viel*?
- Ist das Wort ein Anredepronomen für eine Person, die mit „Sie" angesprochen wird? (Ich danke *Ihnen*.)

Eigennamen bezeichnen eine bestimmte Person oder eine bestimmte Sache, z. B.: Straßen, Gebäude, Flüsse, Institutionen (*Braunstraße, Fernsehturm, Elbe, Ruhr-Universität*). Wenn Adjektive und Präpositionen als Teile von Eigennamen verwendet werden, schreibt man sie groß (*Breite Straße, Vor dem Alten Tor, Grünes Gewölbe, Gasthof Zum Goldenen Löwen*).

Straßen- und Ortsnamen, die aus mehrteiligen Eigennamen zusammengesetzt sind, schreibt man mit Bindestrichen (*Friedrich-Ebert-Straße*).

Besondere Schreibungen einprägen

→ Seite 82 f.

Für das Einprägen von schwierigen Schreibungen gibt es viele Möglichkeiten:

1. Lies die Wörter mehrmals aufmerksam, schreibe sie und überprüfe die Schreibung selbst. Schlage die Wörter im Wörterbuch nach.
2. Schreibe die Wörter in Schönschrift, gestalte sie.
3. Stelle Wörter mit ähnlicher Schreibung zusammen.
4. Schreibe die Wörter auf, unterstreiche oder markiere darin schwierige Stellen.

5. Schreibe die Wörter mit dem Finger in die Luft, auf den Tisch, ...
6. Lass dir die Wörter diktieren (Partnerdiktat).
7. Diktiere die Wörter selbst jemandem und korrigiere anschließend (Partnerdiktat).
8. „Robotersprache“: Sprich die Wörter, wie man sie schreibt (z. B. *Ste-war-dess*).
9. Nimm die Wörter in deine Rechtschreibkartei auf. Unterstreiche die „Stolperstellen“.
10. Suche möglichst viele Wörter aus der betreffenden Wortfamilie.
11. Suche möglichst viele Wörter mit derselben Rechtschreibbesonderheit (z. B. Wörter mit *dt* → *Stadt, Verwandte, Abgesandte*).

→ Seite 124 ff.

Das Schreiben von Fremdwörtern üben

1. Suche nach typischen Wortbausteinen und präge dir diese ein.
2. Merke dir außergewöhnliche Buchstabenfolgen. Schreibe sie in einem Selbstdiktat auf.
3. Markiere Rechtschreibbesonderheiten.
4. Bilde mit den Fremdwörtern Sätze.
5. Bilde Wortfamilien, diktiere sie einem Partner und korrigiere sofort.
6. Übe mit einem Partner die Bedeutung und die Aussprache.
7. Führe ein Partnerquiz durch.

→ Wiederholung aus Klasse 6 bis 8

Fehlerfrei abschreiben

1. Lies zuerst den ganzen Text, damit du den Inhalt verstehst.
2. Lies jetzt den ersten Satz, präge dir die erste Wortgruppe ein, decke sie ab und schreibe sie auswendig auf.
3. So schreibst du Wortgruppe für Wortgruppe auf. Achte auf besondere und schwierige Wörter sowie auf die Satzzeichen.
4. Vergleiche jeden Satz genau und prüfe, ob du Fehler gemacht hast.
5. Berichtige den Text.

→ Seite 66 ff.

Korrektur lesen

1. Lies den Text langsam und aufmerksam durch, sodass du den Sinn verstehst. Ergänze fehlende Wörter und entferne Wörter, die zu viel sind. Berichtige Fehler, die du sofort erkennst.
2. Lies silbenweise Wort für Wort (beim letzten Wort des Textes beginnen). Lies nur das, was da steht. Berichtige falsche Buchstaben. Leite ab und verlängere, damit du in Zweifelsfällen den richtigen Buchstaben herausfindest.
3. Lies den Text noch einmal durch und achte auf
   - die Großschreibung,
   - die Zeichensetzung.

→ Seite 227

4. Schlage unbekannte Wörter in einem Wörterbuch nach. Nutze auch ein Wörterbuch bei Wörtern, bei denen du dir nicht ganz sicher bist.

Im Wörterbuch nachschlagen

→ **Wiederholung aus Klasse 6 bis 8**

Erklärungen zu den verwendeten Zeichen und Abkürzungen findet man meist in den „Hinweisen für den Benutzer", z. B.:

- Ein senkrechter Strich dient zur Angabe der Silbentrennung **(Amei|sen|hau|fen).**
- Ein Strich unter einem Vokal kennzeichnet die lange, betonte Silbe **(Ameise).**
- Ein Punkt unter einem Vokal kennzeichnet die kurze, betonte Silbe **(Amsel).**

In vielen Wörterbüchern stehen schwierige konjugierte (gebeugte) Formen des Verbs bei dem dazugehörigen Infinitiv (Grundform), z. B.: *stram | peln → strampelst, strampelte, hat/ist gestrampelt.*

Worttrennung am Zeilenende

→ **Wiederholung aus Klasse 6 bis 8**

- **Mehrsilbige Wörter** trennt man nach Sprechsilben, die sich beim langsamen Sprechen von selbst ergeben (*Re-gen-ton-ne, Ba-de-man-tel*).
- **Einzelne Buchstaben** am Wortanfang oder Wortende werden jedoch nicht abgetrennt (***Ü**ber-see, **O**lym-pia-dorf*).
- **Zusammengesetzte Wörter** werden nach ihren sprachlichen Bestandteilen getrennt (*Schluss-szene, Glas-auge, Trenn-übung, See-elefant, Druck-erzeugnis*).
- Getrennt werden: ***pf*** und ***st*** (*Ap-fel, Kis-te*).
- Nicht getrennt werden: ***ch*** (*ko-**ch**en*), ***ck*** (*ba-**ck**en*), ***sch*** (*Ti-**sch**e*), ***ph*** (*Pro-**ph**et*), ***th*** (*ka-**th**olisch*).

Getrennt- und Zusammenschreibung von Verben

→ **Seite 146 ff.**

Verben können mit anderen Wörtern zusammengesetzt werden. Einige dieser Verben bilden trennbare, andere untrennbare Zusammensetzungen.

- Trennbar zusammengesetzte Verben werden nur im Infinitiv, im Partizip und bei Endstellung im Nebensatz zusammengeschrieben (*teilnehmen, er hat teilgenommen, ..., wenn er teilnimmt*).
- Untrennbar zusammengesetzte Verben werden in allen Verbformen zusammengeschrieben.
- Verbzusammensetzungen können gelegentlich aus denselben Wörtern bestehen wie getrennt geschriebene Wortgruppen. Hier liegen meist Bedeutungsunterschiede vor, z. B.: *Er will ihn* (*den Wein*) *kalt stellen. Er will ihn* (*den Gangster*) *kaltstellen.*

Komma bei Aufzählungen

→ **Seite 113**

1. Die einzelnen Glieder (Wörter oder Wortgruppen) einer Aufzählung werden durch **Kommas** voneinander getrennt (*Im Zirkus gab es Affen, Pinguine, Lamas, Elefanten, Zebras, Löwen. Im Zirkus gab es lustige Affen, niedliche Pinguine, spuckende Lamas, Elefanten mit großen Ohren, eine Gruppe Zebras, mehrere Löwen.*).
2. Ein ***und*** oder ***oder*** ersetzt das Komma (*Lösche deinen Durst mit Wasser, Tee **oder** Fruchtsäften.*).

Unregelmäßige Verben

Grundform	Präsens	Präteritum	Perfekt
befehlen	du befiehlst	ich befahl	ich habe befohlen
beißen	du beißt	ich biss	ich habe gebissen
biegen	du biegst	ich bog	ich habe gebogen
binden	du bindest	ich band	ich habe gebunden
bitten	du bittest	ich bat	ich habe gebeten
blasen	du bläst	ich blies	ich habe geblasen
bleiben	du bleibst	ich blieb	ich bin geblieben
brechen	du brichst	ich brach	ich habe gebrochen
bringen	du bringst	ich brachte	ich habe gebracht
denken	du denkst	ich dachte	ich habe gedacht
dürfen	du darfst	ich durfte	ich habe gedurft
empfehlen	du empfiehlst	ich empfahl	ich habe empfohlen
essen	du isst	ich aß	ich habe gegessen
fahren	du fährst	ich fuhr	ich bin gefahren
fallen	du fällst	ich fiel	ich bin gefallen
fangen	du fängst	ich fing	ich habe gefangen
finden	du findest	ich fand	ich habe gefunden
fliegen	du fliegst	ich flog	ich bin geflogen
fliehen	du fliehst	ich floh	ich bin geflohen
fließen	es fließt	es floss	es ist geflossen
fressen	es frisst	es fraß	es hat gefressen
frieren	du frierst	ich fror	ich habe gefroren
geben	du gibst	ich gab	ich habe gegeben
gehen	du gehst	ich ging	ich bin gegangen
geschehen	es geschieht	es geschah	es ist geschehen
gewinnen	du gewinnst	ich gewann	ich habe gewonnen
gießen	du gießt	ich goss	ich habe gegossen
graben	du gräbst	ich grub	ich habe gegraben
greifen	du greifst	ich griff	ich habe gegriffen
haben	du hast	ich hatte	ich habe gehabt
halten	du hältst	ich hielt	ich habe gehalten
hauen	du haust	ich haute	ich habe gehauen
heißen	du heißt	ich hieß	ich habe geheißen
helfen	du hilfst	ich half	ich habe geholfen
kennen	du kennst	ich kannte	ich habe gekannt
klingen	es klingt	es klang	es hat geklungen
kommen	du kommst	ich kam	ich bin gekommen
können	du kannst	ich konnte	ich habe gekonnt
kriechen	du kriechst	ich kroch	ich bin gekrochen
lassen	du lässt	ich ließ	ich habe gelassen
laufen	du läufst	ich lief	ich bin gelaufen
lesen	du liest	ich las	ich habe gelesen
liegen	du liegst	ich lag	ich habe gelegen
lügen	du lügst	ich log	ich habe gelogen
messen	du misst	ich maß	ich habe gemessen
mögen	du magst	ich mochte	ich habe gemocht
müssen	du musst	ich musste	ich habe gemusst

Grundform	Präsens	Präteritum	Perfekt
nehmen	du nimmst	ich nahm	ich habe genommen
pfeifen	du pfeifst	ich pfiff	ich habe gepfiffen
raten	du rätst	ich riet	ich habe geraten
reißen	du reißt	ich riss	ich habe gerissen
reiten	du reitest	ich ritt	ich bin geritten
rennen	du rennst	ich rannte	ich bin gerannt
riechen	du riechst	ich roch	ich habe gerochen
rufen	du rufst	ich rief	ich habe gerufen
schieben	du schiebst	ich schob	ich habe geschoben
schießen	du schießt	ich schoss	ich habe geschossen
schlafen	du schläfst	ich schlief	ich habe geschlafen
schlagen	du schlägst	ich schlug	ich habe geschlagen
schleichen	du schleichst	ich schlich	ich bin geschlichen
schließen	du schließt	ich schloss	ich habe geschlossen
schneiden	du schneidest	ich schnitt	ich habe geschnitten
schreiben	du schreibst	ich schrieb	ich habe geschrieben
schreien	du schreist	ich schrie	ich habe geschrien
schweigen	du schweigst	ich schwieg	ich habe geschwiegen
schwimmen	du schwimmst	ich schwamm	ich bin geschwommen
sehen	du siehst	ich sah	ich habe gesehen
sein	du bist	ich war	ich bin gewesen
singen	du singst	ich sang	ich habe gesungen
sinken	du sinkst	ich sank	ich bin gesunken
sitzen	du sitzt	ich saß	ich habe gesessen
sprechen	du sprichst	ich sprach	ich habe gesprochen
springen	du springst	ich sprang	ich bin gesprungen
stechen	du stichst	ich stach	ich habe gestochen
stehen	du stehst	ich stand	ich habe gestanden
stehlen	du stiehlst	ich stahl	ich habe gestohlen
steigen	du steigst	ich stieg	ich bin gestiegen
sterben	er stirbt	er starb	er ist gestorben
stinken	es stinkt	es stank	es hat gestunken
stoßen	du stößt	ich stieß	ich habe gestoßen
streichen	du streichst	ich strich	ich habe gestrichen
streiten	du streitest	ich stritt	ich habe gestritten
tragen	du trägst	ich trug	ich habe getragen
treffen	du triffst	ich traf	ich habe getroffen
trinken	du trinkst	ich trank	ich habe getrunken
tun	du tust	ich tat	ich habe getan
vergessen	du vergisst	ich vergaß	ich habe vergessen
verlieren	du verlierst	ich verlor	ich habe verloren
verzeihen	du verzeihst	ich verzieh	ich habe verziehen
wachsen	du wächst	ich wuchs	ich bin gewachsen
waschen	du wäschst	ich wusch	ich habe gewaschen
werden	du wirst	ich wurde	ich bin geworden
werfen	du wirfst	ich warf	ich habe geworfen
wissen	du weißt	ich wusste	ich habe gewusst
ziehen	du ziehst	ich zog	ich habe gezogen
zwingen	du zwingst	ich zwang	ich habe gezwungen

Verben mit festen Präpositionen

Verb	Präposition	Beispiel
abhängen	von + Dativ	*„Gehst du mit zum Baden?" – „Das hängt von der Witterung ab."*
achten	auf + Akkusativ	*Wir achten auf eine lesbare Handschrift.*
anfangen	mit + Dativ	*Sie wollen mit der Diskussion anfangen.*
ankommen	auf + Akkusativ	*Es kommt auf jeden Schüler an.*
antworten	auf + Akkusativ	*Antwortet auf jede Frage.*
sich ärgern	über + Akkusativ	*Ich habe mich sehr über ihn geärgert.*
aufhören	mit + Dativ	*Hört endlich mit dem Streiten auf!*
aufpassen	auf + Akkusativ	*Pass auf deine Sachen auf!*
sich aufregen	über + Akkusativ	*Warum regst du dich über ihn auf?*
ausgeben	für + Akkusativ	*Er gibt sein ganzes Geld für seine Klamotten aus.*
sich bedanken	bei + Dativ für + Akkusativ	*Sie bedankte sich bei ihren Eltern für die Hilfe.*
sich bemühen	um + Akkusativ	*Bemüht euch um eine deutliche Aussprache!*
berichten	über + Akkusativ	*Die Zeitung berichtete über den Vorgang.*
sich beschweren	bei + Dativ über + Akkusativ	*Sie hat sich bei meiner Mutter über mich beschwert.*
bestehen	aus + Dativ	*Die Prüfung besteht aus einem Aufsatz und einem Referat.*
sich beteiligen	an + Dativ	*Alle beteiligen sich an dem Wettkampf.*
sich bewerben	um + Akkusativ	*Sie bewerben sich um einen Praktikumsplatz.*
bitten	um + Akkusativ	*Er bat alle um einen Beitrag.*
denken	an + Akkusativ	*Hast du an mich gedacht?*
diskutieren	über + Akkusativ	*Wir diskutieren oft über die Schule.*
einladen	zu + Dativ	*Ich möchte dich zur Geburtstagsfeier einladen.*
sich entscheiden	für + Akkusativ	*Für welches Thema entscheidet ihr euch?*
sich entschließen	zu + Dativ	*Sie entschlossen sich zu einer Winterwanderung.*
sich entschuldigen	bei + Dativ für + Akkusativ	*Er muss sich bei ihm für sein Verhalten entschuldigen.*
erfahren	von + Dativ	*Warum erfahre ich erst heute von dieser Sache?*
sich erholen	von + Dativ	*Hier kann man sich von den Anstrengungen erholen.*
sich erinnern	an + Akkusativ	*Erinnerst du dich an mich?*
erkennen	an + Dativ	*Die Fans erkennt man an den roten Mützen.*
sich erkundigen	nach + Dativ	*Sie hat sich nach dir erkundigt.*
erschrecken	über + Akkusativ	*Erschrick nicht über meine Haarfarbe!*
erzählen	über + Akkusativ von + Dativ	*Sie erzählen viel über ihren Urlaub.* *Sie erzählen viel von ihrem Urlaub.*
fragen	nach + Dativ	*Er fragt nie nach den Hausaufgaben.*
sich freuen	auf + Akkusativ über + Akkusativ	*Wir freuen uns auf die Ferien.* *Ich habe mich sehr über deine Karte gefreut.*
gehören	zu + Dativ	*Welche Länder gehören zur Europäischen Union?*
gewöhnen	an + Akkusativ	*Sie muss sich erst an die Familie gewöhnen.*
gratulieren	zu + Dativ	*Wir gratulieren dir zu deinem Erfolg.*
sich handeln	um + Akkusativ	*Es handelt sich um eine vertrauliche Sache.*
handeln	von + Dativ	*Das Buch handelt von einem kleinen Mädchen.*
helfen	bei + Dativ	*Wer hat dir bei den Hausaufgaben geholfen?*
hindern	an + Dativ	*Die Musik hindert mich an der Arbeit.*
hoffen	auf + Akkusativ	*Ich hoffe auf einen Zufall.*

Verb	Präposition	Beispiel
hören	von + Dativ	*Hast du etwas von ihr gehört?*
sich informieren	über + Akkusativ	*Informiere dich im Internet über das Buch!*
sich interessieren	für + Akkusativ	*Wir interessieren uns für die politischen Fragen.*
klagen	über + Akkusativ	*Sie klagen über das schlechte Essen.*
kämpfen	für + Akkusativ um + Akkusativ	*Diese Gruppe kämpft für gleiche Rechte.* *Sie kämpfen um das Leben des Patienten.*
sich kümmern	um + Akkusativ	*Habt ihr euch auch um die Einladung gekümmert?*
lachen	über + Akkusativ	*Warum lachst du immer über mich?*
leiden	an + Dativ unter + Dativ	*Er leidet an einer seltenen Krankheit.* *Er leidet unter dem Erfolgsdruck.*
nachdenken	über + Akkusativ	*Denkt nicht erst über die Vorteile nach!*
protestieren	gegen + Akkusativ	*Sie protestieren gegen ihre Entlassung.*
rechnen	mit + Dativ	*Ich rechne mit einer Zwei in der Arbeit.*
reden	über + Akkusativ von + Dativ	*Sie redet nicht gerne über diese Sache.* *Er redet die ganze Zeit von seiner Freundin.*
sagen	über + Akkusativ zu + Dativ	*Hat sie etwas über mich gesagt?* *Zu diesem Thema kann ich leider nichts sagen.*
schimpfen	über + Akkusativ	*Schimpf nicht immer über die anderen!*
schreiben	an + Akkusativ über + Akkusativ	*Sie schreibt eine Mail an ihren Freund.* *Hat sie dir über unser Treffen geschrieben?*
sein	für + Akkusativ gegen + Akkusativ	*Ich bin für ein Handyverbot in der Schule.* *Ich bin gegen einheitliche Schulkleidung.*
sorgen	für + Akkusativ	*Wer sorgt jetzt für die Kinder?*
sprechen	mit + Dativ über + Akkusativ	*Wir sprachen mit dem Autor über sein Buch.*
streiten	mit + Dativ über + Akkusativ	*Warum musst du immer mit mir streiten?* *Über diese Sache lässt sich streiten.*
teilnehmen	an + Dativ	*Wirst du an der Versammlung teilnehmen?*
telefonieren	mit + Dativ	*Mit wem telefonierst du?*
sich treffen	mit + Dativ zu + Dativ	*Sie hat sich mit mir getroffen.* *Wir treffen uns dort zu einer kleinen Beratung.*
sich überzeugen	von + Dativ	*Überzeuge dich selbst von ihrem Können!*
sich unterhalten	mit + Dativ über + Akkusativ	*Ich unterhalte mich gerne mit ihm über neue Filme.*
sich verabreden	mit + Dativ	*Er ist mit seiner Freundin verabredet.*
sich verabschieden	von + Dativ	*Ich muss mich jetzt von euch/Ihnen verabschieden.*
vergleichen	mit + Dativ	*Vergleiche den Hauptsatz mit dem Nebensatz.*
sich verlassen	auf + Akkusativ	*Ich habe mich fest auf deine Hilfe verlassen.*
sich verlieben	in + Akkusativ	*Er verliebte sich sofort in sie.*
sich verstehen	mit + Dativ	*Wie versteht ihr euch mit ihm?*
verstehen	von + Dativ unter + Dativ	*Sie versteht viel von der modernen Kunst.* *Was verstehst du unter diesem Begriff?*
sich vorbereiten	auf + Akkusativ	*Wir haben uns gut auf die Arbeit vorbereitet.*
warnen	vor + Dativ	*Alle haben mich vor den Hunden gewarnt.*
warten	auf + Akkusativ	*Auf wen wartest du?*
wissen	von + Dativ	*Ich habe nichts von dieser Aufgabe gewusst.*
sich wundern	über + Akkusativ	*Ich wundere mich über diesen Termin.*
zuschauen	bei + Dativ	*Darf ich Ihnen bei der Arbeit zuschauen?*
zusehen	bei + Dativ	*Alle sehen ihr beim Fußballspielen zu.*
zweifeln	an + Dativ	*Ich zweifle an deiner Zuverlässigkeit.*

Arbeitstechniken

Lernbereich: Sprechen, Zuhören, Spielen

→ Seite 116

Sich auf eine Diskussion vorbereiten

1. Durchdenke das Problem oder die Fragestellung genau.
2. Lege dich nicht spontan auf einen Standpunkt fest, sondern überlege, was dafürspricht (PLUS), was dagegenspricht (MINUS) und was man noch wissen müsste (INTERESSANT).
3. Unterscheide Wichtiges von Unwichtigem.
4. Beschaffe dir gegebenenfalls weitere Informationen.
5. Entscheide dich für einen Standpunkt und lege dir die Argumente zurecht.
6. Bedenke auch, welche Gegenargumente andere vorbringen könnten.

→ Wiederholung aus Klasse 7

Konflikte im Gespräch lösen

1. Bemühe dich, nicht laut zu werden.
2. Zeige keine drohenden Gesten.
3. Höre dir die Meinung des anderen an, ohne ihn zu unterbrechen.
4. Vermeide Verallgemeinerungen.
5. Antworte auf Vorwürfe nicht mit Gegenvorwürfen.
6. Gehe auf den anderen ein, versuche ihn zu verstehen.
7. Triff Vereinbarungen.

→ Seite 72, 202

Ein Interview vorbereiten

1. Lege das Thema für das Interview fest.
2. Lege fest, welche Personen befragt werden sollen.
3. Kläre ab, was im Zusammenhang mit dem Thema interessant sein könnte, und notiere, was du deinen Interviewpartner fragen willst.
4. Bereite die Fragen vor:
   - Formuliere **Entscheidungsfragen**, wenn du eindeutige Antworten benötigst, zum Beispiel, wenn du schnell auswerten und auszählen willst.
   - Formuliere **Ergänzungsfragen** oder fordere durch eine Behauptung eine Stellungnahme heraus, wenn du mehr erfahren willst.
5. Entscheide, ob du die Antworten aufnehmen und anschließend aufschreiben oder ob du die Antworten während des Interviews mitschreiben willst. Lege die nötigen Materialien bereit (Papier, Stift, ...).

→ Seite 72 f.

Eine Umfrage vorbereiten

1. Kläre, welche Daten gebraucht werden, z. B. Alter, Geschlecht, Schulbildung.
2. Formuliere die Fragen so, dass nur eindeutige Antworten möglich sind (ja, nein, ich weiß nicht).
3. Stelle die Fragen so, dass man die Umfrage insgesamt gut auswerten kann.

Ein Referat vorbereiten und halten

→ Seite 33 ff., 145, 205

1. Das Referat vorbereiten:
   - Lege das genaue Thema fest.
   - Stelle einen Zeitplan für die Arbeit auf.
2. Arbeit am Referat:
   - Sammle möglichst viel Material.
   - Wähle Wichtiges aus. Verwende für Notizen z. B. Karteikarten.
3. Einen Verlaufsplan anfertigen:
   - Notiere in Stichworten, welche Informationen du weitergeben willst.
   - Formuliere den Einleitungs- und den Schlusssatz.
4. Das Referat proben:
   - Übe das Referat so lange, bis du dich sicher fühlst.
5. Das Referat halten:
   - Sprich möglichst frei, nicht zu schnell, klar und deutlich. Halte Blickkontakt zu deinen Zuhörern. Wenn du ein Präsentationsprogramm nutzt, dann schau nicht auf die Projektionsfläche, während du sprichst.
   - Informiere zu Beginn darüber, ob die Zuhörer Zwischenfragen stellen dürfen oder ob sie ihre Fragen zum Schluss stellen sollen.
   - Informiere die Zuhörer zu Beginn über die Gliederung deines Referats und fasse deine Ergebnisse zum Schluss noch einmal kurz zusammen.

Ein Feedback geben

→ Seite 15, 23, 37, 62, 67

Ein Feedback ist eine mündliche oder schriftliche Rückmeldung. Wenn du z. B. ein Referat gehört oder einen Text gelesen hast, kannst du dem Referenten bzw. dem Autor ein Feedback geben:

1. Betone in deinem Feedback die beobachteten Stärken. Sage, was schon gut gelungen ist. Dann kann Kritik besser aufgenommen werden.
2. Sage nun auch, was noch nicht so gut gelungen ist. Beschreibe dabei möglichst genau, was du an welcher Stelle beobachtet hast. Bleibe dabei sachlich.
3. Mache deutlich, dass es sich bei deinen Äußerungen um deine persönliche Meinung handelt. Vermeide Verallgemeinerungen (*Alle finden, dass …*). Formuliere stattdessen Ich-Botschaften (*Ich habe nicht verstanden, was du damit gemeint hast.*).
4. Ein Feedback kann auch Verbesserungsvorschläge enthalten. Sie sollen dem Referenten bei späteren Referaten oder dem Autor bei der Überarbeitung des Textes helfen. Die Personen, die ein Feedback bekommen, entscheiden jedoch selbst, ob sie die Vorschläge annehmen wollen.

Lernbereich: Schreiben

→ Seite 48 ff., 104 f.

Eine Inhaltsangabe schreiben

1. Lies den Text aufmerksam, kläre den Inhalt schwieriger Textstellen sowie unbekannte Wörter.
2. Formuliere den Einleitungssatz. Er soll Aussagen zu Titel, Textart, Autor und dazu enthalten, worum es in dem Text geht.
3. Beantworte W-Fragen (*Wer? Was? Wo? Wann? Warum?*) oder notiere Stichworte zum Textinhalt.
4. Schreibe das Wichtigste in verständlichen Sätzen auf. Verbinde diese zu einem Text. Nutze dabei Wörter wie *zunächst, anschließend, dann, danach, zuerst, später, schließlich*.
5. Schreibe im Präsens. Vermeide die direkte/wörtliche Rede.
6. Im Schlussteil kannst du kurz deine persönliche Einschätzung des Textes zum Ausdruck bringen.
7. Überprüfe zuletzt deinen Einleitungssatz. Vielleicht musst du ihn jetzt noch einmal ändern.

→ Seite 88 ff.

Ein Bewerbungsschreiben verfassen

1. Achte auf die Form: sauberes, weißes DIN-A4-Papier, Rand, richtige Einteilung, Absätze, Computerfassung oder saubere handschriftliche Fassung.
2. Nimm alles Wichtige auf: Absender, Anschrift, Ort und Datum, Betreff/Bezug, Anrede, Berufswunsch, Begründung, Vorstellungswunsch, Grußformel, handschriftliche Unterschrift, Anlagenverweis.
3. Schreibe richtig und gut: Anredepronomen großschreiben, keine Rechtschreibfehler, keine Zeichenfehler, keine Trennungsfehler, keine unvollständigen oder falschen Sätze, keine unpassenden Ausdrücke oder Umgangssprache, angemessene Wortwahl, keine Wiederholungen.

→ Seite 91 ff.

Sich online bewerben

1. Die E-Mail-Bewerbung entspricht im Großen und Ganzen der herkömmlichen Bewerbung.
2. Verwende eine Online-Bewerbung nur, wenn dies ausdrücklich gewünscht ist.
3. Nutze für deine Bewerbung angebotene Onlineformulare.
4. Wenn in der Anzeige eine Formulierung wie „Bewerbungen können online eingereicht werden“ verwendet wird, schicke am besten auch eine herkömmliche Bewerbung per Post.
5. Lies die Anzeige genau:
   - Sind Anlagen gewünscht oder sollen sie per Post verschickt werden?
   - Welches Format soll die E-Mail haben (nur Text oder HTML)?
   - Mit welchen Programmen sollen die Anhänge erstellt werden (Word, PDF)?
6. Speichere die Online-Bewerbung auf jeden Fall ab.
7. Kontrolliere regelmäßig dein E-Mail-Postfach, damit du die Antwort auf deine Bewerbung rechtzeitig siehst.

Einen tabellarischen Lebenslauf schreiben

→ Seite 90 f.

1. Nimm alle wichtigen Daten als einzelne Punkte in den Lebenslauf in dieser Reihenfolge auf: Name, Anschrift, Geburtsdatum, Geburtsort, Familie, Schulbildung, Sprachkenntnisse, besondere andere Kenntnisse und Fähigkeiten, Hobbys.
2. Am Ende des Lebenslaufes nicht vergessen: Ort, Datum, Unterschrift.
3. Verwende sauberes, weißes DIN-A4-Papier.
4. Achte auf die Form: richtige Randbreite und Einteilung des Blattes, Absätze.
5. Vermeide Rechtschreibfehler (nutze das Rechtschreibprogramm des PC).
6. Verwende keine unpassenden Ausdrücke oder Umgangssprache, achte auf angemessene Wortwahl. Vermeide Wiederholungen.

Ein Protokoll schreiben

→ Seite 202

1. Gib im Protokollkopf an:
   das Fach / den Anlass, die Klasse/die Teilnehmer, das Thema, das Datum und die Zeit, den Namen des Protokollierenden.
2. Gliedere den Hauptteil.
   Trenne Wichtiges von Unwichtigem, beachte die Reihenfolge der Unterpunkte, halte wichtige Ergebnisse fest, formuliere knapp, aber genau, schreibe im Präsens.
3. Beende das Protokoll mit Datum und Unterschrift.

Etwas mitschreiben

→ Seite 202

- Wörtliche Mitschriften sind meist nicht möglich – wähle aus und fasse die Hauptgedanken zusammen.
- Schreibe bei Gesprächen erst dann etwas auf, wenn ein Gesprächsabschnitt beendet ist. Schreibe in Stichworten oder in verkürzten Sätzen.
- Lass auf dem Blatt einen breiten Rand für spätere Ergänzungen.
- Unterstreiche in deinen Notizen das Wichtigste.
- Verwende Abkürzungen, Pfeile und andere Zeichen.
- Notiere besondere Begriffe, Namen, Termine, Titel u.a. möglichst genau.
- Ordne nach Sachzusammenhängen.
- Wenn du etwas wörtlich wiedergeben willst, kennzeichne es als Zitat.

→ Seite 115, Zitieren

Einen Bericht schreiben

→ Seite 102 ff., 202

1. Schreibe den Bericht kurz, genau, sachlich.
2. Gib Antworten auf folgende Fragen:
   Was? – das Geschehen in der richtigen Reihenfolge
   Wo? – Ort des Geschehens
   Wer? – beteiligte Personen
   Wann? – der genaue Zeitpunkt des Geschehens
   Warum? – Grund und Folge des Geschehens
3. Schreibe im Präteritum (Vergangenheit).

→ Seite 101
Wiederholung aus Klasse 8

Einen Vorgang beschreiben

1. Bezeichne genau, welche Gegenstände oder Zutaten gebraucht werden.
2. Beschreibe treffend, welche Tätigkeiten ausgeführt werden müssen.
3. Beachte die Reihenfolge genau.
4. Achte auf Satzanfänge, die deutlich machen, in welcher Reihenfolge etwas geschieht, z. B.: *Zuerst … ; Als Erstes … ; Anschließend … ; Als Nächstes … ; Dann … ; Danach … ; Jetzt … ; Nun … ; Schließlich … ; Zum Schluss … ; Als Letztes …*
5. Schreibe im Präsens.

→ Seite 120 ff.

Eine Erörterung schreiben

1. Überlege: Welches Problem, welche Fragestellung enthält das Thema?
2. Beschaffe dir Informationen zum Thema. Werte dazu Materialien (Texte, Übersichten, Bilder) aus.
3. Überlege, was dafür spricht (pro) und was dagegen (kontra).
4. Entscheide dich für einen Standpunkt. Sammle Argumente dafür. Bedenke, welche Gegenargumente andere vorbringen könnten. Ordne die Argumente.
5. Entscheide dich für eine Form der Erörterung:
   - eine Behauptung begründen (lineare Erörterung)
   - Pro- und Kontra-Seite gegenüberstellen (kontroverse Erörterung)
6. Schreibe die Erörterung:
   - Führe in der Einleitung zum Thema hin.
   - Führe im Hauptteil deine Argumente aus. Achte darauf, dass du sie gut miteinander verknüpfst.
   - Schließe die Erörterung ab, indem du z. B. entweder deine Schlussfolgerung aus der Argumentation formulierst, deine persönliche Meinung zum Thema äußerst oder deine Fragestellung aus der Einleitung wieder aufgreifst und diese abschließend beantwortest.

→ Wiederholung aus Klasse 8

Eine Einladung schreiben

1. **Inhalt:** Nenne das Ereignis, zu dem eingeladen wird. Gib an, wer das Ereignis veranstaltet und wer einlädt. Informiere über das Datum, die Uhrzeit und den Veranstaltungsort. Gib an, ob man sich anmelden und ob man Eintritt bezahlen muss.
2. **Form:** Entscheide, welche Form die Einladung haben soll (Einladungskarte, Einladungsbrief, Plakat, Flyer, E-Mail, Anzeige in einer Zeitung).
3. **Gestaltung:** Ordne die Inhalte klar und übersichtlich an (Tabelle, fortlaufender Text). Hebe wichtige Inhalte hervor (Überschrift als Blickfang, Unterstreichungen, große Schrift, Farben). Entscheide, ob Zeichnungen oder Fotos verwendet werden sollen.

Eine Schreibkonferenz durchführen

→ Seite 67

1. Eine Gruppe bildet eine Redaktion.
2. Einer aus der Gruppe liest seine Geschichte vor. Im Anschluss könnt ihr Fragen stellen, falls euch etwas in der Geschichte unklar sein sollte.
3. Beantwortet folgende Fragen: Was hat euch an der Geschichte besonders gut gefallen? Warum? Was hat euch nicht gefallen? Warum? Konntet ihr der Geschichte bis zum Schluss folgen oder gab es „Erzähllöcher“? Passt die Überschrift zum Text? Weckt sie das Interesse der Zuhörer/Leser?
4. Überarbeitet anschließend eure Geschichten.

Eine Person beschreiben

→ Seite 128 ff.

1. Schreibe zuerst stichwortartig alle Merkmale der Person auf:
   - das Äußere (Gesicht, Frisur, Figur, Typ, Gang, ...)
   - Eigenschaften (neugierig, mutig, frech, fröhlich, aufmerksam, hilfsbereit)
   - besondere Interessen, Hobbys, Freizeitbeschäftigungen
   - Meinungen, Einstellungen, Verhaltensweisen
   - Beziehungen zu anderen Menschen (Wie geht die Person mit anderen um?)
2. Entscheide, welche Merkmale am wichtigsten sind (Woran würde man die Person sofort erkennen, weil es typisch für sie ist?).
3. Verfasse nun einen Text. Beschreibe darin die Person so, dass man eine gute Vorstellung von ihr bekommt.

Präsentationsfolien ansprechend und wirkungsvoll gestalten

→ Seite 36 ff.

1. Wähle für alle Folien ein einheitliches Layout (für Farben, Schriftgrößen und -typen von Überschriften und Texten sowie für die Anordnung von Textelementen).
2. Achte auf gute Lesbarkeit (möglichst große Schrift, mindestens 20 Punkt; sehr helle Schrift auf sehr dunklem Hintergrund oder sehr dunkle Schrift auf sehr hellem Hintergrund).
3. Verwende nicht mehr als zwei oder drei Schrifttypen.
4. Schreibe nicht mehr als sechs bis acht Informationen auf eine Folie.
5. Nimm passende Bilder, Schaubilder und Medienclips in deine Präsentation auf, denn Anschaulichkeit unterstützt das Verständnis und das Behalten von Informationen.
6. Den Wechsel von einer Folie zur nächsten und das Erscheinen von einzelnen Elementen auf den Folien kann man durch sparsame Animation wirkungsvoll gestalten.

Lernbereich: Lesen und Literatur – Umgang mit Texten und Medien

→ Seite 150 ff.

Ein Gedicht untersuchen und beschreiben

1. Stelle fest, um welches Thema es geht. Notiere deine ersten Gedanken beim Lesen der Überschrift und der einzelnen Strophen.
2. Lies das Gedicht mehrmals, auch laut. Verwende unterschiedliche Betonungen.
3. Kläre unbekannte oder ungewöhnlich gebrauchte Wörter aus dem Textzusammenhang.
4. Fasse den Inhalt (Strophe für Strophe) zusammen.
5. Beschreibe die Form des Gedichts (Verse, Strophen, Reime und Rhythmus).
6. Untersuche die rhetorischen Mittel (Personifizierungen, Vergleiche, Wiederholungen und sprachliche Bilder). Erschließe dabei jeweils den Bezug zum Inhalt, zur Aussage sowie die Wirkung des Gedichts.
7. Notiere, wie das Gedicht insgesamt wirkt und was damit beabsichtigt sein könnte.
8. Bewerte das Gedicht abschließend. Begründe dein Urteil.
9. Fasse deine Untersuchungsergebnisse schriftlich zusammen. Entwirf dafür zunächst eine Gliederung.

→ Seite 152 f.

Ein Gedicht auswendig lernen

1. Lerne das Gedicht strophenweise.
2. Wiederhole die bereits gelernten Strophen immer wieder. Mache zwischen den Lernphasen Pausen, damit das Gelernte im Gedächtnis verankert wird.
3. Lies das Gedicht noch einmal vor dem Schlafengehen oder sage es in Gedanken auswendig auf. So behältst du es besser.
4. Wiederhole den Text in immer größer werdenden Zeitabständen an mehreren Tagen, bis du ihn nicht mehr vergisst.

→ Seite 150 ff.

Ein Gedicht wirkungsvoll vortragen

1. Übe den Gedichtvortrag vor einem Spiegel: Schaue dich an und kontrolliere deine Haltung.
2. Stehe entspannt und selbstbewusst. Achte auf ein angemessenes Sprechtempo, mache an den passenden Stellen Pausen.
3. Warte beim Vortrag vor Zuhörern so lange, bis es ganz ruhig geworden ist.
4. Schaue während deines Vortrags die Zuhörer an.
5. Unterstütze deinen Vortrag durch Mimik und Gestik. Du kannst dabei einen Gegenstand, der mit dem Inhalt des Gedichts zu tun hat, als Requisit verwenden, z. B. einen Handschuh bei der Ballade „Der Handschuh".
6. Bleibe nach dem Vortrag noch einen Moment stehen, bis sich die Spannung bei den Zuhörern gelöst hat.

Einen literarischen Text genau lesen und verstehen

→ Seite 44, 50, 54, 138 ff., 142 ff., 164 ff.

1. Immer, wenn du beim Lesen zu einer wichtigen Information kommst, stellst du dazu eine kurze W-Frage: *Wer tut etwas? Wann ereignet es sich? Wo passiert es? Was geschieht? Warum kommt es dazu?*
2. Beantworte die Frage, notiere die Antwort in Stichworten und lies weiter bis zur nächsten Information.
3. Wenn zu dem Text Bilder oder Grafiken gehören, prüfe, ob diese weitere Informationen enthalten.
4. Ordne deine Notizen beim Aufschreiben.
5. Fasse den Text nach dem Lesen anhand deiner Notizen mit eigenen Worten zusammen.

Einen Sachtext lesen und verstehen

→ Seite 76, 84, 86, 92, 99 ff., 114 ff., 176 ff., 198 ff.

1. **Vor dem Lesen:** Orientiere dich anhand der Überschrift und evtl. vorhandener Diagramme und Bilder über das Thema.
2. **Überblickslesen:** Verschaffe dir einen Überblick über den Textinhalt:
   - Erfasse den Aufbau des Textes (Ist er in Abschnitte gegliedert, enthält er Zwischenüberschriften, Hervorhebungen, ...?).
   - Lies die einzelnen Abschnitte kurz an und überlege, was du vermutlich aus dem Text erfahren wirst.
3. **Genaues abschnittsweises Lesen:** Lies nun Abschnitt für Abschnitt genau, schlage Unbekanntes nach. Beantworte nach jedem Abschnitt für dich die Frage, was in dem Abschnitt steht. Notiere das Wichtigste.
4. **Nach dem Lesen:** Denke über den gesamten Text nach: Was hast du erfahren? Was weißt du jetzt mehr? Was siehst du jetzt anders?

Ein Diagramm verstehen und auswerten

→ Seite 86, 172, 176

1. Lies die Überschrift und alle zusätzlichen Angaben.
2. Überlege, was du schon selbst zu dem Thema weißt.
3. Untersuche, welche Angaben das Diagramm enthält:
   Welche Größen/Zahlen sind dargestellt, wie verhalten sie sich zueinander und was sagen sie aus?
4. Stelle fest, welche Form für die Darstellung der Zahlen gewählt wurde.
5. Schlage unbekannte Begriffe nach, wenn es nötig ist.
6. Prüfe die Aktualität, die Quelle und eventuell die Art der Erhebung.
7. Fasse die Ergebnisse gedanklich zusammen:
   Was hast du durch das Diagramm erfahren, welche Absicht wird deutlich, was ist sehr wichtig, was eher unwichtig, welche Ergänzungen sind denkbar/wünschenswert?

→ Seite 26 f., 114 ff., 124

Wörter (Begriffe) aus dem Zusammenhang erschließen

1. Lies den Satz.
2. Zerlege lange Wörter in Wortbausteine, z. B.: Herz – still – stand.
3. Prüfe, was in dem Satz noch gesagt wird.
4. Lies den vorhergehenden und den folgenden Satz. Auf diese Weise kann man oft die Bedeutung eines Wortes in dem besonderen Zusammenhang finden.
5. Ersetze das Wort durch eine eigene Formulierung und prüfe, ob sich ein Sinn ergibt.

→ Seite 138, 196

Sich schnell über den Inhalt eines Buches informieren

1. Sieh dir den Titel und die äußere Gestaltung des Buches an. Überlege, was du daraus über den Inhalt erfährst.
2. Lies den Klappentext des Buches. Er enthält meist eine kurze Inhaltsangabe.
3. Überfliege das Inhaltsverzeichnis des Buches. Daraus erfährst du zum Beispiel, ob es um eine zusammenhängende Geschichte geht oder ob das Buch mehrere Geschichten enthält.
4. Prüfe, ob das Buch am Anfang oder Ende kurze Informationen zum Autor/zur Autorin enthält. Auch diese Informationen verraten oft etwas über den Inhalt.

→ Seite 196 f., 200

Ein Buch vorstellen

1. Suche ein Buch aus, das dir gefällt.
2. Suche eine geeignete Textstelle aus, die du vorlesen willst. Prüfe beim ersten lauten Lesen, wie viel Zeit du dafür benötigst.
3. Übe nun das Lesen. Lies mehrmals, auch einzelne schwierige Textstellen. Achte auf deutliche Aussprache, angemessenes Lesetempo und passende Betonung.
4. Überlege, mit welchen Worten du deine Buchvorstellung beginnen kannst und wie du zu dem ausgewählten Textausschnitt hinleiten willst.
   Übe diese Einleitung in Form eines Kurzvortrags.

→ Seite 199

Regeln für Projektarbeit

1. Arbeite selbstständig und frage nur, wenn es nötig ist.
2. Störe die anderen nicht bei der Arbeit.
3. Beende erst eine Aufgabe, bevor du mit einer neuen beginnst.
4. Speichere alle Aufgaben unter einem vorher festgelegten Namen ab, damit du sie wiederfindest.
5. Drucke die fertigen Blätter aus und lege sie in den Kontrollablagekasten. Du kannst die fertigen Seiten auch in einer Projektmappe abheften.

Autorenverzeichnis

Bach, Tamara wurde 1976 in Limburg an der Lahn geboren. Sie studierte Germanistik und Anglistik. Für ihr erstes Buch, „Marsmädchen", erhielt sie im Jahr 2002 den Oldenburger Kinder- und Jugendbuchpreis für den besten Debüt-Roman sowie 2004 den Deutschen Jugendliteraturpreis.

Marsmädchen, Seite 132

Boie, Kirsten wurde 1950 in Hamburg geboren. Sie lebt mit ihrem Mann und ihren beiden Kindern in unmittelbarer Nähe ihrer Geburtsstadt. Zunächst arbeitete sie viele Jahre als Lehrerin. Bereits ihr erstes Buch, „Paule ist ein Glücksgriff" (1985), war überaus erfolgreich. Inzwischen sind über 60 weitere Kinder- und Jugendbücher von ihr erschienen.

Erwachsene reden. Marco hat was getan, Seite 138–145

Bolliger, Max wurde 1929 in Schwanden (Schweiz) geboren. Er ist einer der bekanntesten Kinder- und Jugendbuchautoren der Schweiz. Bolliger schrieb über 50 Bücher, die in viele Sprachen übersetzt wurden. 1966 erhielt er für seine Nacherzählung der biblischen Geschichte „David" den Deutschen Jugendliteraturpreis.

Sonntag, Seite 50–52

Busch, Wilhelm wurde 1832 in Wiedensahl bei Hannover geboren und starb 1908 in Mechtshausen/Harz. Er ist der wohl volkstümlichste deutsche Humorist, wobei besonders seine Bildergeschichten (z. B. „Max und Moritz", „Die fromme Helene") weltweit bekannt sind. Aber auch verschiedene Kalendergeschichten (z. B. „Eine Nachtgeschichte"), Fabeln und Gedichte werden heute noch gern gelesen.

Bewaffneter Friede, Seite 162

Cesco, Federica de wurde 1938 in Norditalien geboren. Sie verbrachte ihre Jugend in verschiedenen Ländern und lebt heute in der Schweiz. Federica de Cesco studierte Kunstgeschichte, schrieb über 50 Kinder- und Jugendbücher, die in viele Sprachen übersetzt wurden. Seit einigen Jahren schreibt sie mit Erfolg auch Romane für Erwachsene.

Spaghetti für zwei, Seite 44–47

Erhardt, Heinz wurde 1909 in Riga geboren und starb 1979 in Hamburg. Er war einer der beliebtesten deutschen Humoristen sowohl im Film als auch auf der Bühne. Besonders in den zahlreichen Nonsens-Gedichten und Sketchen entfaltet sich sein von vielen Menschen geliebter brillanter Sprachwitz.

Der Einsame, Seite 151

Goethe, Johann Wolfgang wurde 1749 in Frankfurt am Main geboren und starb 1832 in Weimar. Er studierte in Leipzig und Straßburg Jura und arbeitete einige Jahre als Anwalt. 1775, als er sich bereits als Dichter einen Namen gemacht hatte, nahm er eine Einladung des damals 18-jährigen Herzogs Karl August nach Weimar an. 1776 trat er im Herzogtum Sachsen-Weimar in den Staatsdienst und übernahm verschiedene Aufgaben. Goethes berühmtestes Werk ist das Drama „Faust" (zwei Teile). Aber auch andere Theaterstücke wie „Egmont" oder „Die Laune des Verliebten" werden heute noch aufgeführt. Darüber hinaus schrieb er Romane wie „Die Leiden des jungen Werther". Er forschte außerdem auf unterschiedlichen Fachgebieten wie der Optik, Mineralogie, Botanik und Geologie und veröffentlichte wissenschaftliche Abhandlungen wie die „Farbenlehre". Seine Liebesgedichte und Balladen gehören zu den bekanntesten deutschen Dichtungen.

Aus meinem Leben. Dichtung und Wahrheit, Seite 157
Willkommen und Abschied, Seite 156 und 157

Grimm, Jacob und Wilhelm
1785 wurde **Jacob Grimm** in Hanau geboren. Er starb 1863 in Berlin. Jacob Grimm war ein bedeutender Forscher und begründete die Wissenschaft von der deutschen Sprache und Literatur.
Wilhelm Grimm wurde 1786 in Hanau geboren und starb 1859 in Berlin. Er sammelte deutsche Volksmärchen (z. B. „Der süße Brei", „Die Bienenkönigin") und Sagen. Gemeinsam mit seinem Bruder Jacob veröffentlichte er 1812–1815 in zwei Bänden die „Kinder- und Hausmärchen", auch kurz „Grimms Märchen" genannt.

Die Sage von Wilhelm Tell, Seite 184 f.
Der alte Großvater und der Enkel, Seite 212

Grönemeyer, Herbert wurde 1956 in Göttingen geboren. Er lebt vorrangig in London. Grönemeyer arbeitete zunächst als musikalischer Leiter am Bochumer Schauspielhaus. Er feierte als Theater-, vor allem aber als Filmschauspieler Erfolge (z. B. in dem Film „Das Boot" und als Darsteller des Komponisten Robert Schumann in dem Film „Frühlingssinfonie"), 1984 gelang ihm mit dem Album „4630 Bochum" der musikalische Durchbruch auch als Sänger. Seitdem errangen alle seine Tonträgerveröffentlichungen Spitzenpositionen in den Musikcharts und er wird von vielen als der populärste und erfolgreichste deutsche Musiker der Gegenwart angesehen.

Flugzeuge im Bauch, Seite 153

Heine, Heinrich wurde 1797 in Düsseldorf geboren und starb 1856 in Paris. Er zählt zu den wichtigsten Lyrikern des 19. Jahrhunderts. Seine Gedichtbände und Versepen wie das „Buch der Lieder" und „Deutschland. Ein Wintermärchen" gehören zu den Standardwerken der deutschen Literatur. Als scharfzüngiger, politisch engagierter Journalist wurde er ebenso bewundert wie gefürchtet. Seine Schriften (Reiseberichte, Feuilletons, Essays, Satiren), in denen er sich mit den Verhältnissen in Deutschland auseinandersetzte, waren zu Heines Lebzeiten wegen ihrer kritischen Haltung in der Heimat verboten.

Dass du mich liebst …, Seite 155
Kurzbiografie, Seite 159

Kaminer, Wladimir wurde 1967 in Moskau geboren und lebt seit 1990 in Berlin. Seine Geschichten und Kolumnen schreibt er auf Deutsch und veröffentlicht sie häufig in Zeitungen und Zeitschriften. Insbesondere der Erzählband „Russendisko" machte ihn auch international bekannt. Ein beliebter und gefragter Autor ist er u. a. aufgrund seiner originellen Lesungen und literarischen Veranstaltungen.

Die Kirche, Seite 54 f.

Kaschnitz, Marie Luise wurde 1901 in Karlsruhe geboren und starb 1974 in Rom. Ihre Gedichte gelten als sprachlich und formal sehr anspruchsvoll, ihr lyrisches und erzählerisches Werk ist von einer humanistisch-christlichen Haltung geprägt.

Am Strande, Seite 152

Kästner, Erich wurde 1899 in Dresden geboren und starb 1974 in München. Kästner war Schriftsteller, Drehbuchautor und Verfasser von Kabarett-Texten, er schrieb humoristische und zeitkritische Gedichte, Satiren und Romane. Während der Hitler-Diktatur durften offiziell keine Werke von ihm erscheinen, deshalb veröffentlichte er unter verschiedenen Pseudonymen. Vor allem wegen seiner humorvollen, scharfsinnigen Kinderbücher zählt er zu den beliebtesten Kinder- und Jugendbuchautoren in Deutschland. Einige seiner Bücher wurden verfilmt, z. B. „Emil und die Detektive", „Das doppelte Lottchen", „Das fliegende Klassenzimmer", „Pünktchen und Anton", „Die Konferenz der Tiere". Die Geschichte von Emil und den Detektiven kann man auch auf einigen Theaterbühnen sehen. „Das doppelte Lottchen" wurde bereits mehfach verfilmt. Dabei wurde die Geschichte meist abgewandelt; sie spielt zu anderen Zeiten und es kommen darin andere Personen als im Roman vor.

Sachliche Romanze, Seite 154

Kunze, Reiner wurde 1933 in Oelsnitz (Erzgebirge) geboren und lebt in Obernzell Erlau bei Passau. Aufgrund seiner politischen Haltung durfte der Lyriker und Prosa-Autor in der DDR so gut wie nichts veröffentlichen. 1977 reiste er mit seiner Familie in die Bundesrepublik aus.
In dem teilweise autobigrafischen Buch „Die wunderbaren Jahre" (1976), aus dem der Text „Fünfzehn" stammt, zeigt er das Leben der Jugendlichen in der damaligen DDR auf. Neben seiner sprachlich einfühlsamen Lyrik, für die er zahlreiche Auszeichnungen und Ehrungen erhielt, ist auch sein Kinderbuch „Der Löwe Leopold" sehr beliebt.

Fünfzehn, aus: *Die wunderbaren Jahre, Seite 210 f.*

Naidoo, Xavier wurde 1971 in Mannheim geboren. 1997 unterschrieb er bei dem Label des bekannten Produzenten Moses Pelham einen Vertrag und entwickelte sich seitdem zu einem namhaften Pop-Soul-Sänger in Deutschland. In vielen Texten seiner Songs wird seine starke Religiosität spürbar. Neben seiner Karriere als Solokünstler ist er auch Mitglied des Band-Projektes „Söhne Mannheims".

Sie sieht mich nicht, Seite 150

Pressler, Mirjam wurde 1940 in Darmstadt geboren und lebt in der Nähe von München. Bereits für ihren ersten Jugendroman, „Bitterschokolade" (1980), erhielt sie den Oldenburger Jugendbuchpreis. Seitdem hat sie mehr als 30 Kinder- und Jugendbücher sowie Romane für Erwachsene veröffentlicht. Auch als Übersetzerin machte sie sich einen Namen. 2004 wurde ihr der Deutsche Bücherpreis für ihr Lebenswerk verliehen.

Stolperschritte, Seite 196 f.

Roth, Eugen wurde 1895 in München geboren, wo er 1976 auch starb. Er schrieb zahlreiche heitere, satirische, aber auch nachdenkliche Gedichte und Erzählungen. Besonders sein Wortwitz machte ihn bei vielen Lesern beliebt.

Gezeiten der Liebe, Seite 151

Salinger, Jerome David wurde 1919 in New York geboren. Weltruhm erlangte Salinger 1951 mit seinem Werk „Der Fänger im Roggen" (The Catcher in the Rye), in dem er die Probleme des 16-jährigen Holden Caulfield auf seinem Weg zum Erwachsenwerden darstellt. Darüber hinaus schrieb Salinger nur noch einige wenige Erzählungen und Storys. Seit 1953 lebte er völlig zurückgezogen in seinem, von hohen Mauern umgebenen, Haus. 1965 erschien seine letzte Erzählung in „The New Yorker". Salinger starb 2010 in Cornish (New Hampshire).

Der Fänger im Roggen, Seite 132

Schiller, Friedrich wurde 1759 in Marbach am Neckar geboren und starb 1805 in Weimar. 1779, als Schiller noch Medizinstudent an der Karlsschule war, lernte er den zehn Jahre älteren Johann Wolfgang Goethe kennen, der damals schon als Dichter berühmt war und der Karlsschule einen Besuch abstattete.
1788, als auch Schiller bereits Berühmtheit erlangt hatte, begegneten sich die beiden Dichter im Hause einer befreundeten Familie zum zweiten Mal. Erst viele Jahre später sollten sie sich näherkommen und ab 1794 verband sie eine dauerhafte Freundschaft.
Schiller sorgte bereits in jungen Jahren mit Theaterstücken wie „Die Räuber" und „Kabale und Liebe" für Aufsehen. Später entstanden in Jena und Weimar mehrere seiner historischen Dramen, unter anderem „Wallenstein", „Wilhelm Tell" und „Maria Stuart". Außerdem schrieb er in dieser Zeit viele seiner Balladen, z. B. „Der Handschuh", „Die Bürgschaft". Er gilt neben Goethe als einer der führenden Repräsentanten des Sturm und Drang und begründete gemeinsam mit Goethe die Weimarer Klassik.

Wilhelm Tell (Auszüge), Seite 186 – 191

Thurber, James Grover wurde 1894 in Columbus/Ohio geboren und starb 1961 in New York. Nach verschiedenen Tätigkeiten begann er mit dem Schreiben satirischer Texte, die er selbst illustrierte. Darin beschrieb und analysierte er amerikanische Sitten und Gebräuche und beleuchtete die Geschlechterproblematik auf äußerst humorvolle Weise. Viele seiner Kurzgeschichten sind auch in Deutschland erschienen und fanden ein begeistertes Leserecho.

Die Kaninchen, die an allem schuld waren, Seite 166 f.

Tucholsky, Kurt wurde 1890 in Berlin geboren. Er starb 1935 in Göteborg, in seiner Wahlheimat Schweden, an einer Überdosis Tabletten. Die Tabletten nahm er wegen ständiger Magenbeschwerden und weil er ohne sie nicht einschlafen konnte.
Jahrzehntelang wurde davon ausgegangen, dass er aus Verzweiflung über die politischen Verhältnisse in Deutschland Selbstmord beging. Ganz geklärt sind die Umstände seines Todes jedoch bis heute nicht.
Tucholsky war zugleich Romanautor, Lyriker, Satiriker, Kabarettautor, Liedtexter, Kritiker und Journalist. Er schrieb auch unter verschiedenen Pseudonymen: Kaspar Hauser, Peter Panter, Theobald Tiger, Ignaz Wrobel.
In seinen Veröffentlichungen wird seine demokratische und pazifistische Haltung deutlich. Schon frühzeitig warnte er vor dem Nationalsozialismus. Vor allem seine satirischen Texte, aber auch die Erzählung „Schloß Gripsholm. Eine Sommergeschichte“ sowie die geistreiche Liebesgeschichte „Rheinsberg – ein Bilderbuch für Verliebte“, die beide verfilmt wurden, sind heute noch bekannt.

Der berühmteste Mann der Welt, Seite 40

Weiss, Peter wurde 1916 in Nowawes bei Potsdam geboren und starb 1982 in Stockholm. Mit seinen Eltern emigrierte er 1934 nach Prag, ab 1939 lebte er in Schweden, wo er als Autor von Experimental- und Dokumentarfilmen erste Erfolge feierte und vorrangig autobiografische Prosa veröffentlichte. In den 1960er-Jahren erregten dann vor allem seine politischen Dokumentar- und Lehrstücke wie „Die Ermittlung“ (1965) großes Aufsehen und beeinflussten wesentlich das politische Theater.

Der Ernst des Lebens, aus: Abschied von den Eltern, Seite 206 f.

Wolf, Friedrich wurde 1888 in Neuwied am Rhein geboren und starb 1953 in Lehnitz bei Berlin. Er studierte Medizin, arbeitete zunächst als Schiffsarzt und wurde im Ersten Weltkrieg als Truppenarzt an die Westfront geschickt. Später eröffnete er in Stuttgart eine Arztpraxis für Naturheilkunde und Homöopathie.
Als entschiedener Kriegsgegner trat er 1928 der Kommunistischen Partei bei und emigrierte 1933 mit seiner Familie über Österreich, die Schweiz und Frankreich nach Moskau. Nach 1945 lebte er in der DDR. Mit seinem Namen verbinden sich heute vor allem zahlreiche Dramen, z. B. „Professor Mamlock“, „Die Matrosen von Cattaro“. Besonders populär sind seine Tiergeschichten und sein Weihnachtsmärchen „Die Weihnachtsgans Auguste“.

Die Ordnungsbienen, Seite 164

Zimmermann, Irene wurde 1955 in Ravensburg geboren und lebt in der Nähe von Baden-Baden. Sie arbeitet als Lehrerin und hat – häufig gemeinsam mit ihrem Mann – zahlreiche Kinder- und Jugendbücher veröffentlicht, von denen die Reihe „Freche Mädchen – freche Bücher“ und die Geschichten über „Das tolle Trio“ am bekanntesten sind.

Küsse, Flirt und Torschusspanik, Seite 128

Textarten

Autobiografie: Im Gegensatz zur Biografie blickt die betroffene Person (Künstler, Politiker, ...) selbst auf ihr Leben zurück, wobei häufig die innere Entwicklung im Mittelpunkt steht.

Aus meinem Leben. Dichtung und Wahrheit, Johann Wolfgang Goethe, Seite 157
Der Ernst des Lebens, aus: *Abschied von den Eltern, Peter Weiss, Seite 206 f.*

Bericht: In den meisten Berichten (z. B. in Unfall- und Arbeitsberichten) wird in sachlicher Sprache ein Ereignis oder ein Geschehen vorrangig im Präteritum dargestellt. Der Berichtende verzichtet dabei auf eine Wertung des Geschehens, überlässt es dem Hörer oder Leser, sich eine eigene Meinung zu bilden. Mithilfe der W-Fragen kann man einem Bericht die notwendigen Informationen entnehmen. Eine besondere Form des Berichts ist die **Reportage**, bei der auch persönliche Eindrücke (häufig aus der unmittelbaren Situation heraus) wiedergegeben werden (z. B. Sportreportage, Berichte von Film- und Fernsehveranstaltungen). Manchmal sind Berichte auch mit einer persönlichen Stellungnahme verbunden (z. B. in Abschlussberichten von Praktika oder Tagungen).

Abschlussbericht Betriebspraktikum, Seite 103
Der Bewerbertag (Schülerbericht), Seite 24
Praktikumserfahrungen, Seite 104/105

Beschreibung: Bei der Beschreibung von Gegenständen oder Vorgängen muss man beachten, für wen und mit welchem Ziel etwas beschrieben werden soll. Beschreibungen werden im Präsens verfasst, wobei auf treffende Wortwahl und die Verwendung von Fachausdrücken geachtet wird. Eine sinnvolle bzw. richtige Reihenfolge der einzelnen Angaben oder Arbeitsschritte ist dabei ebenso wichtig. Bei einer Personenbeschreibung können neben den äußerlichen Merkmalen auch Verhaltensweisen dargestellt werden, die die betreffende Person charakterisieren.

Berufskurzinformation: Ausbildung zum/zur Medizinischen Fachangestellten, Seite 100
Berufskurzinformation: Kfz-Mechatroniker/Kfz-Mechatronikerin, Seite 99
Berufstypischer Arbeitsvorgang, Seite 101
Stellenanzeigen, Seite 84 f., 92
Eine seltsame Person (Personenbeschreibung), Seite 135

Brief: Schon vor Jahrtausenden haben die Menschen Mitteilungen in schriftlicher Form angefertigt. In der heutigen Zeit versteht man Briefe vor allem als schriftliche Mitteilungen, die per Post oder Kurier von einem Absender (der den Brief sendet) an einen Adressaten (Empfänger des Briefes) gesendet werden. Die wichtigsten Briefformen sind Privatbriefe und Geschäftsbriefe. Oft müssen bestimmte Normen in der Form eingehalten werden (z. B. bei einem Bewerbungsschreiben). Heutzutage verschicken bereits viele Menschen Informationen aus dem privaten oder beruflichen Alltag mit E-Mails oder SMS.

Bewerbungsschreiben (Muster), Seite 88
Einladung zum Bewerbungsgespräch, Seite 16
Online-Bewerbung per E-Mail (Muster), Seite 91

diskontinuierliche Texte (Diagramm/Grafik/tabellarische Übersicht/Schaubild): In einem Diagramm werden Zusammenhänge, die in Zahlen ausgedrückt werden, grafisch dargestellt. Diagramme zählen zu den Sachtexten. Ein Diagramm kann unterschiedlich gestaltet sein (z. B. als Säulen-, Kreis- oder Kurvendiagramm) und sowohl allein als auch in Verbindung mit anderen Texten auftreten. Dies betrifft auch Statistiken und ähnliche grafische Darstellungen, die meist in Tabellenform Informationsmaterial bieten.

Ausbildungsreife – Was zählt dazu? Grafik Bundesinstitut für Berufsbildung, Seite 86
Bedeutung der Distanz, grafische Übersicht, Seite 176
Polizeiliche Kriminalstatistik 2005–2008, Seite 172
Straftaten gegen die sexuelle Selbstbestimmung, Kreisdiagramm, Seite 172

Drama: Theaterstücke werden häufig übergeordnet als Dramen bezeichnet. Charakteristisch ist, dass sie in der Regel auf einer Bühne von Schauspielern vor Publikum aufgeführt werden. Im Zentrum des Geschehens steht ein Konflikt – die Auseinandersetzung zwischen verschiedenen Personen, ihren unterschiedlichen Wünschen, Interessen, Handlungen und/oder Verhaltensweisen. Die Stücke können sowohl in Versform als auch in freier Sprache verfasst sein. Monologe und Dialoge sind dabei wichtige Gestaltungsmittel. Aber auch andere Elemente (Tanz, Pantomime, Musik, Akrobatik) können gelegentlich einbezogen sein.

Wilhelm Tell, Friedrich Schiller, Seite 186 – 191

Fabel: In dieser anschaulichen literarischen Form sprechen (entweder in Reimen oder in Prosa) und handeln fast immer zwei oder mehrere Tiere. Sie verkörpern menschliche Eigenschaften, die der Leser erkennen soll (z. B. Neid, Geiz, Dummheit, Klugheit oder Faulheit). Fabeln enthalten meist eine Lehre (Moral), die der Leser beherzigen soll. In einigen Fabeln ergibt sich die Lehre aus dem Textzusammenhang, in anderen steht sie als eine Art Zusammenfassung am Ende des Textes.

Bewaffneter Friede, Wilhelm Busch, Seite 162

Fragebogen: Mithilfe von Fragebögen können im Gegensatz zum Interview oft viele Personen gleichzeitig zu einem Thema befragt werden (Umfrage). Ziel von solchen Fragebögen ist es, ein möglichst umfassendes und genaues Meinungsbild zu erhalten. Ein Fragebogen kann Entscheidungsfragen enthalten, die zu einer Meinungsäußerung auffordern. Er kann aber auch Fragen mit jeweils vorgegebenen Antworten/Aussagen enthalten. Dann muss der Befragte sich für eine Antwort/Aussage entscheiden und diese ankreuzen.

Beendigung Praktikum (Muster), Seite 102

Gedicht: Gedichte sind literarische Texte mit einer besonderen Gestaltung (z. B. bestimmter Sprechrhythmus; Einteilung in Strophen, Verse; Wiederholungen; Reime). Oft verwenden die Autoren dabei eine bildreiche Sprache (Vergleiche, Metaphern). Gedichte sind aus Liedern hervorgegangen. In der Antike begleiteten fahrende Sänger ihren Vortrag auf der Lyra, einem Saiteninstrument. Deshalb heißt der Oberbegriff für alle Gedichtformen **Lyrik**.

Am Strande, Marie Luise Kaschnitz, Seite 152
Dass du mich liebst ..., Heinrich Heine, Seite 155
Der Einsame, Heinz Erhardt, Seite 151
Gezeiten der Liebe, Eugen Roth, Seite 151
Sachliche Romanze, Erich Kästner, Seite 154
Willkommen und Abschied, Johann Wolfgang Goethe, Seite 156 f.

Geschichte/Erzählung: In der Literatur versteht man unter Erzählungen, im Gegensatz beispielsweise zum Roman, kürzere literarische Texte, die in einer Gruppe mit Märchen, Kurzgeschichten und Novellen erfasst werden. Inhaltlich gibt es dabei keine Einschränkungen. Eine genaue Zuordnung der Erzählung ist aber oft sehr schwer. So sollte sie z. B. einen Umfang von etwa 6 bis 60 Seiten haben. Häufig spricht man deshalb bei kürzeren Texten auch von einer Geschichte, die erzählt wird.

Benimm ist in, Kurztext, Seite 12
Der berühmteste Mann der Welt, Kurt Tucholsky, Seite 40
Die Kirche, nach Wladimir Kaminer, Seite 54 f.
Die Kletterer, unbearbeiteter Schülertext, Seite 66
Eine seltsame Person, Kurztext, Seite 135
Fünfzehn, aus: *Die wunderbaren Jahre, Reiner Kunze, Seite 210 f.*
Heben will gelernt sein, Kurztext, Seite 111
Sonntag, Max Bolliger, Seite 50 – 52
Spaghetti für zwei, Federica de Cesco, Seite 44 – 47
Ziemlich clever, Kurztext, Seite 108

Gesetzestext: Gesetzestexte müssen sprachlich zweifelsfrei sein und umfassend alle rechtlichen Gesichtspunkte beachten, z. B. die Zuständigkeit der gesetzgebenden Institution (Behörde) und die Einhaltung des Gesetzgebungsverfahrens. Gesetzestexte zählen zu den Sachtexten. Der Aufbau und die Form sind klar geregelt (z. B. die Gliederung nach Paragraphen).

Strafgesetzbuch, §323c Erste Hilfe, Seite 180
Strafgesetzbuch, Notwehr §32/33, Seite 175
Tierschutzgesetz, Auszug §7, Seite 114/115

Gespräch (Dialog): Wenn sich zwei oder mehrere Personen in ständigem Wechsel (Rede und Gegenrede) miteinander unterhalten, spricht man von einem Dialog. In diesem Sinne zählen alle Formen von Alltagsgesprächen dazu. In der Literatur ist der Dialog das Hauptgestaltungsmittel des Dramas, er findet sich aber auch in Balladen und in der erzählenden Literatur.

Der letzte Keks, Seite 10
Wilhelm Tell (Auszug), Friedrich Schiller, Seite 186–191

Gleichnis/Parabel: Ein Gleichnis ist eine besondere literarische Stilform. Um einen Sachverhalt oder eine Aussage zu veranschaulichen, wird ein Vergleich oder ein Bild hinzugezogen. Viele solcher Gleichnisse finden sich z. B. in der Bibel. Ein zu einer eigenständigen Erzählung erweitertes Gleichnis nennt man Parabel. Jeder Handlungsteil findet hier seine Entsprechung in der Wirklichkeit, kann aber nur im Gesamtverständnis der Parabel nachvollzogen werden. Eine der bekanntesten Parabeln ist die **Ringparabel** aus dem Drama „Nathan der Weise" von Gotthold Ephraim Lessing.
Es ist nicht immer möglich, genau zu bestimmen, ob es sich bei einem Text um eine Fabel oder eine Parabel handelt, weil einige Merkmale sowohl bei der einen wie auch bei der anderen Textart zu finden sind. So wird die Parabel von den Kaninchen in vielen Büchern als Fabel bezeichnet.

Die Kaninchen, die an allem schuld waren, James Grover Thurber, Seite 166 f.
Die Ordnungsbienen, Friedrich Wolf, Seite 164

Inhaltsangabe/Klappentext: Eine Inhaltsangabe informiert über den wesentlichen Inhalt eines künstlerischen Werkes, ohne dabei zu werten. Sie darf keine schildernden Elemente und keine direkte Rede enthalten und muss im Präsens oder Perfekt verfasst werden. Manchmal dienen Inhaltsangaben auch nur zur Orientierung und sind daher sehr kurz, z. B. Klappentexte von Büchern. In Klappentexten wird jedoch meist nur der Beginn der Geschichte/des Romans wiedergegeben, um das Interesse der Leser/Käufer zu wecken und eine gewisse Spannung zu erzeugen.

Ein Haus für alle, Ursula Wölfel, Seite 200
Ein Jahr mit 90 Tagen, Cornelia Kurth, Seite 200
Lieber Arm ab als arm dran, Rainer Schmidt, Seite 200
Stolperschritte, Mirjam Pressler, Seite 196 f.
Wir wollen sein ein einig Volk von Brüdern (zum Drama „Wilhelm Tell" von Friedrich Schiller), Seite 192

Interview: Ein Interview ist eine meist öffentliche Befragung einer Person. Diese kann sowohl ohne Vorbereitung erfolgen, als auch zwischen den beiden Gesprächspartnern vereinbart sein (z. B. in einer Fernsehsendung). Um ein interessantes Gespräch mit einer anderen Person führen zu können, sollte sich der Interviewer über die Person, die er befragen will, gut informieren. Der Erfolg eines Interviews hängt oft von der Art der Gesprächsführung ab, vor allem vom Einsatz verschiedener Fragetechniken und Fragetypen (z. B. Entscheidungsfrage, Ergänzungsfrage, provozierende Frage).

Straftaten nehmen zu (Interview mit einem Jugendrichter), Seite 146

Jugendbuch/Jugendroman (Auszug): Als Kinder- und Jugendliteratur bezeichnet man Bücher, die für junge Menschen zwischen 3 und etwa 18 Jahren geschrieben werden. Allerdings gibt es nicht immer eine klare Alterstrennung. So lesen auch viele Erwachsene Märchen oder Fantasy-Romane, während Jugendliche durchaus auch Gedichte oder Erzählungen lesen, die sie z. B. im Unterricht kennen lernen und die ursprünglich nicht für sie geschrieben wurden. Im 18. und 19. Jahrhundert dienten Jugendbücher nahezu ausschließlich der

Erziehung. Die heutige Jugendliteratur möchte unterhalten, spannende und interessante Geschichten erzählen, die natürlich auch zum Nachdenken anregen sollen. Das Zusammenleben der Menschen, schulische und familiäre Probleme, geschichtliche Ereignisse, Freundschaft, erste Liebe, humorvolle Begebenheiten, abenteuerliche Expeditionen und kriminalistische Ermittlungen sind nur einige der vielfältigen Themen heutiger Kinder- und Jugendliteratur.

Der Fänger im Roggen, Jerome David Salinger, Seite 132
Küsse, Flirt und Torschusspanik, Irene Zimmermann, Seite 128
Erwachsene reden. Marco hat was getan, Kirsten Boie, Seite 138–145
Marsmädchen, Tamara Bach, Seite 132
Stolperschritte, Mirjam Pressler, Seite 196 f.

Kurzbiografie: Eine Kurzbiografie zählt in der Regel zu den Sachtexten, da hier ausschließlich Tatsachen aufgelistet werden. So kann man in einem Personenlexikon, in Klappentexten oder im Internet schnell Informationen über Lebensdaten, künstlerische Stationen und bedeutende Werke finden. In einer Künstlerbiografie dagegen werden die Lebensstationen eines Menschen, seine Ansichten, die berufliche/künstlerische Entwicklung und sein Handeln (meist im geschichtlichen Zusammenhang) ausführlich von einem Autor dargestellt. Oft beruhen diese Biografien auf gesammelten Fakten, es können aber auch dichterische Elemente einbezogen sein. Wenn diese eindeutig überwiegen, spricht man von einem biografischen Roman.

Charles Spencer Chaplin, Seite 34, 41
Heinrich Heine, Seite 159
Johann Wolfgang Goethe, Seite 158

Liedtext: Zu einer Melodie wird ein Text verfasst, entweder gereimt oder in freien Versen. Besondere Beachtung wird dabei dem Rhythmus geschenkt. Es ist aber auch möglich, dass auf einen fertigen Text oder ein bereits vorhandenes Gedicht eine passende Melodie geschrieben wird.

Flugzeuge im Bauch, Herbert Grönemeyer, Seite 153
Sie sieht mich nicht, Xavier Naidoo, Seite 150

Märchen: „Es war einmal" – wenn eine Geschichte mit diesen Worten beginnt, weiß der Leser sofort, dass es sich nur um ein Märchen handeln kann. Die Handlung ist fantastisch, Tiere können sprechen, Hexen und Zauberer erfüllen Wünsche oder bestrafen böse Menschen. Über Jahrhunderte hinweg haben sich die Menschen immer wieder diese Geschichten erzählt. Jeder hat die Handlung etwas ausgeschmückt. Diese so genannten Volksmärchen, deren Verfasser anonym sind, wurden in Deutschland erstmals im 19. Jahrhundert von den Brüdern Grimm gesammelt und veröffentlicht. Auch andere Autoren wie Ludwig Bechstein haben Märchensammlungen herausgegeben. Später haben Dichter wie Hans Christian Andersen und Wilhelm Hauff neue Märchen geschrieben (sie heißen deshalb Kunstmärchen). Sie sind heute bei Jung und Alt genauso beliebt, zumal man kaum einen Unterschied zu den überlieferten Märchen erkennen kann.

Der alte Großvater und der Enkel, Brüder Grimm, Seite 212

Sachtext: Sachtexte bezeichnet man oft auch als Gebrauchstexte. Sie befassen sich mit einem speziellen Thema (z. B. Geschichte, Geografie, Sport). Sachtexte sind keine „erfundenen" Geschichten, sondern in erster Linie Informationsquellen für den Leser. Es gibt viele Arten, z. B. Zeitungsmeldung, Bericht, Reportage, Protokoll, Fachbuch, Lexikonartikel, Gesetzestext, Beschreibung, Anleitung, Diagramm. Sachtexte können Fotos, Illustrationen oder grafische Übersichten enthalten.

AIKIDO (japanische Kampfkunst), Seite 179
Anne Frank (Muster Inhaltsverzeichnis), Seite 71
150 Jahre Arbeitsschutz in Deutschland, Seite 106
Assessment-Center (Begriffserklärung), Seite 25
Bedeutung der Distanz in der Selbstverteidigung, Seite 176/177

Sagen: Märchen und Sagen haben manche Gemeinsamkeiten, wie z. B. die mündliche Überlieferung. Sagen sind jedoch fast immer an einen bestimmten Ort gebunden oder spielen in einer mehr oder weniger genau bestimmten Zeit. Geschichtliche Ereignisse oder Gestalten stehen im Mittelpunkt der Handlung, die im Gegensatz zum Märchen weniger ausgeschmückt ist. Oft wird so sachlich erzählt, dass der Leser selbst die unglaublichsten Ereignisse als wahr empfindet.

Zitat (Ausspruch): Ursprünglich wurden früher vor allem Gedichte oder Dramen durch Sinn- und Denksprüche unterbrochen oder beendet. Viele dieser „geflügelten Worte" sind auch heute noch bekannt. Aber auch Aussprüche (Zitate) von Künstlern oder Politikern werden literarischen Texten oder Reden entnommen.

Kleines Computerlexikon

Chat
Das englische Verb „chat“ bedeutet reden, plaudern oder schwatzen. Im Internet kannst du dich mithilfe der Tastatur mit anderen Menschen in Echtzeit „elektronisch unterhalten“. In den meisten Fällen geschieht das schriftlich (Textchat), die entsprechende Antwort erhältst du unmittelbar auf deinem Bildschirm angezeigt. Häufig spielen beim Chatten die korrekte Rechtschreibung und Grammatik nur eine untergeordnete Rolle, dagegen werden Abkürzungen, Emoticons (Zeichenfolgen, aus denen die bekannten Smileys nachgebildet werden können), umgangssprachliche Begriffe, spezielle Ausdrücke und die Kleinschreibung bevorzugt. Auch viele Tippfehler treten dabei auf und die Zeichensetzung wird häufig vernachlässigt. Neben dem Textchat besteht auch die Möglichkeit zu so genannten Audio- und Videochats.

Chatiquette
Jeder Lebensbereich braucht Verhaltensregeln. Auch in einem Chat werden Regeln aufgestellt, an die sich jeder zu halten hat. Diese betreffen in erster Linie die Art und Weise, wie man miteinander kommuniziert, wie man sich „anspricht“, wie man dabei miteinander umgeht (höflich, freundlich ...).

Digitale Videobearbeitung
Um Videodaten am Computer bearbeiten zu können, benötigst du spezielle Video-Karten. Damit kannst du auf dem Bildschirm einen entsprechenden digitalen Videoschnitt durchführen. Das Programm teilt das Video in verschiedene Tracks oder Spuren auf. Zwischen diesen kannst du Effekte wie z. B. Überblendungen einbauen. Darüber hinaus stehen dir auch Tonspuren zur Verfügung, sodass du sowohl Sprache als auch Musik dazumixen kannst.

Formatieren
Um einen Text in die „richtige Form“ bringen zu können, bietet das Textverarbeitungsprogramm viele Möglichkeiten. So kannst du die Schriftart, den Zeichenabstand und die Anzahl der Spalten festlegen. Du kannst auch entscheiden, wann du einen Absatz einfügen willst, wie der Text ausgerichtet sein soll oder ob du ihn einrahmen willst. Dazu klickst du in der Menüleiste den Begriff „Format“ an, der dich zu weiteren Untermenüs führt. Aber auch über die Symbolleiste ist es dir möglich, bestimmte Formatierungen durchzuführen. Die gesamte Text- und Bildgestaltung eines Textes nennt man Layout.

Internetrecherche
Suchmaschinen sind spezielle Webadressen, die dir bei der Suche nach Informationen im Internet helfen. Du kannst Begriffe, Themen oder Namen eingeben und erhältst dann eine geordnete Übersicht aller Internetseiten, auf denen du etwas zu deinem Suchwort finden kannst.

Link/Online-Link
Auf vielen Internetseiten befinden sich Querverweise. Ein solcher Hyperlink (Kurzform: Link) verknüpft verschiedene Dokumente unterschiedlicher www-Seiten. Dies geschieht mithilfe einer besonderen Programmiersprache (HTML). Durch Anklicken eines solchen Links gelangst du direkt zu dem auf der entsprechenden www-Seite angebotenen Dokument.

Nickname/Nick
Bei der Anmeldung zu einem Chat musst du einen Namen angeben, unter dem du dann chatten willst. Dabei sind deiner Fantasie keine Grenzen gesetzt. Du solltest aber darauf achten, dass dein Nick möglichst keine privaten Informationen über dich enthält (wie z. B. deinen wirklichen Namen oder dein Alter), damit die Anonymität gewahrt bleibt. Normalerweise gibt es in einem Chat jeden Nick nur einmal.

Präsentationsprogramm

Um Vorträge und Bildschirmpräsentationen erstellen und vorführen zu können, benötigst du spezielle Softwareprogramme. Das wohl bekannteste ist PowerPoint, das Bestandteil des MS-Office ist. Damit kannst du alle Präsentationsfolien, aber auch eventuelle Dias/Fotos einzeln bearbeiten und abspeichern. Die Folien können nur Text enthalten oder du fügst Bilddateien, Grafikclips, Diagramme, Tabellen, Filmsequenzen und Musikdateien ein. Alle Folien können auch auf einem einheitlichen Hintergrund erstellt und zusammen in einer Datei abgespeichert werden.

Rechtschreibprüfung/Rechtschreibkorrektur (automatische)

Wenn du in einem Textverarbeitungsprogramm arbeitest, lassen sich Rechtschreib-, Tipp- und grammatische Fehler leicht erkennen und korrigieren. Dabei hilft dir die Rechtschreibprüfung, die du so einstellen kannst, dass sie dir schon während des Schreibens die jeweiligen Fehler anzeigt (automatische Rechtschreibkorrektur). Aber auch eine Überprüfung nach Beendigung des Schreibens ist möglich.

Schulhomepage

Eine Homepage ist die Startseite (Auftaktseite), mit der sich die Nutzer (z.B. Firmen, Institutionen, Privatpersonen) im Internet vorstellen. Von dort aus gelangt man meist zu einer ganzen Reihe weiterer Seiten dieses Nutzers: Die Gesamtheit aller dieser Seiten nennt man Website. Oft gibt es auch so genannte Links (Querverweise) zu anderen Seiten. Inzwischen verfügen schon viele Schulen über eine eigene Homepage. Sie stellen auf dieser ihre Einrichtung vor, berichten von ihren Aktivitäten, Exkursionen und eventuellen Schulpartnerschaften, geben Tipps zum Lernen und vieles mehr.

Serienbrief

Einen Serienbrief kannst du mit einem modernen Textverarbeitungsprogramm erstellen. Dazu musst du eine Datenbank anlegen, in der sich z.B. alle Adressenangaben und Anreden befinden. Außerdem benötigst du eine Serientextdatei (das Hauptdokument). Dies ist dein Brieftext, den du an mehrere Personen gleichzeitig verschicken möchtest. Dabei kannst du auch variable Daten zusätzlich einfügen, so dass die Briefe trotzdem persönlich aussehen. So kannst du z.B. Einladungen schreiben, die vom Textverarbeitungsprogramm dann um die entsprechenden Empfängeradressen ergänzt werden. Aber auch für Bewerbungen eignen sich Serienbriefe, da häufig viele Angaben im Hauptdokument gleich sind. Viele Textprogramme ermöglichen auch das Filtern bestimmter Angaben. Dadurch ist es dir möglich, einen Brief nur an ausgewählte Personen zu schicken, unabhängig von der Anzahl der Adressen in der Datenbank. Mithilfe der Seriendruckfunktion kannst du auch die entsprechenden Adressetiketten ganz einfach erstellen und ausdrucken.

Textverarbeitungsprogramm

Diese Programme ermöglichen dir das Schreiben und Verändern von Texten im Computer. Der von dir über die Tastatur eingegebene Text wird auf dem Bildschirm angezeigt. Jederzeit kannst du während des Schreibens zum Beispiel Wörter ändern, einen Satz an eine andere Stelle setzen, Text löschen oder an jeder beliebigen Stelle einfügen. Häufig ist auch eine Rechtschreibprüfung möglich.

Thesaurus

Die meisten Textverarbeitungsprogramme enthalten ein Wörterbuch. Mithilfe dieser Wortschatzsammlung (Thesaurus) kannst du nicht nur die Rechtschreibung überprüfen, sondern dir auch Wörter ähnlicher Bedeutung für einen Text vorschlagen lassen.

Register

Textquellenverzeichnis

S. 7 Entschuldigen Sie bitte, ... (Autorentext); **S. 10** Der letzte Keks (Autorentext); S. 11 Otto Berger: Verhalten beim Tanzen. Nach: Otto Berger: Der gute Ton das Buch des Anstandes und der guten Sitte. Enßlin & Laiblin, Reutlingen o. J. [1895], S. 96–97; **S. 12** Benimm ist in (Autorentext); **S. 16** Einladung zum Einstellungstest (Autorentext); **S. 24** Arzu Yilmaz: Der Bewerbertag. Nach: Silke K.: Erlebnisbericht. Aus: Bewerbungslexikon: Assessment-Center-Erlebnisberichte. Aus: http://www.bewerbungslexikon.de/bericht2.html (veröffentlicht: 25.10.2004, zuletzt überprüft: 28.08.2010); **S. 29** Josephine ... (Autorentext); **S. 34** Chaplin, Charles Spencer (Autorentext); **S. 35** Charlie, der kleine Tramp (Autorentext); **S. 38/39** Nach: Deutschlandradio, 16.08.2005, http://www.dradio.de/dlf/sendungen/kalenderblatt/406649/ (zuletzt kontrolliert: 10.09.2010); **S. 40** Aus: Kurt Tucholsky: Der berühmteste Mann der Welt. In: Prager Tageblatt, 22.07.1922. Zitiert nach: Ders.: Gesamtausgabe. Texte und Briefe. Hrsg. von Antje Bonitz, Dirk Grathoff, Michael Hepp, Gerhard Kraiker. 22 Bände. Rowohlt Verlag, Reinbek 1996ff, S. 279 ff. Gesammelte Werke in zehn Bänden. Hrsg. von Mary Gerold-Tucholsky und Fritz J. Raddatz. Rowohlt Verlag, Reinbek 1975, Band 3, S. 230 ff; S. 42 Goldener Bär für Bal (Autorentext); **S. 44–47** Federica de Cesco: Spaghetti für zwei. Aus: Dies.: Freundschaft hat viele Gesichter. Rex Verlag, Luzern 1986, S. 79–84; **S. 50–52** Max Bolliger: Sonntag. Aus: Deutsche Kurzgeschichten. Schuljahr 7/8. Für die Sekundarstufe I. Reclam Verlag, Stuttgart 1988, S. 35–39; **S. 54/55** Nach: Wladimir Kaminer: Die Kirche (stark bearbeitet). In: Wladimir Kaminer: Meine russischen Nachbarn. Manhattan-Verlag, Berlin 2009, S. 129–134; **S. 66** Die Kletterer (Autorentext); **S. 68** Selbstkontrolle und Berichtigung (Autorentext); **S. 71** Inhaltsverzeichnisse. (Autorentext); **S. 74/75** Checklisten/Berufsbilder (Autorentext); **S. 76/77** Das Rätsel der Sprache. Nach Texten aus: GEO Wissen 40 (10/2007) Das Geheimnis der Sprache, S. 20–22; **S. 78** Eine geniale Erfindung: Die Schrift (Autorentext); **S. 80** Eine gute Idee. (Autorentext); **S. 80** Die Großschreibung hilft dem Leser (Autorentext); **S. 81** Aus dem Textzusammenhang erklären (Autorentext); **S. 83** Bis zum lesen und schreiben. Unter Verwendung eines Artikels von Fenja Meus: Das A und O des neuen Lebens. In: GEO Wissen 40 (10/2007) Das Geheimnis der Sprache, S. 40; **S. 84/85** Stellenanzeigen. (Autorentext); **S. 86** Ausbildungsreife – Was zählt dazu? Nach: BiBB-Expertenmonitor 2005. Grafik nachgestellt nach: http://www.bibb.de/de/21840.htm (veröffentlicht: 28.10.2005, zuletzt überprüft: 05.08.2010); **S. 88** Bewerbungsschreiben (Autorentext); **S. 90** Lebenslauf (Autorentext); **S. 92** Betreuerinnen und Betreuer für Ferienfreizeiten gesucht (Autorentext); **S. 99/100** Berufskurzinformation (Autorentext); **S. 101** Berufstypischer Arbeitsvorgang (Autorentext); **S. 102** Fragebogen (Autorentext); **S. 103** Abschlussbericht (Autorentext); **S. 104/105** Praktikumsbericht (Autorentext); **S. 106** 150 Jahre Arbeitsschutz in Deutschland. Nach: Arbeitsgemeinschaft zur Förderung der wirtschaftlichen und sozialen Bildung e. V.: Der lange Weg zur Arbeitssicherheit. Aus: http://www.ag-wiso.de/help/src/m-a-t_03.pdf (zuletzt überprüft: 27.08.2010); **S. 108** Ziemlich clever (Autorentext); **S. 109** Staub ist immer dabei (Autorentext); **S. 110** Die richtige Haltung (Autorentext); **S. 111** Heben will gelernt sein (Autorentext); **S. 112** Gesundheitsschutz (Autorentext); **S. 112** Verbotene und eingeschränkte Arbeiten im Schülerpraktikum (Autorentext); **S. 113** Erfahrungsberichte (Autorentexte); **S. 114/115** Auszug aus dem Tierschutzgesetz (Deutschland) Zitiert nach: http://bundesrecht.juris.de/tierschg/__7.html (zuletzt überprüft: 02.08.2010); **S. 116** Ein zwiespältiges Verhältnis zum Tier. Verband der forschenden pharmazeutischen Firmen der Schweiz: Tierversuche. Aus: www.interpharma.ch/biotechlerncenter/de/Tierversuche.asp (zuletzt überprüft: 28.08.2010); **S. 117** Statistisches. Zahlen nach: Bundesministerium für Verbraucherschutz, Ernährung und Landwirtschaft http://de.wikipedia.org/wiki/Tierversuch (zuletzt überprüft: 20.04.2010); **S. 117** Ulrike Wolf: Tierversuche: Pro & Contra. Auszug aus: www.mdr.de/lexi-tv/tierwelt/6715942.html (22./25.09.2009, zuletzt überprüft: 27.08.2010); **S. 118** Ulrike Wolf: Welche Erkenntnisse bringen Tierversuche? Auszug aus: www.mdr.de/lexi-tv/tierwelt/6715942.html (22./25.09.2009, zuletzt überprüft: 27.08.2010); **S. 119** Nach: Gabriele Küsters/Robert Geursen: Gesundheit für Mensch und Tier – warum Tierversuche nötig sind. Piper Verlag, München 1993, S. 66; **S. 122/123** Gemeinschaftsschule ja oder nein? (Autorentext); **S. 124** Tierexperimente in der chemischen und Kosmetikindustrie. Aus: Tierversuch. Aus: http://de.wikipedia.org/wiki/Tierversuch (zuletzt überprüft: 21.07.2010); **S. 128** Aus: Irene Zimmermann: Küsse, Flirt und Torschusspanik. Thienemann Verlag, Stuttgart 2002, S. 90/91; **S. 129** Wer ist das? Nach einem Formblatt der Polizei für Phantombilder. Nach: Jetzt. Das Jugendmagazin der Süddeutschen Zeitung. Nr. 50, 11.12.1995; **S. 131** Aus: Hisashi Yamanaka: Du bist ich und ich bin du. Dt. von Dorothea Ohsaki. Sauerländer Verlag, Arau/Frankfurt am Main/Salzburg 1993, S. 5 ff; **S. 132** Aus dem Roman „Der Fänger im Roggen" von J. Salinger. Aus: Jerome D. Salinger: Der Fänger im Roggen. Nach der ersten Übersetzung neu durchgesehen und bearbeitet von Heinrich Böll. 45. Auflage. Rowohlt Verlag, Reinbek 2003, S. 14/15; **S. 132** Aus dem Jugendbuch „Marsmädchen" von Tamara Bach. Aus: Tamara Bach: Marsmädchen. Oetinger Verlag, Hamburg 2003, S. 15; **S. 133** Aus einem Zeitungsreport: Heidrun M. Nach: Renate Just: Weil ich ein Mädchen bin ... Aus: ZeitMagazin 31 (1995), S. 16 f. Zeitverlag Gerd Bucerius GmbH; **S. 135** Eine seltsame Person (Autorentext); **S. 138** So beginnt das Buch. Aus: Kirsten Boie: Erwachsene reden. Marco hat was getan. © Oetinger Verlag, Hamburg. Zitiert nach: Deutscher Taschenbuch Verlag, München 1995, S. 5; **S. 138** Und so endet es. Aus: Kirsten Boie: Erwachsene reden. Marco hat was getan. © Oetinger Verlag, Hamburg. Zitiert nach: Deutscher Taschenbuch Verlag, München 1995, Buchende.; **S. 139/140** Friedhelm K., 54, Bürgermeister. Aus: Kirsten Boie: Erwachsene reden. Marco hat was getan. © Oetinger Verlag, Hamburg. Zitiert nach: Deutscher Taschenbuch Verlag, München 1995, S. 8 ff.; **S. 140/141** Sigurd J., 17, Freund Aus: Kirsten Boie: Erwachsene reden. Marco hat was getan. © Oetinger Verlag, Hamburg. Zitiert nach: Deutscher Taschenbuch Verlag, München 1995, S. 37; **S. 141** Rüdiger Poffatz, 14, Freund. Aus: Kirsten Boie: Erwachsene reden. Marco hat was getan. © Oetinger Verlag, Hamburg. Zitiert nach: Deutscher Taschenbuch Verlag, München 1995, S. 83; **S. 142/143** Maren F., 32, Nachbarin. Aus: Kirsten Boie: Erwachsene reden. Marco hat was getan. © Oetinger Verlag, Hamburg. Zitiert nach: Deutscher Taschenbuch Verlag, München 1995, S. 22f.; **S. 143–145** Hubert S., 42, Klassenlehrer. Aus: Kirsten Boie: Erwachsene reden. Marco hat was getan. © Oetinger Verlag, Hamburg. Zitiert nach: Deutscher Taschenbuch Verlag, München 1995, S. 89 ff.; **S. 146** Straftaten nehmen zu (Autorentext); **S. 150** Xavier Naidoo: Sie sieht mich nicht. Text: Jean-Jacques Goldman. © JRG/Pathe Renn Productions, Strictly Confidential (Germany) GmbH & Budde, Berlin, Templar Music Germany Edition; **S. 151** Eugen Roth: Gezeiten der Liebe. Aus: Ders.: Ein Mensch. Heitere Verse von Eugen Roth. Carl Hanser Verlag, München 1960, S. 54; **S. 151** Heinz Erhardt: Der Einsame. Aus: Ders.: Noch'n Gedicht. Fackelträger Verlag Schmidt-Küster, Hannover 1963, S. 76; **S. 152** Marie Luise Kaschnitz: Am Strande. Aus: Dies.: Gesammelte Werke. Bd. 5: Die Gedichte. Suhrkamp Verlag, Frankfurt am Main 1985, S. 67; **S. 153** Herbert Grönemeyer: Flugzeuge im Bauch. Zitiert nach: http://www.groenemeyer.de/musik/texte/f/flugzeuge-im-bauch/ (zuletzt überprüft: 26.08.2010) © Grönland Musikverlag, Berlin; **S. 154** Erich Kästner: Sachliche Romanze. Aus: Ders.: Doktor Erich Kästners Lyrische Hausapotheke. © Atrium Verlag, 1986. Zitiert nach: Deutscher Taschenbuch Verlag, München 1988, S. 61; **S. 155** Heinrich Heine: Dass du mich liebst ... Aus: Ders.: Historisch-kritische Gesamtausgabe der Werke. Band 2: Neue Gedichte bearbeitet von Elisabeth Genton. Hoffmann und Campe, Hamburg 1983, S. 32 (Rechtschreibung modernisiert); **S. 156** Johann Wolfgang Goethe: Willkommen und Abschied (Fassung 1771). Aus: Goethes Werke. Hrsg. von Erich Trunz. Hamburger Ausgabe. Christian Wegner, Hamburg 1948, Bd. 1, S. 28 f.; **S. 157** Aus dem autobiographischen Text Goethes „Dichtung und Wahrheit" (1811–1813). Nach: Johann Wolfgang Goethe: Aus meinem Leben. Dichtung und Wahrheit. In: Goethes Werke. Hrsg. von Erich Trunz. Hamburger Ausgabe in 14 Bänden. Christian Wegner, Hamburg 1948 ff, Bd. 9, S. 500; **S. 157** Johann Wolfgang Goethe: Willkommen und Abschied (Fassung ca. 1785). Aus: Ders.: Sämtliche Werke. Carl Hanser Verlag, München 1990, Bd. 16, S. 532; **S. 158** Johann Wolfgang Goethe (Autorentext); **S. 159** Heinrich Heine (Autorentext); **S. 162** Wilhelm Busch: Bewaffneter Friede. Aus: Ders.: Gesamtausgabe in vier Bänden. Hrsg. von Friedrich Bohne. Vollmer Verlag, Wiesbaden 1968, Bd. 4, S. 270; **S. 164** Friedrich Wolf: Die Ordnungsbienen. Aus: Ders.: Gesammelte Werke in 16 Bänden. Aufbau Verlag, Berlin 1961, Bd. 14, S. 280 f.; **S. 166/167** James Grover Thurber: Die Kaninchen, die an allem schuld waren. Aus: Ders.: 75 Fabeln für Zeitgenossen. Deutsch von Ulla Hengst, Hans Reisiger, Heinrich M. Ledig. Rowohlt Verlag, Reinbek 1992, S. 5 f.; **S. 168** Auszug aus: Susanne Smetkamp/dpa: „Habseligkeiten" schlägt „Geborgenheit". Aus: http://www.stern.de/unterhaltung/buecher/:Sch%F6nstes-Wort-Habseligkeiten-Geborgenheit/531484.html (veröffentlicht: 25.10.2004, zuletzt überprüft: 27.08.2010); **S. 169** Stau. Nach: Wörter, die Geschichte machten. Schlüsselbegriffe des 20. Jahrhunderts. Hrsg. von der Gesellschaft für Deutsche Sprache. Bertelsmann Lexikon Verlag, Gütersloh 2001, S. 91; **S. 170** Datenverarbeitung. Nach: Wörter, die Geschichte machten. Schlüsselbegriffe des 20. Jahrhunderts. Hrsg. von der Gesellschaft für Deutsche Sprache. Bertelsmann Lexikon Verlag, Gütersloh 2001, S. 91; **S. 170** Die Sprache besteht ... (Autorentext);

S. 170 Durch die Großschreibung … (Autorentext); **S. 171** Das Wort des Jahres (Autorentext); S. 171 Das Unwort des Jahres (Autorentext); **S. 172** Polizeiliche Kriminalstatistik 2005–2008. Die Grafiken wurden erstellt unter Verwendung von Zahlen des Bundeskriminalamts, vgl. http://www.bka.de/lageberichte/index.html; **S. 173** Selbstverteidigungswaffen. Nach: Udo Reichmann: Selbstverteidigung mit Hilfsmitteln. Aus: Ders.: Selbstbehauptung und Selbstverteidigung. Ernst Klett Verlag, Stuttgart/Leipzig 1996, S. 13; **S. 174** Unbewaffneter Widerstand. Nach: Udo Reichmann: Selbstverteidigung mit Hilfsmitteln. Aus: Ders.: Selbstbehauptung und Selbstverteidigung. Ernst Klett Verlag, Stuttgart/Leipzig 1996, S. 13; **S. 175** Auszug aus dem Strafgesetzbuch. Zitiert nach: Bundesministerium der Justiz, http://www.gesetze-im-internet.de/stgb/__32.html, http://www.gesetze-im-internet.de/stgb/__33.html (zuletzt überprüft: 27.07.2010); **S. 175** Notwehrtechniken (Autorentext); **S. 176/177** Bedeutung der Distanz in der Selbstverteidigung. Nach: Udo Reichmann: Distanz. Aus: Ders.: Selbstbehauptung und Selbstverteidigung. Ernst Klett Verlag, Stuttgart/Leipzig 1996, S. 13; **S. 178** Die Legende behauptet … (Autorentext); **S. 179** AIKIDO ist eine … (Autorentext); **S. 180** §323c des Strafgesetzbuches. Zitiert nach: Bundesministerium der Justiz, http://www.gesetze-im-internet.de/stgb/__323c.html (zuletzt überprüft: 27.07.2010); **S. 181** Die stabile Seitenlage (Autorentext); **S. 181** Die goldenen Regeln der Ersten Hilfe. Nach: A. Zirkelbach (Hrsg.): 8 goldene Regeln [sic] soll Erste Hilfe verbessern. Aus: http://www.rettungsforum.com/index.php?news_id=348 (veröffentlicht: 29.11.2007, zuletzt überprüft: 27.08.2010); **S. 182** Die Aufgaben der Wasserwacht (Autorentext); **S. 183** Was wird durch die Atemspende bewirkt? (Autorentext); **S. 183** Erste Hilfe bei Wunden (Autorentext); **S. 184/185** Brüder Grimm: Die Sage von Wilhelm Tell. Nach: Jacob und Wilhelm Grimm: Deutsche Sagen. Zwei Bände in einem Band. Winkler Verlag, München 1956, S. 490–492; **S. 186–191** Friedrich Schiller: Wilhelm Tell. Zitiert nach: Ders.: Sämtliche Werke. Auf Grund der Originaldrucke hrsg. von Gerhard Fricke und Herbert G. Göpfert in Verbindung mit Herbert Stutzenrauch. Carl Hanser Verlag, München 1962, Bd. 2, S. 913–1029; **S. 192/193** „Wir wollen sein ein einig Volk von Brüdern" (Autorentext); **S. 196** Klappentext „Stolperschritte". Aus: Mirjam Pressler: Stolperschritte. Ravensburger Verlag, Ravensburg 1984, Klappentext; **S. 197** Aus: Mirjam Pressler: Stolperschritte. Ravensburger Verlag, Ravensburg 1984, S. 13, S. 114–117; **S. 198** Behinderte Menschen. Aus: Microsoft® Encarta® Enzyklopädie 2002. © 1993–2001 Microsoft Corporation. Alle Rechte vorbehalten; **S. 198** Behinderte Menschen. Nach: Multimedia Enzyklopädie 2002. Tandem Verlag, Königswinter 2002; **S. 200** Cornelia Kurth. Ein Jahr mit 90 Tagen. Klappentext (Autorentext); **S. 200** Ursula Wölfel. Ein Haus für alle. Klappentext (Autorentext); **S. 200** Aus: Rainer Schmidt, Lieber Arm ab als arm dran, Gütersloher Verlagshaus, Gütersloh 2004; **S. 201** Hindernisfreies Einkaufen. Aus: Anton Scherrer: Vorwort. In: Migros-Genossenschafts-Bund (Hrsg.): Hindernisfreies Bauen – Empfehlungen für den Migros-Ladenbau. Zürich 2002. Zitiert nach: Ernst Kocnik: Hindernisfreies Einkaufen. In: Stolpersteine 35 (2005) hg. vom Beratungs-, Mobilitäts- und Kompetenzzentrum (BMKz)/Arbeitsbereich für Integrationspädagogik/ Behindertenbeauftragter der Alpen-Adria-Universität Klagenfurt: http://wwwu.uni-klu.ac.at/bmkz/stolpersteine/st35.htm (veröffentlicht: 31.07.2005, zuletzt überprüft: 27.08.2010); **S. 203–205** Gebärdensprache. Nach: Olaf Fritsche: Gebärdensprache. Aus: www.visuelles-denken.de (zuletzt überprüft: 26.08.2010); **S. 206/207** Peter Weiss: Der Ernst des Lebens. Aus: Der Abschied von den Eltern. Suhrkamp Verlag, Frankfurt am Main 1962, S. 63; **S. 209** Keine Nabelschau trotz Hitzewelle. Aus: DER SPIEGEL: Schule verbannt bauchfreie T-Shirts. Aus: http://www.spiegel.de/schulspiegel/0,1518,252911,00.html (veröffentlicht: 15.06.2003, zuletzt überprüft: 26.08.2010); **S. 210/211** Reiner Kunze: Fünfzehn. Aus: Die wunderbaren Jahre. Fischer Taschenbuch Verlag, Frankfurt am Main, 1981, S. 26–28; **S. 212** Brüder Grimm: Der alte Großvater und der Enkel. Aus: Dies.: Kinder- und Hausmärchen. Ausgabe letzter Hand. Mit einem Anhang sämtlicher nicht in allen Auflagen veröffentlichter Märchen. Herausgegeben von Heinz Rölleke. Reclam Verlag, Stuttgart 1997, S. 389.

Bildquellennachweis

Cover Avenue Images GmbH (PhotoAlto/Laurence Mouton), Hamburg; **6.oben links** Kids Images (Oredia/Debbie Boccabella), München; **6.oben rechts** Imago, Berlin; **6.unten links** Imago, Berlin; **6.unten rechts** Getty Images (altrendo images), München; **12** Die Bildstelle (McPhoto), Hamburg; **15** Keystone (Volkmar Schulz), Hamburg; **18.1** Photoshot, Berlin; **18.2** shutterstock (Yuri Arcurs), New York, NY; **18.3** Ullstein Bild GmbH (Sylent Press), Berlin; **18.4** iStockphoto (LajosRepasi), Calgary, Alberta; **19** Ullstein Bild GmbH (Imagebroker.net), Berlin; **20.Mitte** shutterstock, New York, NY; **20.oben** shutterstock (Antonio Jorge Nunes), New York, NY; **22.links** f1 online digitale Bildagentur (Crystal/RF), Frankfurt; **22.Mitte** Mauritius Images (Peter Enzinger), Mittenwald; **22.rechts** Getty Images, München; **32.oben links** AKG (album), Berlin; **32.oben rechts** [E.T.: The Extra-Terrestrial, USA 1982, Regie: Steven Spielberg] Cinetext (Sammlung Richter), Frankfurt; **32.unten links** Interfoto (NG Collection), München; **32.unten rechts** [The Gold Rush, USA 1925, Regie: Charles Chaplin] Cinetext (Sammlung Richter), Frankfurt; **33.1** Picture-Alliance, Frankfurt; **33.2** Picture-Alliance (dpa/Jerzy Dabrowski), Frankfurt; **33.3** Ullstein Bild GmbH (Imagno), Berlin; **33.4** Picture-Alliance (dpa/Karlheinz Schindler), Frankfurt; **34** Ullstein Bild GmbH (The Granger Collection), Berlin; **38** HIPP-Foto, Berlin; **42** Ullstein Bild GmbH (XAMAX), Berlin; **43** Picture-Alliance (Jazzarchiv), Frankfurt; **44** Corbis (Moment/cultura), Düsseldorf; **46** Getty Images, München; **51** Jahreszeiten Verlag GmbH (Christl Ro), Hamburg; **60** Ullstein (Aisa), Berlin. © The Munch Museum/The Munch Ellingsen Group/VG Bild-Kunst, Bonn 2010 [Edvard Munch: Angst, 1894]; **63** Klett-Archiv (Karoline Schierhorn), Stuttgart; **64.oben** Picture-Alliance (dpa-Report/Hans Wiedl), Frankfurt; **64.unten** Mauritius RF (Corbis/Zefa), Mittenwald; **65** Klett-Archiv (Karoline Schierhorn), Stuttgart; **66** Getty Images (Photodisc), München; **68** Picture-Alliance, Frankfurt; **90** shutterstock (Denis Vrublevski), New York, NY; **99** Die Bildstelle, Hamburg; **100** Imago, Berlin; **101** Imago, Berlin; **114** Ullstein Bild GmbH (CHROMORANGE/M. Baumann), Berlin; **118** Picture-Alliance (dpa/Arne Dedert), Frankfurt; **119** Getty Images (altrendo images), München; **130.links** Getty Images, München; **130.rechts** Getty Images, München; **132.oben** © by Rowohlt Verlag, Reinbek; **132.unten** DTV GmbH & Co. KG, München; **134.unten links** Klett-Archiv (Grit Kleindienst), Stuttgart; **134.unten rechts** Klett-Archiv (Grit Kleindienst), Stuttgart; **138** Kirsten Boie, Erwachsene reden. Marco hat was getan © für das Umschlagbild von Jutta Bauer 1995 Deutscher Taschenbuch Verlag, München; **145** Verlag Friedrich Oetinger GmbH (Paula Markert), Hamburg; **152** MEV, Augsburg; **154** Thinkstock (Jupiterimages), München; **155** Thinkstock (Hemera), München; **158** Ullstein Bild GmbH (Lebrecht Music & Arts Photo Library), Berlin; **159** AKG, Berlin; **163.Äsop** Mary Evans Picture Library, London; **163.Busch** AKG, Berlin; **163.Fontaine** Ullstein Bild GmbH, Berlin; **163.Fürchtegott** BPK (Lutz Braun), Berlin; **163.Lessing** Ullstein Bild GmbH, Berlin; **163.Luther** Corbis (Bettmann), Düsseldorf; **169** URW, Hamburg; **171** Avenue Images GmbH (RF/Design Pics Inc./Con Tanasiuk), Hamburg; **182** Picture-Alliance (Norbert Fellechner dpa/lmv), Frankfurt; **186** AKG, Berlin; **187** © 2004 Peter Stein Verlag (Kurt Kalischke), Erfurt; **188** © 2004 Peter Stein Verlag (Kurt Kalischke), Erfurt; **191** Picture-Alliance (maxppp), Frankfurt; **193** Picture-Alliance (maxppp), Frankfurt; **194** BPK, Berlin; **196** aus: Mirjam Pressler, Stolperschritte, Umschlagillustration: Gabie Hilgert © 1997 by Ravensburger Buchverlag Otto Maier GmbH, Ravensburg; **198** Ullstein Bild GmbH, Berlin; **200** © by Gütersloher Verlagshaus, Gütersloh, in der Verlagsgruppe Random House GmbH, München; **208.1** Action Press GmbH, Hamburg; **208.2** Mauritius Images (Jo Kirchherr), Mittenwald; **208.3** Argum (Thomas Einberger), München

Grammatische Grundbegriffe

Begriff	Erklärung	Beispiele
Adjektiv, das	Eigenschaftswort, Wiewort	klein, groß, dick
Adverb, das	Umstandswort	heute, sehr, vielleicht
Adverbialbestimmung, die	Satzglied; Umstandsbestimmung z. B. des Ortes, der Zeit, der Art und Weise oder des Grundes, antwortet auf die Fragen: Wo? Wohin? Wann? Wie lange? Wie? Auf welche Art und Weise? Warum?	Er kam *dahin.* (Ort/Lokalbestimmung) Sie treffen sich *um 9 Uhr.* (Zeit/Temporalbestimmung) Es regnete *ununterbrochen.* (Art und Weise/Modalbestimmung)
Akkusativ, der	Kasus (Fall); Wen-Fall, 4. Fall	der Nachbar – *den Nachbarn* die Nachbarn – *die Nachbarn*
Akkusativobjekt, das	Satzglied, antwortet auf die Frage „Wen oder was?“	Sie traf *Paul.* (*Wen* oder *was* traf sie?)
Aktiv, das	das Aktiv stellt die ausführende Person (den Urheber/den Täter) in den Vordergrund; vgl. Passiv	*Daniel schreibt* einen Brief. *Anne bringt* den Brief zur Post.
Artikel, der	Begleiter des Substantivs/Nomens, Geschlechtswort	*die* Frau, *der* Tisch, *das* Haus, *ein* Stuhl, *eine* Frau
Attribut, das	Beifügung, nähere Bestimmung eines Bezugswortes; kein selbstständiges Satzglied; einem Satzglied beigefügt; Attribute antworten auf die Fragen: Was für ein? Wessen? Attribute können die Form eines Nebensatzes haben.	Das war ein *interessanter* Film. (*Was für ein Film?*) Er ist der Freund *meiner Schwester.* Das Haus *dort.* Der Frosch, *der auf dem Baum sitzt*, gehört zu den *giftigen* Baumsteigerfröschen.
Dativ, der	Kasus (Fall); Wem-Fall, 3. Fall	der Nachbar – *dem Nachbarn* die Nachbarn – *den Nachbarn*
Dativobjekt, das	Satzglied, antwortet auf die Frage „Wem?“	Sie gibt *ihm* etwas. (*Wem?*)
Deklination, die	Substantive/Nomen, Personalpronomen und Adjektive werden dekliniert (sind veränderbar).	der Hund, *des* Hund*es*, der freche Hund
Demonstrativpronomen, das	hinweisendes Fürwort	dieser, diese, dieses, der, die, das
direkte Rede, die	wörtliche Rede	Peter sagt: *„Ich fahre mit dem Rad zur Schule.“*
Endbaustein, der	Wortteil, der bei zusammengesetzten Wörtern verwendet werden kann; steht nach dem Wortstamm (Eigen*tum*)	-bar, -ig, -isch, -lich, -los, -sam, -en, -eln, -ern, -er, -heit, -keit, -nis, -ung, -tum
Futur I und II, das	Zeitform des Verbs zum Ausdrücken der Zukunft	ich *werde singen*, du *wirst gekommen sein*
Genitiv, der	Kasus (Fall); Wes-Fall, 2. Fall	der Nachbar – *des Nachbarn* die Nachbarn – *der Nachbarn*
Grundbaustein, der	siehe Wortstamm	<u>geh</u>en, <u>Geh</u>steig, <u>Geh</u>er, …
Hauptsatz, der	selbstständiger Satz, kann für sich allein stehen	Das Haus dort drüben ist rot.
Hilfsverb, das	Verb, das auch zur Bildung z. B. des Perfekts verwendet wird	haben, sein, werden
Indikativ, der	Wirklichkeitsform (Aussageweise/Modus des Verbs)	Sie *geht* gern ins Kino.
indirekte Rede, die	nicht wörtliche Rede	Er sagte, der Dieb sei ihm bekannt. Er sagte, dass ihm der Dieb bekannt ist. Er sagte, dass ihm der Dieb bekannt sei.
Imperativ, der	Aufforderungsform/Befehlsform (Aussageweise/Modus des Verbs)	*Öffne* bitte das Fenster. *Steh* still! *Sei* leise! *Nimm* das Buch.
Infinitiv, der	Grundform des Verbs, ungebeugte Form	gehen, schwimmen, spielen
Kasus, der	Fall: Nominativ, Genitiv, Dativ, Akkusativ	*der* Hund, *des* Hund*es*, *dem* Hund, *den* Hund
Komparativ, der	1. Vergleichsstufe (des Adjektivs); Mehrstufe	schön – *schöner* – am schönsten
Konjugation, die	Beugung des Verbs	ich *schwimme*, du *schwimmst*, er *schwimmt*, …
Konjunktion, die	Bindewort, verbindet Satzteile oder Teilsätze	und, oder, aber, sondern, denn, als, bis, weil, wenn, obwohl, dass
Konjunktionalsatz, der	Nebensatz, der durch eine Konjunktion eingeleitet wird	Ich wünsche mir, *<u>dass</u> Paul mich heute abholt.*
Konjunktiv, der	Möglichkeitsform (Aussageweise/Modus des Verbs); es gibt den Konjunktiv I und Konjunktiv II. Beide werden in der indirekten Rede verwendet.	Er sagte, er *gehe* gern ins Kino. (Konj.I) Er sagte, er *ginge* gern ins Kino. (Konj.II) Er sagte, dass er gern ins Kino *gehe/ginge.* Er sagte, er *würde* gern ins Kino *gehen.* (Umschreibung mit würde)
Modalverb, das	Verben, die sagen, auf welche Art und Weise etwas geschieht	dürfen, können, müssen, mögen, sollen, wollen
Modus des Verbs, der	Aussageweise des Verbs (siehe oben); Plural: die Modi	Indikativ, Konjunktiv, Imperativ
Nebensatz, der	unselbstständiger Satz, kann nicht für sich allein stehen	Ich esse die Suppe, *die ich gekocht habe.*